百年家国情

百名开国元勋及革命先烈后人忆先辈

红船编辑部　著

人民日报出版社

北　京

图书在版编目（CIP）数据

百年家国情：百名开国元勋及革命先烈后人忆先辈 /
红船编辑部著 . -- 北京：人民日报出版社，2023.4
ISBN 978-7-5115-7617-0

Ⅰ.①百… Ⅱ.①红… Ⅲ.①党和国家领导人－生平
事迹－中国②革命烈士－生平事迹－中国 Ⅳ.① K827=7

中国版本图书馆 CIP 数据核字 (2022) 第 238869 号

书　　名：**百年家国情 ： 百名开国元勋及革命先烈后人忆先辈**
　　　　　BAINIAN JIAGUOQING: BAIMING KAIGUOYUANXUN
　　　　　JI GEMINGXIANLIE HOUREN YI XIANBEI
著　　者：红船编辑部

出 版 人：刘华新
责任编辑：张炜煜　　贾若莹　　白新月
装帧设计：元泰书装

出版发行：人民日报出版社
社　　址：北京金台西路 2 号
邮政编码：100733
发行热线：(010) 65369509 65369512 65363531 65363528
邮购热线：(010) 65369530 65363527
编辑热线：(010) 65369514
网　　址：www.peopledailypress.com
经　　销：新华书店
印　　刷：大厂回族自治县彩虹印刷有限公司
法律顾问：北京科宇律师事务所 010-83622312

开　　本：710mm×1000mm　　　　1/16
字　　数：310 千字
印　　张：21.25
版　　次：2024 年 1 月第 1 版
印　　次：2024 年 12 月第 2 次印刷

书　　号：ISBN 978-7-5115-7617-0
定　　价：56.00 元

目　录
CONTENTS

勇担使命　心系家国

临危不惧　奋不顾身

家风严谨　以身作则

勇担使命　心系家国

董必武之女董良翚
部分影视剧中父亲的故事违背史实

何　婧　王梅梅

说到中国最早的共产主义者，有一个人的名字不能不提，那就是董必武。他是中国共产党的创始人之一，是中华人民共和国开国元勋，是党和国家的卓越领导人，也是中国社会主义法制的奠基者。他的一生，是同中国近百年几个重要历史时期的人民革命斗争紧紧相联系的，是同中国共产党的产生和发展、党的主要领导活动紧紧相联系的。

董必武之女董良翚总结了父亲的革命之路，尤其对父亲在抗战时期的工作，由于各种原因在人们心里形成的认知"盲区"进行了说明。在董良翚心目中，父亲既是一个优秀的革命工作者，生活中也是自己学习的榜样。

董良翚表示，革命的胜利是千千万万革命者奋斗的结果，每一位为革命做出贡献的人都值得被宣传。退休以后的董良翚也在尽自己所能，希望在有生之年为抗战时期的父亲拍一部翔实的纪录片。遗憾的是，经过一再修改，这部片子现在还只是"纸上谈兵"。

爸爸的司机更值得采访

在谈起父亲的故事之前，董良翚讲了一个小故事。

董必武在重庆办事处的时候，有一个随行司机，当时有人跟他说："董老，我想写写你。"董必武拒绝了，他说，别写我，写那个司机。"为什么呢？因为这位司机同志在我父亲身边工作时，接送的所有地下工作者、统战工作者，没有一个被捕的。"用董良翚的话说，他"接人接得好，甩跟踪甩得好"。

董必武的司机叫段廷英。据媒体报道，中共代表团从重庆迁至南京后，由于工作需要，从上海购买了一辆美国别克黑色小轿车，并由段廷英驾驶至南京，牌号为"京1645"。南京谈判期间，周恩来、董必武等人不仅乘坐这辆汽车开展了大量工作，还多次利用这辆汽车甩开特务跟踪，护送党的地下工作者到安全的地方。周恩来还曾在这辆车上，与地下党员、"佩剑将军"张克侠秘密商谈策反国民党部队起义之事。

董良翚感慨道："他只是一个司机，也不是办事处里的什么领导，但他对革命贡献巨大。当时国民党无时无刻不在跟踪我们办事处的人，我们的车一出来，后面就有车跟上了；一把人接来，车里的情况就被盯上了。在如此严酷的对敌斗争中，这个司机没有让支持我们革命的人随便丢掉生命，可见他保护了多少人，他为革命做出的贡献有多大！这么一个名不见经传的人，他的价值不仅仅是一个开车的司机而已，他还有崇高的革命理想——对党的无限忠诚，对工作勤勤恳恳，对事业负责任。我父亲在国统区10年，没有因为这个司机出现过一次问题。"

董良翚认为，"大浪"来的时候，每一滴水都是有价值的。共产党的干部，科长也好，科员也罢，只要为党做了工作，都应该被宣传。共产党人才辈出，这类人物宣传得多了，人民群众也就能深切地感受到党不是空虚的概念，而是一大批有血有肉的人，是他们成就了今天的中华人民共和国。

董必武是中华民族优秀文化培养出来的

董必武读过私塾，走的是读古文考科举这条路。清朝晚期，革命思想浪潮汹涌，对中国知识分子产生了巨大影响。董必武就是在这样的背景下，考中了秀才。

　　按照其父设计的路，董必武原本应该一直考下去，最高理想不过是做个清官。但在当时，"各种新思想翻涌得像是水快开锅了一样咕嘟咕嘟的"，他看到社会的不公，感受到清朝的没落，很快就接受了先进的思想。这与他的家庭环境也是分不开的。董必武出生于湖北黄安（今红安）的一个城市贫民家庭。家里没有土地，四代没有分过家，30 多口人在一个锅里吃饭。爷爷和叔爷是教书的，能长期领到束脩；家里的妇女们纺线织布换钱，偶尔可以添点收入。在家里，只有爷爷和叔爷一天可以吃两顿干饭，董必武考中秀才以后也可以每天吃一顿干饭，剩下的没有稳定收入的人都只能喝稀饭。

　　与此同时，共产主义从欧洲传到亚洲，首先就传播到了日本。有人从日本带了马列主义著作给董必武看，终于，他找到了他所追求的真正的理想的道路。董良翚表示，作为中华优秀传统文化培养出来的知识分子，父亲走上革命这条道路是必然的。父亲不是一时的热情，他是凭借着理想，为理想而奋斗。所以无论遇到什么风雨，无论处在什么样的斗争形势中，他都能坚持下来。父亲和"延安五老"其他几位老同志一样，都是优秀知识分子，思想历程大致相同。

董必武为中央临时政府编制度的"笼子"

　　我们都知道，董必武是中国共产党的创始人之一。但是到了抗日战争和解放战争时期，董必武的名字渐渐湮没在前线战场的背后。也许很多人会问，这个时候董必武在哪里？在干什么？董良翚认为，这是大众对父亲认识的盲区。在采访中，她对此提到两方面的内容。

　　1949 年 10 月 1 日，毛泽东在天安门城楼上宣布：中华人民共和国中央人民政府今天成立了！在那之前，是国民党政府吗？不是，是华北人民政府。它是根据中央人民政府今天中共中央的指示精神在原晋察冀边区政府和邯郸晋冀鲁豫边区政府的基础上建立起来的。华北临时人民代表大会选举产生的华北人民政府是全国性联合政府——中央人民政府的前身。

1948 年 8 月 7 日，华北临时人民代表大会在河北省石家庄市召开，选举产生了华北人民政府委员会，董必武为主席，薄一波、蓝公武、杨秀峰为第一、二、三副主席。9 月 26 日，华北人民政府正式成立。董良翚表示，华北人民政府实际上只存在了一年多一点，这一年多时间里，董必武主要干什么呢？

"党中央强调，我们要编制度的'笼子'，我爸那个时候就是干这件事。"据董良翚讲述，经董必武手上颁布的法律条文、规章制度几乎一天一个，一共将近 400 个，当时的工作量可想而知。而且那个时候正是解放战争后期，需要动员老百姓支援前线，还要打土豪分田地。陈毅曾经说过，淮海战役是人民群众用小车推出来的。怎么会有那么多人推小车呢？那不是空的车啊，里边装的是粮食和被服。不打仗不知道，没有后勤，就没吃没喝没穿没用，战士上战场就是去送死。战局那么快推动起来，就是因为大量的青壮年支援前线，农村妇女都被动员纳鞋底子支前。

董良翚看到电视剧里的"父亲"为何发怒？

董良翚认为，对于父亲的认知误区，还有抗日战争时期其所做的工作。

董良翚直言不讳地表示，自己看过很多有父亲镜头的电视剧，看完以后非常生气。因为在电视剧里，父亲只是一味地附和，甚至仅有的一些镜头还是跑去给人开门。董必武究竟是一个什么人，他干什么，没人知道。

董良翚说，父亲没有站在具体哪个战场上。他在哪儿呢？当时党在全国各省几乎都有新四军、八路军的办事处，他基本上就是在办事处工作。他的主要工作就是把中央精神带到办事处，在国统区与国民党反动派展开斗争。比如在重庆，国民党开参议会的时候，他就作为参议会委员参加了，时常正面和国民党反动派做斗争。

之前，董良翚的哥哥董良羽在湖北成立董必武研究会，就找来中共中央政治局原常委宋平题字。董良翚透露，前几年，她去看宋平同志，宋平说我们对董必武宣传太少，他已经向中央反映了这个问题。

董必武从未给非党员的家人透露自己的工作

"我爸这个人虽然是旧文化陶冶出来的人，但是他的民主思想在我们家里，还是比较突出的。"董良翚说，"他是一个遵守党纪的模范。我入党比较晚，在我入党前，不管是党内的事情还是国家的事情，他从来没有给我透露过，因为我是非党员。"

对于这点，参加工作30年以后，董良翚深有体会，她也曾在单位负责过保密工作，了解到有些泄密事件原来是一些高层干部出了问题。"什么话在什么地方该不该讲都不知道，当着子女、老婆就都讲了，当我到领导岗位上的时候，才知道泄密情况这么严重。"董良翚痛心疾首地说。

董良翚上中学时，父亲要求她们抄写列宁的《共青团的任务》。父亲建议她订个计划一天抄多少字，并承诺跟孩子们一起抄，他最后都完成了。董良翚说："父亲在要求我们的时候，也在要求自己。他对我们的思想教育，在我的成长过程中起到了很重要的作用。"

妻子因穿着朴素，两次被中南海警卫拦在门外

在董良翚印象中，父亲是一个自我要求特别严格的人。

董必武在重庆办事处工作时，食堂是供给制。每月底，食堂要清结伙食"尾子"，然后将其平均分给工作人员。有一次伙食"尾子"报给董必武，他反复算，总差一点。他不仅补齐差的钱，还在党的生活会上做了检查。

1945年，董必武代表解放区参加旧金山联合国制宪会议，由国民政府给他提供差旅费、制装费等费用，他把这些钱一笔一笔记下来。在国外他没有给家里人买任何东西，而是用这笔钱，加上当地华人的捐款，给新华日报社

买了一台印刷机。

董良翚的母亲何连芝生活也极为俭朴。她带着孩子在延安参加大生产运动，还支援前线。何连芝因此成为边区劳动英雄，得到一块布条作为荣誉的象征。让董良翚印象深刻的是，进京以后，母亲还曾因穿着过于普通两次被警卫拦在中南海外。

董必武说，种地也是革命工作

董良翚，生于1941年，1961年至1962年曾在西安军事电讯工程学院学习，后转至北京大学中文系学习并毕业。大学毕业后，董良翚进入中国文学杂志社工作。后来，在非常偶然的机会下，董良翚又转到中国文联工作。通过不断摸索学习，在一些重要会议和重要活动中，董良翚均完成了自己的任务。

回顾自己的工作生涯，董良翚用了"问心无愧"四个字评价，她认为自己没有辜负父母的教育，董必武夫妇从没有规定孩子一定要做到什么职位。至今让董良翚记忆犹新的是，父亲曾跟自己的农民堂哥说："种地也是革命工作。"

董良翚的遗憾

以前，董良翚交际的时候，总有人会以"董必武的女儿"介绍她。事实上，她有自己的工作，甚至担任着一定的领导职务，从心底不愿意接受这个"标签"。但是，董良翚渐渐发现，大家对父亲革命经历的认识有不少盲区，没人澄清也没人宣传，所以她希望通过自己的努力，让人们能够对相关历史有一个更加全面的了解。党的初心蕴于党的历程之中。常回头看看，不忘历史，就不会忘记初心。

于是，退休以后的董良翚，希望在有生之年为抗战时期的父亲拍一部翔实的纪录片。遗憾的是，经过一再修改，这部片子现在还只是"纸上谈兵"。

　　遗憾之余，董良翚呼吁有关部门能重视红色资源的宣传。"不忘初心、牢记使命"，她认为，宣传老一辈革命家的历史迫在眉睫，希望有关部门能给予一定的支持。红色文化依托红色故事，红色故事必定烘托出一个个鲜活的灵魂，饱含着共产党的初心。

李大钊之孙李建生
他创建了中国共产党，遇难时仅给家人留下一元生活费

张喜斌

李大钊，字守常，河北乐亭人，生于 1889 年 10 月 29 日，1907 年考入天津北洋法政专门学校，1913 年毕业后东渡日本，入东京早稻田大学政治学本科学习。

他是中国共产主义运动的先驱，伟大的马克思主义者、杰出的无产阶级革命家、中国共产党的主要创始人之一。他不仅是我党早期卓越的领导人，而且是学识渊博、勇于开拓的著名学者，在中国共产主义运动和民族解放事业中，占有崇高的历史地位。

1927 年，李大钊同志惨遭反动军阀杀害，英勇就义，时年尚未满 38 岁。

"李大钊是我真正的老师"

作为中国最早的马克思主义者，李大钊和毛泽东渊源颇深。李大钊之孙李建生回忆称，毛泽东在北京大学期间，经常同李大钊交流，他们之间的关系还是相当不错的。在李大钊的影响下，毛泽东迅速地成为马克思主义者。

1918 年 8 月，毛泽东和 20 多名湖南学生一起来到北京，准备去法国进

行勤工俭学，同时接受新思想，目标是改变中国的落后面貌。当时，北京大学是赴法勤工俭学运动的中心。

毛泽东就住在离北京大学非常近的一个胡同里。到了北大，他的眼界比在湖南的时候要开阔得多。当时，他发现了一些问题。"自己（中国）的事情还没有闹清楚，就要到法国去，他觉得不妥当，所以他就没有去。"李建生说。

1918年10月，毛泽东的老师杨昌济，也就是杨开慧的父亲，当时任北京大学伦理学教授，为帮助毛泽东解决住宿和生活来源的问题，找到李大钊。

后来，李大钊给他介绍了一个北大图书馆助理员的工作。毛泽东在回忆录里也说，他每个月有了八块大洋的生活费。这样一来，就解决了他的生活问题，实际上也解决了他的学习问题。

但是，也有另一种说法，说是杨昌济找到了当时的北京大学代理校长蒋梦麟，然后才把毛泽东介绍到了李大钊那。之后给毛泽东安排了一个工作，到北京大学图书馆做助理员。

毛泽东到了图书馆之后，实际上对他来说最重要的事情并不是平时整理那些杂志和书，而是接触到了一些新书、新杂志，以及当时有新思想、新文化的老师和同学。这样一来，他的思想产生了一个很大的飞跃。

在北大，他可以旁听一些重要的课程，也可以参加各种学术团体的活动。在李大钊的介绍下，毛泽东加入了北大的新闻学研究会和哲学研究会，还参加了少年中国学会。李建生说，"这对毛泽东后来思想上的进步，起到了非常大的作用"。毛泽东也曾说过："我在李大钊手下担任国立北京大学图书馆助理员的时候，曾经迅速地朝着马克思主义的方向发展。""李大钊是我'真正的老师'。"

1919年12月，毛泽东第二次来北京，第一个想到的就是要见李大钊。李大钊热情地向毛泽东介绍了他正在筹备的马克思学说研究会。"因为这个研究会是中国最早研究和传播马克思主义的团体。1920年10月，由李大钊等人发起成立的北京共产党早期组织，成员大多是马克思学说研究会的骨干。"李建生说。

1949 年 3 月 23 日，中共中央机关离开西柏坡。在进行出发准备工作时，毛泽东对周围的人说："今天是'进京赶考'去。""我们决不当李自成，我们都希望考个好成绩。"周恩来也幽默地说："我们应当都能考及格，不要退回来。"

一路上，毛泽东显得十分兴奋。他说："30 年了！我第一次到北平，到现在整整 30 年了！那时，是为了寻求救国救民的真理而奔波。还不错，吃了点苦头。遇到了一位好人，那就是李大钊同志。在他的帮助下，我才成为一个马列主义者。可惜呀，他已经为革命献出了宝贵的生命。他是我真正的老师，没有他的指点和教导，我今天还不知道在哪里呢！"

南陈北李，相约建党

李建生详细介绍了"南陈北李，相约建党"这句话。他说，陈独秀在五四运动时期，被北洋军阀逮捕，在监狱里关了三个月。那段时间，李大钊给他送去了不少马克思主义方面的书，陈独秀也进行了认真的研读。

那年 9 月，李大钊带着学生们去迎接陈独秀出狱。可是，出狱之后的陈独秀行动受限，时刻有被北洋军阀政府逮捕的风险。在这种情况下，李大钊和陈独秀研究决定，让陈独秀回上海。

1920 年 2 月，李大钊护送陈独秀离开北京，二人在路上约定要成立中国共产党。这就是"南陈北李，相约建党"的由来。到了 1920 年 3 月，北京大学就成立了中国最早研究和传播马克思主义的团体——马克思学说研究会。

直到 1920 年 4 月，俄共才派出代表，而且还是俄共的基层组织——俄共（布）远东局海参崴分局派出的，来中国了解中国共产主义者的一些情况。

这位代表现在通常被认为是共产国际的代表，但实际上他到北京的真实身份和真正目的并不是完成共产国际的任务，而是要完成俄共交给他的任务——了解中国共产主义者的情况，在中国寻找有志于"共产革命"的革命者。

而后来共产国际交给他的任务是在上海建立一个第三国际的远东支部。他先到北京，经李大钊介绍又到上海去找陈独秀。"实际上当时他的身份也好、使命也好，并不是完全代表第三国际，而是代表俄共一个基层的机构。"李建生说。

所以，我们中国共产党人最早要成立自己的党组织，是跟俄国人没关系、跟第三国际没关系的。因为按时间点算，2月"南陈北李，相约建党"，3月成立马克思学说研究会，直到4月俄共的基层代表才过来。

李建生还说，由于年代久远，总有"假专家"跳出来搞什么"揭秘"，通过历史虚无主义全盘否定中国共产党的历史。当然，其中就必然否定包括李大钊传播马克思主义和创建中国共产党的历史必然性和真实性。

所以，李建生建议，对那个时代的相关重大历史因素，应该有客观、全面的认识和准确、坚定的立场。对于网上传言李大钊是苏联间谍、俄共党员，李建生称"这纯粹都是谣言，是否定中国的历史，用心非常险恶"。

据了解，2018年4月27日下午，十三届全国人大常委会第二次会议全票表决通过了英雄烈士保护法，英雄烈士的姓名、肖像、名誉、荣誉受法律保护，禁止歪曲、丑化、亵渎、否定英雄烈士的事迹和精神，禁止宣扬、美化侵略战争和侵略行为，违法者将依法惩处直至追究刑责。

李建生还提到，据有关资料记载，1920年6月，陈独秀在上海建立党组织，初步定名为社会共产党。8月上中旬，陈独秀致信李大钊征询对党的名称的意见。李大钊复信，提出"就叫共产党"。陈独秀接信后，党的组织便正式定名为中国共产党。

"铁肩担道义，妙手著文章"

李建生说，李大钊是中国共产党人中为中国人民解放事业牺牲的第一个高级领导，他身上有着中国共产党人的牺牲精神。"为人民的事业、为人民的利益勇于献身的牺牲精神，这是他的核心精神。"

李大钊曾说："人生的目的，在发展自己的生命，可是也有为发展生命必须牺牲生命的时候。因为平凡的发展，有时远不如壮烈的牺牲足以延长生命的音响和光华。绝美的风景，多在奇险的山川。绝壮的音乐，多是悲凉的韵调。高尚的生活，常在壮烈的牺牲中。"

李建生说，李大钊曾写有一副很有名的对联——"铁肩担道义，妙手著文章"。有很多人认为这两句话就是他的座右铭，还有人说这两句话成了李大钊一生的写照。这副对联原出自明代文化名人杨继盛。杨继盛因抗御强暴、反对权奸严嵩，而惨遭严嵩杀害，他在临刑前写下名联："铁肩担道义，辣手著文章"。

1916 年 9 月，李大钊的一位朋友请他题写一副对联。他想起了这副对联，便写下"铁肩担道义，妙手著文章"。后人多以为这副对联是李大钊所撰，误会一直相沿至今。其实，从这一个字也可以看出李大钊本人的志向和追求。

上联中的"道义"是指为国为民的理想和志向，"铁肩担道义"就是以救国救民为己任。下联的"文章"是指宣传马列主义，抨击反动军阀统治，歌颂革命和共产主义的作品。"妙手著文章"就是要写出更多更好的文章来宣传革命。

李建生说，"学习大钊事迹、传承大钊精神，不论何时，对当代人加强道德修养、规范自身言行有十分积极的意义"。

"平时吃的就是烙饼卷大葱"

李建生说，1918 年，李大钊被聘用为北京大学图书馆主任，收入有了明显的增加，到后来他被评为教授时，收入就更多了。这样的收入，在当时来说已经算是非常富足的。

但是，李大钊却过得很清苦，他的收入没有用在自己的身上。一方面他要救助困难同学和穷苦百姓；另一方面他要参与公益事业，捐助学校；还有一个重要的方面，就是把钱用在了党的组织活动上面。

　　"所以我奶奶就常常面临无钱买粮的尴尬局面，以至于蔡元培校长常常嘱咐会计先把生活费留给我奶奶，以解决生活难处。李大钊对自己的生活确实是一分钱也不肯多花，对自己的要求是非常严苛的，自律性很强。"

　　李建生介绍称，李大钊平时吃的就是北方老百姓最简单的食物，烙饼卷大葱之类的。就算家里来客人，他也顶多就加一个炒鸡蛋，或者烙个葱花饼。他穿的衣服也很简单，冬天是一件长袍，夏天是一件粗布的布衫。

　　1927 年 4 月 28 日，李大钊去世。几天后有记者来到他家，看到他家里除了身患重病的夫人、年幼的子女，仅有一些书和一元钱生活费。就连他去世时安葬所用的棺木，都是靠友人筹款才得来的。

　　"这说明当时他把自己的全部精力都放在了革命事业上，没有考虑家庭的情况。"

　　李大钊曾说："吾人自有其光明磊落之人格，自有真实简朴之生活，当珍之、惜之、宝之、贵之，断不可轻轻掷去，为家族戚友作牺牲，为浮华俗利作奴隶。"

　　"社会不情之依赖、不义之要求减少一分，即个人过度之负担、失当之应酬减少一分，亦即虚伪之过失、贪婪之罪恶减少一分。此种生活，即简易之生活也。此种社会，即简易生活之社会也。"

"李大钊烈士是党的资源"

　　李建生说，作为李大钊的后代，就是要扎扎实实地为党的事业工作，不去计较个人方面的利益。"按照党和国家的要求，把自己的工作做好了，扎扎实实、兢兢业业、勤勤恳恳地完成党交给自己的事情就好。"

　　"我父亲在庆祝建党九十周年时曾表示，'李大钊烈士是党的资源，这个资源不能用于私利'。这也是我们后辈的共识和行为界限。'唯一的标准是做人做事不给前辈先烈抹黑，也更要对得起前辈和先烈。'"

　　李建生认为，现在自己在宣传李大钊方面的责任和义务尚未完全尽到，以后还要加紧学习，使自己在这方面有所提高，为更多人深入了解李大钊、更好地传承大钊精神尽自己的一份力量。

在李大钊烈士陵园，李大钊同志的墓前是其汉白玉全身雕像，墓后是一座青花岗岩纪念碑。碑的正面镌刻着邓小平同志的题词，"共产主义运动的先驱、伟大的马克思主义者李大钊烈士永垂不朽"。碑的背面是中央为他撰写的碑文，记载其生平事迹。李大钊同志虽然已经牺牲近百年了，但正如党中央在他的碑文中所写的那样，他的"业绩永远受到中国人民的追怀和崇敬"。谨以此文，怀念李大钊同志。

任弼时之女任远芳
叶伯伯说爸爸是我们党的骆驼，中国人民的骆驼

张喜斌

任弼时（1904 年 4 月 30 日—1950 年 10 月 27 日），原名任培国，湖南汨罗人。他是伟大的马克思主义者，杰出的无产阶级革命家、政治家、组织家，中国共产党和中国人民解放军的卓越领导人，以毛泽东同志为核心的中国共产党第一代领导集体的重要成员，中共第七届中央政治局委员、中央书记处书记。

任弼时之女任远芳称："叶剑英伯伯曾这样评价爸爸：他是我们党的骆驼，中国人民的骆驼，担负着沉重的担子，走着漫长的艰苦的道路，没有休息，没有享受，没有个人的任何计较。他是杰出的共产主义者，是我们党最好的党员，是我们的模范。"

"爸爸 18 岁就成了中共党员"

任远芳说："爸爸 1904 年出生在湖南汨罗的一个教员之家，我爷爷是小学教员。1919 年，爸爸经受了五四运动的洗礼后，想要有一个能更好地学习和走出去的机会。1920 年 8 月，他在长沙加入了俄罗斯研究会，经研究会介绍到上海去学习，还准备到苏联去读书，当时跟他一起读书的有萧劲光等人。"1921 年春，经过八个多月的学习，任弼时、刘少奇、罗亦农、萧劲光

等三十多人分三批，踏上了前往莫斯科东方大学学习的列车。

任弼时正式在苏联开始学习是在 1921 年 8 月 3 日，他进了莫斯科东方劳动者共产主义大学，学习共产主义的理论，并于 1924 年毕业。1922 年 12 月，任弼时转为正式的中国共产党党员。

"爸爸曾两次被捕入狱"

1927 年大革命失败后，任弼时长期担负着到各地恢复党的地下组织的危险工作。1928 年末，他在作为中央巡视员到安徽接头时被捕，国民党当局却未能搞清他的身份。在押解途中，他巧妙地把被捕消息和事先编好的假口供托人带给在上海的妻子陈琮英，以便配合组织营救。

审讯时，他受到头顶窑块、膝跪铁链和坐"老虎凳"等酷刑，却咬定编出来的假身份。敌特按他所说到上海查对，因组织上已有安排，未露破绽，他便于三个月后获释了。

1929 年末，他在上海主持江苏省委工作时，又被租界当局逮捕。他乘巡捕不注意，吞掉了身上的文件，只被搜出一张月票，而票面上写的使用人住处是已在火灾中烧掉的房子，无从查对。外国警探怀疑有假，便使用电刑，竟在他背上烙出两个拳头大的窟窿。

任弼时苏醒后仍坚不吐实，这种顽强态度使巡捕房更感到他像共产党，继续关押拷打。幸亏周恩来领导的中央特科通过关系营救，才使他获释。

此后多年，他经常感到头晕，身体虚弱，加上日夜劳累、血压高，看东西时常眼花。长征时，他领导红二方面军，虽然只有三十出头，可是干部战士们从外貌看多以为他已有五十岁。任弼时也经常向身边的人表示，自己活不长，所以要抓紧时间工作。

"因身体原因爸爸没有参加开国大典"

任远芳说："1949 年 5 月 8 日，我爸爸晕倒了，大夫检查发现他脑部严重出血，所以 10 月 1 日的开国大典就没让他去，怕他出事。"为了了却他的心愿，党中央当时作出一个决定，由尚在读小学的女儿任远征代表任弼时本人参加开国大典。

结果，这一天，任弼时只能待在养病的玉泉山，躺在床上，听着收音机，感受那激动人心的时刻。他在八一小学读九年级的女儿任远征有幸去了天安门，参加开国大典。当天下午，任弼时破例叫自己的司机进城，把参加开国大典的女儿接回了玉泉山。

任远征回来时，看到父亲早就坐在小板凳上等着她了。当女儿讲述开国大典的盛况时，任弼时眼含泪花。任远芳说："建国一周年的时候，爸爸弥补了遗憾。1950 年 5 月 8 日，爸爸从苏联回国，1950 年的 10 月 1 日，他在天安门城楼参加了新中国成立一周年庆典。"

"爸爸是五大书记中第一个去世的人"

任远芳说，1949 年的 11 月，俄罗斯专家检查五大书记的身体（毛泽东、周恩来、刘少奇、朱德和任弼时。"我爸爸在这五个人当中，年龄最小，但是身体最差，所以他们建议他到俄罗斯去休养。"

"爸爸病特别多，心脏病、糖尿病、高血压……高压最高达 260，后来经过治疗降到了 160。爸爸在苏联休养半年就要求回国，刚回来他就给毛主席写了一封信，要求工作，毛主席批了他每天只能工作四个小时。"

实际上，他每天的工作时间不止四小时。1950 年 10 月 19 日，他为召开党的第一次全国组织工作会议做准备，还邀请了河北省的领导干部到他的办公室进行座谈。21 日，他又为中国青年杂志社创刊二十七周年写了一篇文章。

写文章是很费时间的，都是晚上加班。

"1950 年 10 月 25 日爸爸突然病重，26 日病了一天，27 日爸爸就在家里去世了。"任远芳说。病重期间，任弼时仍要求自己"能坚持走一百步，就不该走九十九步"，最终他却因脑出血过早地离开人世，令很多人唏嘘不已。他也成为五大书记中第一个去世的人。

"叶剑英伯伯说爸爸是中国人民的骆驼"

任弼时逝世当天，党中央和团中央就向全国发出讣告，做沉痛宣告。党中央的讣告中写道："任弼时同志的三十年生命完全贡献于中国的民族解放、人民解放和工人阶级解放的伟大革命事业，特别是贡献于中国共产党的组织工作和人民解放战争的政治工作。""由于他对于中国人民事业的无限忠诚，由于他在工作中的原则性和自我牺牲精神，他受到了全党全军的热爱。"讣告号召全党全军和全国人民学习任弼时的精神，团结一致为革命斗争和建设事业而奋斗。

任弼时逝世的第二天，中央成立了以毛泽东为首的治丧委员会。这天上午 9 时，毛泽东、刘少奇、朱德、周恩来等到北京景山东街任弼时住处，亲自看着任弼时入殓，给他覆盖党旗。

毛泽东叮嘱任弼时的夫人陈琮英：一定要抚养好孩子们，让他们好好学习，长大后继承他们爸爸的遗志！毛泽东还沉痛地扶着任弼时的灵柩，前往劳动人民文化宫，表现出对亲密战友深深的痛惜和悼念之情。

为了纪念任弼时，毛泽东在悲痛中提笔写下了题词："任弼时同志的革命精神永垂不朽！"1951 年 7 月 18 日，任弼时的安葬仪式在北京八宝山革命公墓隆重举行。汉白玉墓碑的正面，端端正正镌刻着毛泽东的题字——任弼时同志之墓。

刘少奇题词："学习弼时同志全心全意为人民服务的精神。"

周恩来题词："学习他三十年奋斗不已至死不息的自我牺牲精神，学习他顽强对敌全心全意为人民服务的革命精神，学习他坚持原则服从真理的布尔塞维克精神。"

朱德题词："弼时同志不仅是中国人民伟大的战士和政治家，而且是青年最亲密的导师。他一生为革命奋斗的历史，永远值得后辈青年同志们学习。"

任远芳还称，叶剑英曾这样评价任弼时："他是我们党的骆驼，中国人民的骆驼，担负着沉重的担子，走着漫长的艰苦的道路，没有休息，没有享受，没有个人的任何计较。他是杰出的共产主义者，是我们党最好的党员，是我们的模范。"

"爸爸特别坚持原则"

任远芳说："爸爸特别坚持原则。他不仅经常说，也经常检查。他要求我们不能超过组织规定的制度做事，一丝一毫都不能。当时是供给制，他就经常检查我们家的菜金有没有超过标准。"

"我二姐十几岁的时候，特别喜欢一个小本子，有一次，一个专门管给首长发本子的叔叔就送了她一本。但是这件事被爸爸知道了，二姐就说这个是叔叔送的，她特别喜欢。可爸爸一看本子就知道是发给大人用的，便狠狠批评我姐，让她赶快还回去。"

"我姐姐最后只得乖乖地还回去了。"任远芳说，这样的例子特别多。任弼时对她们的要求是比较严格的，要求她们不搞特殊。任远芳也受到了爸爸的影响。上大学之后，任远芳还特意改了名字，为的就是不让别人认出她。

"我爸爸的姓太惹眼，为了避嫌不搞特殊化，我就把自己的名字改成了陈松。和我住了 20 年的老邻居都不知道我是谁的孩子。"任远芳说，"陈松也就是当年我母亲在俄罗斯的别名，直到现在我身份证上的名字都是陈松。"

"爸爸很浪漫，什么都会一点"

任远芳说："爸爸很浪漫，什么都会一点。照相，打猎，拉胡琴儿，弹钢琴……我爸爸的确多才多艺，比较活跃。"在女儿的眼中，任弼时是个"文武双全"的人。"妈妈还曾教会爸爸纺线。当年在杨家岭的纺线比赛中，爸爸得了第一，比周总理纺得还快。"

任弼时是中共留苏元老，曾四度旅居莫斯科。也许是长期受外国文化的浸染，他身上渐渐形成一种罗曼蒂克的气质。任远芳说："爸爸几乎在每封信里都写'热烈地亲吻你'，表达特别热烈，很洋式，跟外国人差不多。"

任远芳说："1938年12月我出生，1940年3月爸爸奉调回国，不得已把一岁多的我留在了苏联，所以我没学过中文。1949年，爸爸到苏联养病，休养了半年，我正好放寒假，他就把我接到休养所。"

"我们都是用俄文交流，因为我不会中文，爸爸的俄文水平还是比较高的。过了寒假，我要上学，就回去了。当时，爸爸规定我两天给他写一封信，我说那你也得两天给我写一封信。所以我们俩的确经常写信来往。"

"妈妈和爸爸特别恩爱，值得学习"

任远芳说："妈妈和爸爸是1926年4月份结婚的，他们结婚的时候，妈妈家里很穷。后来，妈妈在一家小工厂做了一名织袜女工。是妈妈挣钱让爸爸参加革命、学习的，就连到苏联去学习的费用都是妈妈给爸爸拿的。"

"爸爸和妈妈的关系相当的好。妈妈没上过学，文化程度很低，爸爸就叫她好好学习，所以后来妈妈的文化也上来了，不仅能写信，而且字写得还相当不错。她生前身体一直不错，活到了102岁。"

"妈妈和爸爸一直互相恩爱，我们应该向他们学习。"任远芳说，"爸爸年轻的时候很帅，加上有留苏的背景，多少人给他介绍女孩子，爸爸一概拒绝。"

林伯渠外孙齐放
"延安五老"是毛主席提出来的

王梅梅

　　孙中山曾称赞他："林氏兄弟（林伯渠和堂兄林修梅），一文一武，将来必定大有作为。"毛泽东为他祝寿时说："你是我国革命老战士，自辛亥以来，在历史进程中，你总站在革命的最前线。"他逝世后，邓小平在悼词中说："他经历了资产阶级领导的旧民主主义革命、无产阶级领导的新民主主义革命和社会主义革命三个历史阶段。在每个革命的历史阶段，他都是彻底的革命派，为中国人民的解放事业作出了不可磨灭的贡献。"他就是"延安五老"之一———林伯渠。

　　在中共党内，林伯渠、董必武、吴玉章、徐特立、谢觉哉被称为"延安五老"。咖啡厅内，林伯渠的外孙齐放早早在此等候，采访时间虽短，他口中的故事却足以说明林老是一位备受尊敬和爱戴的人。作为林老的外孙，齐放对林老的崇敬之情也更加深厚。如今，"延安五老"不仅仅是一个称号，更代表中国共产党人伟大的革命精神。"'延安五老'还是毛主席提出来的。"齐放透露。

在李大钊、陈独秀的介绍下入党

早年两次日本之旅成为林伯渠人生的转折点。

　　林伯渠出生于湖南省常德市临澧县一个书香门第。1904 年春天，林伯渠与当地数十名学生一起前往日本官费留学。1905 年 8 月 20 日，孙中山在日本成立中国同盟会，林伯渠参加了这次会议，并加入同盟会，从此成了一名职业革命家。

　　辛亥革命成功后，胜利果实被袁世凯窃取，1913 年 5 月，林伯渠被迫再次逃亡日本，后结识李大钊，从此成为知心好友。他们之间经常有书信来往，李大钊寄给他刊物，向他介绍了十月革命的情况，对他阐述自己对中国当前革命形势的看法，并与他讨论如何发动群众和组织军队。他从李大钊和其他朋友那里学到了马克思主义的基本知识，虽然还只是一些初步的东西，但这些却启发了他去探索中国应该走什么道路，决心为人类解放事业而奋斗。

　　1920 年夏，陈独秀等人筹划成立中国共产党，中国共产党上海早期组织——上海共产主义小组，遂正式宣告成立。上海共产主义小组成立后，林伯渠在李大钊的介绍下与陈独秀相识并向其表达入党的意愿。于是，在陈独秀与李大钊的影响下，林伯渠光荣地成了一名中国共产党的秘密党员。

延安时期搞经济，引起国民党恐慌

　　林伯渠同志始终重视经济建设，他在长期的经济工作中积累了丰富的经验，被称为红色理财家，他的财经思想和观点为毛泽东经济思想的丰富和发展做出了积极贡献。

　　齐放介绍道，1905 年前后，林伯渠在日本留学时，学的是簿记学，大概就是现在的会计学，他那时读了大量有关政治经济学的书，所以在当时算是比较懂经济的人。1917 年林伯渠参加了护法之役，11 月 20 日，护法军攻占长沙，林伯渠出任湖南财政厅厅长。"据说，这是唯一一届没有亏损的政府。"齐放表示。1927 年 8 月 1 日，南昌起义当天下午，成立了中国国民党革命委员会，林伯渠担任革命委员会委员兼财政委员会主席。1933 年，从莫斯科回国的林伯渠来到中央苏区，被任命为中华苏维埃共和国临时中央政府国民经济部部长，任内，一面努力促进农业生产的发展，一面进行收购粮食的工作。同年 8 月，兼任临时中央政府财政部部长。为加强经济建设，巩固革命根据地，他以"开源节流，双管齐下"为财政工作的指针，成立没收征发局，向地主、富农筹款，并增发纸币，帮助政府和部队机关建立与健全预算、决算、审计、调配、供给、会计等财政制度。其中，增发边币一事引起国民党不满。

1939 年春天，林伯渠接到国民政府行政院长兼财政部长孔祥熙的来函，函中严词质问为何边区政府发行面额 1 元的法币辅币和光华商店代价券，并强行流通。林伯渠回复："查陕甘宁边区政府辖境内法币信用甚高，流通亦畅，唯零星辅币万分缺乏，影响物价之提高，有碍小民生活。经当地商会、农会等向边区政府请求，准许光华商店发行二分、五分、一角之代价券。原系暂时权宜便民之计，而其流通范围只限陕甘宁边区。发行以来，因准备充足，深得人民信仰，并无武装部队强迫行使事情。尊座听得报告，完全与事实不符。"

边币既没有在边区强制使用，也没有流通到国统区，为何会让堂堂国民政府孔部长如此大动肝火呢？让孔祥熙恼火和害怕的不是边区发行的小额钞票，而是边区暗中发行自己的货币，试图恢复造血功能，想独立于国民党法币之外而自成体系。讲到这里，齐放以中美贸易战为例，浅谈了货币于一国政府的重要性。他说："之前中美贸易摩擦，货币占主要地位。人民币已经进入特别提款权（SDR）货币篮子，这就严重刺激了美国的神经，如果出现一个能在结算领域跟它竞争的货币，美国当然不高兴了。不过，中国已经不是1937 年的延安了，中国共产党领导的政府也不是陕甘宁边区政府了，面对贸易摩擦不能退缩，只能迎上去。这个贸易摩擦的结果不好说，最终还是谋求一个平衡吧，谁赢谁输倒不存在，只是将贸易摩擦作为一个谈判的筹码。"

林伯渠筹粮得到群众拥戴

在二万五千里长征中，林伯渠先后担任没收征发委员会主任和总供给部部长。他一路行军，一路工作。每到宿营地，他总是立即安排工作人员筹款征粮。尽管在长征经过的地区筹集粮款非常困难，他还是严格要求遵守纪律，防止侵犯群众利益，特别是少数民族的利益。

齐放讲了这样一个故事。一次，林伯渠与战士们一起去筹粮。那里的人都逃走了，他们走了好几个村庄，才在一户人家草席下面的炕里，发现了足足200斤玉米。战士们想直接带走，林伯渠却慎重地提出先弄清物主是谁。他说：如果是地主的，我们按政策没收，将没收委员会的告示放在此地；如果是一般老百姓的，则要按市价收买，并留言我们是红军，是帮助穷人打土豪分田地的。后来，经过调查发现物主是一户中农，大家便按林伯渠的指示，把信和钱压在炕边，这才将粮食背走。

林伯渠始终为群众着想，得到群众的拥戴。1935年，林伯渠随身携带的中华苏维埃共和国财政印章因种种原因在征粮路上遗失了，几经辗转，直到1988年一名藏族群众在翻修房屋时才被发现。据说，这位藏族群众的爷爷一直把印章当作至宝，去世时还揽在怀里。入殓的时候，印章被奶奶发现并藏在屋顶。"这是一枚铜印，现在被甘肃省甘南藏族自治州的迭部县博物馆收藏，这就是军民关系的一个佐证，在红军走过的地方，人民和红军关系很融洽，很信任他们。其实那位村民完全可以把它拿去交易，他反倒把这枚铜印当宝贝一样。"齐放说出了自己的看法。

"延安五老"这个称号是毛主席提出来的

1937年1月至1947年3月，中共中央驻于延安时，中央领导和全体机关干部，将董必武、林伯渠、徐特立、谢觉哉、吴玉章五位老同志尊称为"延安五老"，即分别称为"董老""林老""徐老""谢老""吴老"。但是很多人都不知道这个称号的由来，齐放从包里拿出的一份资料给了我们答案。这份资料是1940年1月中共中央为吴玉章在延安补办六十寿辰庆祝会时，毛泽东所致的祝寿词。

"今天大家欢聚一堂，为吴老祝寿，想起我在三年前为徐老祝寿时的感想，我那时就说过，我们替他祝寿，不是无原因的。记得我在小的时候，很不喜欢老人，因为他们是会欺负青年人的，青年人谁没错误呢？但是你错不得，他们对你是很凶的。一切事情，小孩子和青年人是没有发言权的。中国的青年人受封建家庭封建社会的苦太大了。但是现在世界是变了，青年人欢喜老年人，就像我们的吴老、林老、徐老、董老、谢老，都是很受青年们欢迎的。为什么有这个转变呢？因为这些老同志不但不欺负青年，而且非常热心地帮助青年，他们的行为足为青年典范，所以青年都十分热爱他们。党外也有很多受青年尊敬的老人，例如马相伯就是一个，他做寿时我们共产党还打了贺电去，因为他主张抗日与民主政治……"

就是在这次讲话中，毛泽东第一次提到"五老"。

齐放因林伯渠与何叔衡战友情落泪

近年来，林伯渠的亲友不断将林老的遗物捐献给博物馆，以供世人瞻仰。据齐放介绍，其实最开始做这件事的正是林老本人。国家博物馆刚刚成立的时候，林老将长征路上的马灯、毛毯以及何叔衡送给他的毛衣都捐献出来，以纪念难忘的长征岁月，纪念逝去的战友。

1934 年 10 月初，由于第五次反"围剿"的失利，中共中央被迫作出战略转移的决定。在红军转移前夕，党政干部谁走谁留成了大家关心的问题。最后，年老体衰的何叔衡奉命留守根据地坚持斗争，而林伯渠等其他老同志则随红军长征。

部队出发前的一个晚上，何叔衡在梅坑的住处准备了酒和花生米，为老战友林伯渠饯行。两人促膝对酌，惜别时，何叔衡把他身上的毛衣脱下来，送给即将远行的好友，以抵御征途的风寒。林伯渠接过毛衣，百感交集，当夜写下一首《别梅坑》：

共同事业尚艰辛，

清酒盈尊喜对倾。

敢为叶坪弄政法，

欣然沙坝搞财经。

去留心绪都嫌重，

风雨荒鸡盼早鸣。

赠我绨袍无限意，

殷勤握手别梅坑。

没想到这是两人最后一次见面。1935年2月，何叔衡在转移过程中被敌人包围，他体力不支又怕拖累其他同志，便选择纵身跳崖。而他的毛衣被林伯渠保存至今，两人的战友情深让人为之动容。讲到最后，慈祥爽朗的齐放收起笑容，表情隐忍，伴着浑浊的声音，眼泪汩汩流淌下来。

和很多开国元勋后代一样，齐放认为，革命胜利不只是红军将领们的功劳，更是千千万万战士抛头颅洒热血换来的。他也希望，通过捐赠林老的物品让后来人多了解中国的历史，这是非常有必要的。

林伯渠将别人送的礼扔出门外

从湖南财政厅厅长到临时中央政府财政部部长，林伯渠负责经济工作，掌握着政府的经济命脉，这牵涉到许多人的利益，找他办事的人并不少。

齐放说："自古以来，中国就是一个人情社会，人一做官就有找他办事的。听姨妈们说，他当湖南省财政厅厅长的时候，有人送东西让他办事，人家来了谈完事给他放下东西，他就拿着东西扔出去，让人家赶快拿走。有人甚至要给他送姨太太，他也严词拒绝。"后来湖南老家搞土改，林老母亲家的亲戚有一些地主的田被收了，他们很不理解，当时林老已经来北京就职了，他们就到北京来，请他网开一面。林老就让人写了一封信，这封信不是给当地政府的，而是给家族里的人，规劝族人要理解国家土改政策，配合当地政府。

齐放说，自从林老加入同盟会，他就选择成为一名革命者，从来不利用职权为自己和家人做任何的安排。"在建立政权的时候，对权力的约束不单单是对党员干部思想教育的问题，而是要从制度与法律上进行建设。如今腐败现象丛生，虽然当时的情况不能与今天同日而语，但面临的是同一个问题。难道把这些人都杀了就能真正解决问题吗？要想从根本上解决问题，还是应建立健全相关法律法规。可以看到，新中国成立后和改革开放后我国在这个方向一直在不断进步。"

徐特立孙女徐禹强

他舍家办学不拿薪，年近半百入党，长征中年龄最长者

王梅梅

毛泽东领导共产党建立中华人民共和国，田汉写出脍炙人口的《义勇军进行曲》，后被采用为中华人民共和国国歌……很多人都知道，他们有一位共同的老师——徐特立。徐特立一生为祖国的命运和前途不懈拼搏，他的两个儿子也为革命献出了年轻的生命。他以提高整个中华民族素质为己任，终生奋斗，写下了永载史册的辉煌篇章。毛泽东在徐老六十寿辰的贺信中写道："你是我二十年前的先生，你现在仍然是我的先生，你将来必定还是我的先生！"

徐特立孙女徐禹强接受了专访，抱恙在身的她比较健忘，但对祖父的故事仍如数家珍。徐老早年积极办学，曾腾住房做校舍，自己花钱添置教室桌椅，且不拿薪水。1927年国共合作破裂，在大批共产党人被捕杀的情况下，徐老毅然加入共产党。参加长征时，徐老已57岁高龄，但丝毫不拖队伍后腿，衣服烂了，自己缝补，鞋子破了，自己制作，路上缺少粮食和蔬菜，就吃草根和树皮，还总把自己的马让给伤病员或驮东西。徐老的高风亮节对徐禹强触动很大，小时候她因病在学校被区别对待，吃了一顿大米饭，而被祖父狠狠地批评。但是与祖父相处的日子，是她人生中最温馨美好的回忆。

徐特立办学：上午教课，下午照顾产妇病儿

徐特立曾向徐禹强讲述自己早年办学的经历。

他说："1905 年，我进了一个 4 个月的教员速成师范班。当时的教员在日本学了 4 个月，程度比我还低。我在那里学了一些办学校的方法，感到国家的存亡问题有做启蒙运动的必要，于是，就和何雨农、姜济寰，在离长沙城 30 里的棚梨镇办了梨江高小，还设了速成师范班和女子班，收农民子弟入学。那时风气未开，无款可筹，我无钱只出力，何、姜两人出钱热情支持。学校当年秋开学，我给自己立了一条'不拿薪水，只吃饭'的规矩，教了好几门课，忙得不亦乐乎，无暇顾及家。"

徐特立教书的地方离家 50 里，吃住都在学校。儿子出生的那天，妻子还在山上拾柴，傍晚自己烧水，自己剪脐带，自己洗胎儿。徐特立过中秋节回家，才知道生了个男孩。妻子并没有带话给他，怕他教书分心。徐特立说："她这样入微的体谅，是对我最大的支持。"

当时学校不能缺课，家中又无人照顾，还有一个 3 岁孩子正患痢疾。他只好上午上四节课，下午回家煮药洗衣服，照顾产妇和病儿，直到深夜。次日，天未明即起身，赶 50 里路到学校、吃早饭。"就这样，半个月，每天往返 100 里，没有由于自家的私事缺过一点钟的课，虽然受尽辛苦煎熬，但精神非常安慰和愉快！因为我已决定为社会服务，我希望一家之困难，随整个社会解决而改善。"徐特立如此说道。

腥风血雨中毅然加入共产党

1927 年 4 月 12 日，蒋介石在上海制造了震惊中外的"四一二"反革命政变，到 15 日，上海工人被杀 300 多人，被捕 500 多人，失踪 5000 多人。

5 月 20 日晚，徐老和他的学生熊瑾玎住在长沙城犁头街的一个朋友家。

深夜他被从省总工会、省农民协会方向传来的密集枪声惊醒，得知驻长沙的国民革命军第三十五军三十三团团长许克祥叛变。他担心学员安危，立即奔赴讲习所，被戒严士兵阻拦。次日，所有工会、农会、学生联合会等组织均被捣毁，被捕杀者不计其数，这就是历史上的马日事变。

徐老让熊瑾玎立即化装转移出城，自己则留下来。长沙笼罩在白色恐怖之中，20多天时间，长沙附近就有一万多共产党员和革命群众惨遭杀害。

徐禹强说："祖父带着他在湖南第一师范时的学生陈炳人转移到离五美乡15里的道渡老塘冲农民章星德家。白天，与章上山打柴，晚上秘密集会，重新组织一支由四五十个农民组成的梭镖队，同反扑的恶霸地主坚持斗争，时间长达一个多月，后被长沙城派来的'清乡'军队打散。党组织派人找到祖父，几经转移，祖父才在离城20里远的黎尚瑾（徐特立学生、共产党员）家住下。"

在国共两党全面破裂即将摊牌的最后时刻，徐老来到武汉，住在武昌农民运动讲习所。7月15日，汪精卫在武汉举行"分共"会议，决定同共产党决裂。在"宁可错杀一千，不可使一人漏网"的反革命口号下，大批共产党员和革命群众惨遭杀害。党的组织受到严重破坏，不少党员同组织失去联系。不坚定分子纷纷脱党，有的公开在报纸上发表脱党声明，还有的甚至成了叛徒。党员数量从大革命高潮时的近6万人锐减到1万余人。党领导下的工会会员由280余万人锐减至几万人，有1000多万会员的农民协会基本解散。人数众多的中间派随着政治形势陡然逆转，大批"右转"，革命处于低潮。

年过半百的徐特立就在这革命生死存亡的危难时刻，经李维汉介绍，在汉口毅然决然加入中国共产党。对此，在纪念徐特立同志诞辰105周年座谈会上，时任中共中央政治局委员、中央书记处书记习仲勋在讲话中指出："徐特立同志是在1927年蒋介石背叛革命，很多共产党员人头落地，不少动摇分子纷纷脱党和隐退的严重关头，毅然决然地走到我们党的队伍中来的。这不仅显示了他有惊人的革命胆略，更重要的是表明他有坚强的共产主义信念。这是难能可贵的。在革命低潮的时候能够看到光明的前景，当白色恐怖极其严重的时候，能够挺身而出，同党和人民一起去斗争，这是只有真正的共产党人才能做到的。徐特立同志就是这样的人。现在很有必要在我们的同志中间唤起这种精神，在青年中间发扬这种精神。"

向毛泽东赠诗，为其排解苦闷

徐老为别人不惜牺牲自己的高风亮节之举，在湖南教育界早有"雪中送炭"的佳话。长沙县知事姜济寰被免职后，借债度日，徐老毫不犹豫地把自己苦心创办的长沙师范学校让给姜，这一让就把他赖以生活的全部收入让掉了。为了偿还办学校的债务，徐老到好几所学校兼课……后来，他在湖南省立第一女子师范当校长，全校学生都亲昵地称无微不至关心和爱护她们的徐校长为"外婆"，这个爱称当时在湖南教育界无人不知，无人不晓。

作为毛泽东的老师，在革命道路上一路走来，徐特立给予了毛泽东信任和鼓励。1931 年 11 月，赣南会议召开，王明"左"倾路线开始排挤毛泽东的领导；1932 年 10 月，宁都会议上，又有人批评毛泽东的正确主张。会后，撤销了毛泽东的中央红军总政委职务。

这段时间，徐特立知道，毛泽东的心里很难过。一天，徐特立挟着几本书找到毛泽东说："润之，有时间多看看这几本书吧！"这是一本列宁写的《论"左派"幼稚病和小资产阶级派性》。毛泽东连读几遍，爱不释手，脸上出现久违的喜悦，找到徐老说："这篇文章写得太好了。列宁批评的'左派'共产主义者，我们这里也有。他们都一样，喜欢唱高调，表面上格外革命，实际上对怎样想出办法、渡过困难、发展革命工作，毫无办法。"徐老看到毛泽东精神这样振奋，心里十分高兴。他还将自己的《言志》诗赠给毛泽东。

丈夫落魄纵无聊，壮志依然抑九霄。

非同泽柳新秭弱，偶受春风即折腰。

57 岁参加长征，却总把自己的马让给伤病员

1934年9月，博古、李德等人仓促决定放弃中央苏区，中央政治局对这个关系革命成败的重大战略问题都没有进行讨论，就令红军主力分别从江西瑞金、雩都（今于都）和福建长汀、宁化等地出发，开始了史无前例的战略大转移。

徐特立和董必武被编在军委第二纵队总卫生部。总卫生部出发前，组织了一个由20个妇女和两个老头组成的工作团。董必武当主任，徐特立当副主任。57岁的徐特立紧跟队伍，开始经受漫长而严峻的考验。

从瑞金出发后的每一天，天上都有几十架敌机侦察轰炸，地上几十万大军围追堵截。为了甩掉敌机的轰炸扫射和敌人的跟踪追击，部队总在晚上悄悄行军。工作团大都是年纪较大的同志、伤员，怀孕和裹脚的妇女。很多同志白天跟上队伍都不容易，夜间行军更加困难，常常分不清东西南北。长征中，大家最大的担心就是掉队。因为一旦掉队，就可能再也找不到组织。

于是，部队便在白天利用敌机没来的空隙进行军事训练，让大家学习梭镖刺杀、夜间辨别方向和辨认岔道等方面的自卫本领。因为徐特立年纪大，就没被通知参加。徐老知道后坚决要参加操练，每个动作都反复做好几遍，一点儿也不马虎。半个钟头下来，徐老已气喘吁吁，满头大汗。

教员走过去劝说："徐老，下面的操练您就不要参加了，去休息吧！晚上还要行军呢！""难道你要取消我当红军战士的资格？"徐老风趣地笑着说，"光看表面，这可不对呀！我可是人老心不老！"说完他又精神抖擞地站到队列中。

组织还为徐老安排了一匹马。但他一路上都很少骑，不是让给伤病员，就是给连队驮东西。每次行军，从出发到宿营，他总是那样从容地、不停地向前走去。有时大家休息了，他仍一步一步不停地向前走。如果实在太累，就站着休息一会儿再走。

有一天，徐老牵着马走在前面，他的饲养员却骑在马上。

"你怎么不照顾徐老？！"萧月华同志看见后批评饲养员。

"是我让他骑的马，他生病走不动了，我走得动。"徐老忙解释。

在向泸定城行进的路上，看到负伤的战士走一步停一下，徐老赶紧上前，把伤员扶到马上，让饲养员照顾着，并亲自牵着马向泸定城行进。伤员骑在马上，看见这个须发花白、身体消瘦的老人，感动得热泪盈眶，说不出话来。

党中央两次为徐老祝寿

1937 年 1 月，毛泽东在党中央的一次会议上提出，要为从雪山草地跋涉过来的徐特立破例搞一次祝寿活动，其目的在于鼓舞红军指战员的士气，更是要通过这次活动来庆祝中国工农红军长征胜利，向全世界和全国人民宣告中国共产党、中国工农红军是不可战胜的。党中央一致拥护和支持毛泽东的这一建议。

1937 年 1 月 30 日，毛泽东在延安给正在陕北保安的徐老写了一封信，信写完的当天，就派人星夜驰往保安，将信专程送给在保安主持中华苏维埃中央政府西北办事处教育部工作的徐老。当他收到毛泽东为自己祝寿的亲笔信时，激动不已。他在感动之余决定向党中央和毛泽东致函，坚决要求取消为他祝寿的活动。然而，祝寿热潮已经掀起，无法再取消了。

毛泽东在党内提出为徐老祝寿的消息传出以后，很快就受到延安各界以及陕北各战区指战员的广泛拥护，不但苏区如此，就是白区也有许多人替他祝寿，并为他编纂历史，足以证明祝寿的热烈，更证明徐特立深受广大人民爱戴。不久，陕北各地就形成了一个广大军民踊跃为徐老祝寿的热潮。在长达一个月的时间里，陕北各战区的抗日军队，纷纷举办祝贺徐特立六十寿辰的活动。与此同时，从全国各地寄往延安和保安的贺词、贺信和贺幛，数以千计。

徐特立本人在这次祝寿结束后，在延安的报纸上发表了《我的答词》。他说："各位同志替我祝寿，我很高兴，用不着说客气话……我一生过着极不平常的生活，把我这一'老古董'推到革命最先锋的队伍中，将来在革命史上也占着光荣的一页。与中华民族解放的光荣并存，我值得高兴，我愿意继续站在战争的最前线，为民族为世界和平而斗争。"

1947年春天，徐特立70岁寿辰到来之际，全国范围的解放战争已经打响，胡宗南的部队正在向延安步步紧逼，但还没摸清党中央、毛泽东在不在延安，举棋不定。当时我军在延安只有小米加步枪的两三万人，与国民党军队的力量对比悬殊。党中央经过慎重讨论，决定全党再次为这位革命老人祝寿，公开发表为徐特立祝贺七十大寿的贺信，并派人将已撤到绥德的徐老接回延安。

1947年2月1日下午，中央办公厅为徐特立祝寿，会场设在杨家岭的大会议室里，以毛泽东、周恩来、朱德、彭德怀为首的中央领导同志和中央机关各部门的负责人，都在下午4时前准时来到会场。杨家岭大礼堂里座无虚席，各方面人士纷纷致辞。寿辰当天，延安《解放日报》特开辟庆贺专版，刊发了毛泽东、朱德、周恩来、刘少奇、彭德怀等为徐特立七十大寿所写的贺词。

年少的徐禹强因吃了顿大米饭被祖父批评

1949年，湖南和平解放，13岁的徐禹强同祖母从长沙老家来到北京，与祖父徐特立团聚。徐特立对孙女约法三章：第一，不要有特殊思想；第二，不要有优越感；第三，不要脱离群众。

徐禹强讲了祖父唯一一次对自己发脾气的事。徐禹强住校不久，因身体不适，吃不下饭，学校领导以为她刚到北方，吃不惯小米饭，就让她跟校长一起吃了一餐大米饭（当时就是校长一周也难得吃顿细粮）。

这件事被徐老知道了，他拍了桌子。对孙女生这么大的气，是他一生中第一次，也是唯一的一次。徐禹强讲道："我不敢作声，哭得很伤心。祖父严厉地批评了我一顿，讲了'一张马皮打牙祭'的故事。"接着徐老摸着孙女的头说："学校领导照顾你，是因为你是革命后代，如果我不严格要求你、批评教育你，这样下去，很容易滋长特殊思想，产生优越感，脱离同学们。特殊思想是封建社会的，要不得。"

年少的徐禹强对祖父这番话虽然不大懂，但至今记忆犹新，祖父当时的音容笑貌还清晰地浮现在她眼前，祖父的教诲已深深地印在她的脑海里。

后来，徐禹强到医院检查，确诊为"黄疸病"，只得休学治疗。从1949年11月到1950年2月，她一直跟在祖父的身边，徐老几乎每天都给孙女讲自己亲历的革命故事。徐禹强说："祖父把为人之本的无私奉献和真诚可贵的爱播撒在我的心田，滋润我的心灵。那段时间，是我最快乐最幸福的时光，在从小就失去父母的我的心中，留下了一生最美好温馨的记忆。"

张云逸之子张光东
改变当时黑暗的社会，就是父亲的"初心"

王梅梅

张云逸，杰出的无产阶级革命家、军事家，中国人民解放军大将。早年加入同盟会，曾参加黄花岗起义、护法战争、北伐战争、长征、抗日战争、解放战争，为新中国的成立做出了重要贡献。毛泽东称赞他"数十年如一日奋斗不息，是模范的共产党员"。

张云逸之子张光东接受了采访。张光东曾任石家庄陆军指挥学院副院长，是一位少将。记者拜访他的时候，适逢十九大召开之际，张老正和夫人谈论着十九大报告。在三个多小时的访谈中，张老娓娓道出父亲的故事，而"不忘初心、牢记使命"这八个字，也完美诠释了张云逸大将的精彩人生。

其革命史与中国近代史同步

1892年，张云逸出生在海南省文昌县（今文昌市）一个贫农家庭。虽然家里很穷，但特别重视对张云逸的教育。1908年，张云逸在当地人赵世槐的资助下，考取了广东陆军小学堂。一方面，张云逸受到学校资产阶级革命的教育，另一方面，他也目睹了清政府的腐败，切身感受到人民的痛苦。因此在第二年，张云逸就加入了孙中山组织的同盟会。张光东感慨道："从这个角度讲，我父亲投身革命的过程几乎和中国近代革命史同步，顺应了社会发展。"

1912年，清政府被推翻，张云逸从同盟会自动转为国民党，跟着孙中山反袁东征，并参加了北伐战争。北伐战争时张云逸在国民革命军第四军，1926年在廖乾吾的介绍下秘密加入中国共产党，随后参加了南昌起义。当时中央命令时任第四军二十五师参谋长的张云逸将部队带到南昌参加起义，并说服第四军军长张发奎参加这场起义。最后，由于张发奎态度不明朗，张云逸以野外演习为掩护，把部队送到南昌，圆满完成任务，这支队伍就是今天中国人民解放军的火种部队。

1927年底发动的广州起义失败后，张云逸放弃到苏联学习的机会，留在国内组织武装起义。广西百色起义后，1931年，张云逸带着红七军转战万里到达中央苏区，成为中央红军的一部分，参加了第二次、第三次、第四次、第五次反"围剿"。1931年底，张云逸调任中革军委总参谋部当副总参谋长。

1936年长征结束，中央红军到达延安后，党中央命令以张云逸为首的一批干部前往南方，一是寻找长征后失去联系的革命力量，二是利用张云逸的特殊身份（曾在广东陆军小学堂就读，许多国民党元老都是他的同学）做统战工作。张云逸去了南方之后，在多个省市建立了公开的八路军办事处，国共第一份共同抗日的协议，就是张云逸与中央前后通过18份往来电报沟通达成的。后来，张云逸通过澳门地下党的帮助找到叶挺，介绍了党中央的抗日政策，希望叶挺参加共产党领导的抗日战争，叶挺接受他的建议北上。在张云逸和南方工委的共同努力下，分散在南方的游击队逐步被联络起来。说起这段经历，张光东对父亲表示了由衷的佩服："当时电台被砸，密码本被烧，南方各省市的游击战都是独立开展的，相互之间没有任何联系。短短几个月的时间，新四军就得以组建，真的非常不容易。"

做前线战士们强大的后盾

1938年底到1939年初，江北被日军占领了大片的领土，国民党节节败退。

那时，王明从苏联回来后，以共产国际代表自居，凌驾于中央之上发号施令。他的指导思想是一切通过统一战线，接受国民党的领导指挥。当时很多人都受到王明的迷惑。毛泽东则认为应开展独立自主的游击战，不受国民党领导，深入到敌人的后方去，建立根据地。张云逸当时根据毛泽东的指示，带了两个连去了江北，把2000多人的部队发展到7000多人，并建立了华中第一个抗日根据地，有了自己的抗日政权。张云逸从抗战开始到胜利，再也没有离开华中抗日前线。

抗日战争胜利之后，根据中央命令，张云逸负责指挥江南和华中的新四军北撤去山东，建立山东解放区。在短短两三个月中，张云逸把7万多人从江南华中撤到山东，并组织兵工厂、烟厂、被服厂……为后来解放战争保存了基本力量。

有人说，淮海战役是60万打败80万的一个著名的战役。但深知其详的张光东却不这么认为。他如此分析："淮海战役的成功离不开人民的支援，光山东地区就有200来万民工做后盾。所以正确来讲，不是60万打赢了80万，而是260万打赢80万。"陈毅也讲过这么一句话，他说，淮海战役的胜利是人民用小推车和大连制造的大炮弹打出来的。因为战场上靠的不仅仅是人数，还有火力，大口径炮弹的作用举足轻重。而当时组织生产和运输炮弹的工作就是张云逸领导的。张光东说，解放战争一开始，父亲就派人到大连的兵工厂组织生产大口径炮弹，之后这些弹药通过一条海上秘密运输线被源源不断地送到前线，再由广大民工"推"到战场上去。

张光东直言，由于工作性质原因，父亲上前线亲手杀敌的机会并不多。"一些业余的军事爱好者研究以前的战役时，主要看指挥、看战术，但内行人关注的是整个系统。没有后勤的保障，没有情报的支援，何来前线的成功？以前打仗需要武器、药品，现代护航同样需要补给舰、补给基地，这些因素直接决定战争胜负！"张光东掷地有声的语气中，流露出了他对父亲深深的敬佩之情。

不忘初心，牢记使命

小时候，张光东曾经问过父亲一个问题，简单而直白："爸爸，您为什么要参加革命？"父亲的回答同样很简单："你不知道当时的社会有多黑暗……"于是，改变这个黑暗的社会，让人民过上幸福的生活，成为张云逸的"初心"。从加入同盟会直到新中国胜利，张云逸一直"不忘初心、牢记使命"，对于父亲的"初心"，张光东深切体会到了其一如既往的坚守。

"那个年代多苦啊，难道他没有打过败仗？难道他没受过委屈？难道他不曾迷茫？但这一路走来，父亲始终不忘初心，勇敢担当起自己的使命，他没有因复杂的环境而动摇，坚守最初的想法，改变黑暗，为寻找光明而努力！"讲到这里，张光东也寄语新一代年轻人，他勉励道："中国特色社会主义建设是一个漫长的过程，'新征程'任重而道远，现在80后、90后是主力，他们要坚守自己的理想和信念，在遇到困难时做到迎难而上，而不是找一个避风港。"

除此之外，张光东对当下的贪腐之风表示痛心。他说："我们年轻那会儿，想得非常简单，什么工作贡献大就去做什么工作，一心想着为党和人民做事，根本不在乎钱多钱少。那个年代也完全没有现在的攀比心态，炒房啊，贪污啊，想都没想过。新中国成立之后，我父亲担任过中央监察委副书记，那时候的腐败问题并没有这么严重，但我父亲仍坚守自己的原则，实事求是。据一些老同志反映，在当时的政治背景下，既要反腐败，又要反无限上纲，这是非常困难的。但我父亲一直坚持不夸大问题，也不缩小问题，在工作上，他是一个特别严谨的人。"

谈及现在的反腐，张光东不住地称赞，他认为，党的十八大以来，党中央的反腐决心及取得的成绩是有目共睹的。他一针见血地指出："这些年，国家发展非常快，取得了举世瞩目的辉煌成就。试想，如果没有反腐政策，那最后发展成果到了谁手中？是人民吗？还是那些腐败分子？"

新时代军人之路怎么走?

高中毕业之后,张光东也走上了军人之路,这是他自己的决定,当然,父亲也非常支持他。一开始,张光东就读于中国人民解放军军事工程学院,也就是人们常说的"哈军工"。他选择了导弹系,研究火箭军的装备。张光东说,自己毕业之后被分配到总参三部计算机研究所,在那工作了5年之久。"文化大革命"结束后,为了提升指挥员的文化水平,他又被送到高等军事学院(国防大学前身)学习军事指挥。1984年,张光东被分配到济南军区部队任团长,工作一段时间后,再次被调回总参三部研究所,后又到军务部工作。最后,张光东到石家庄陆军指挥学院工作,任副院长。

2000年,张光东被授予少将军衔。对此,他谦虚地表示:"到了学院之后,虽然也做出了一些成绩,但是跟我父亲是没法儿比的。他们那个年代的军衔是拿命换来的,我只是兢兢业业做好自己的工作罢了。我父亲对于功过的态度也是这样,我拜访过的老同志都评价他平易近人,温和慈祥。与同事在一块儿,从不争功诿过,打了胜仗功劳是大家的,打了败仗他敢于承担自己的责任。在其他人眼中,他永远都是谆谆长者的样子,很受人尊敬。"

李克农之孙李凯城
军队腐败让我痛心不已

张喜斌

　　"中共特工王"李克农之孙李凯城接受了专访，谈及社会腐败现象时，他说："前些年社会风气不好，腐败到那种地步，真是触目惊心，令人痛心不已，好在党的十八大以后正风肃纪，社会风气发生了根本性变化，反腐倡廉工作取得了压倒性优势，我非常振奋。"

　　李凯城，1969年入伍，历任班长、技师、政治教员、干事、政研室主任、总参某研究所副政委，大校军衔。李凯城在领导机关工作多年，长期从事政治工作研究。他的爷爷李克农，曾任外交部副部长、情报部部长等职，是唯一一位没有打过仗的开国上将。

我们不应该忘记隐蔽战线的无名英雄们

　　李克农，中共情报史上的传奇人物，人称"中共特工王"。从打入国民党特务机关"卧底"，到担任中共中央情报委员会书记，李克农长期工作在隐蔽战线，中国革命许多重大历史事件背后都有他的身影。

　　不过，对于大家给李克农的"中共特工王"这个称号，李克农之孙李凯城有着自己的理解。李凯城认为，这只是一种形容，爷爷曾是隐蔽战线的一个主要负责人，上有领导，下有很多同事，是大家在共同从事着隐蔽战线的斗争。

所以李凯城说："'特工王'这个称号，更多的是一种形容，来形容爷爷的特殊地位。但实际上这是组织的力量，爷爷只是其中的一个角色，是这个群体的代表之一。爷爷是承上启下的，组织的运作绝不单单只是他个人的作用。"

李凯城也讲述了他对于隐蔽战线的理解。他说，因为党的事业要发展，所以就不仅要有公开的斗争，也需要隐蔽战线的斗争，二者缺一不可。敌人对我们是两手，我们对敌人也要是两手。

在革命斗争历史上这个特殊的人群，也就是隐蔽战线的同志们，他们对中国革命做出了巨大贡献。李凯城说，这条战线跟其他的不一样，因为做情报工作就需要接近敌人，需要长期潜伏，以隐蔽的身份出面，才能得到有价值的情报。

因为这个原因，做出了非常大贡献的他们，经常不被人理解，被当作叛徒、汉奸，被同事、战友、亲人误解的有很多很多。所以有很多人死后，其功绩、艰辛也不全被人们理解、认同，甚至可能永远隐藏在历史背后不被人知晓，这就是这条战线的特点。

幸运的是，随着时代的发展，很多事情都已经到了可以逐渐解密的时候，很多影视作品、宣传报道等等，都引起了大家的关注，隐蔽战线那些不为人知的故事也开始慢慢地进入人民的视线中。

"这是好事，我们确实应该通过各种形式让大家牢记，这个战线有那么一批忠贞报国、忠诚于党、默默无闻、埋头苦干甚至含冤受屈的人。了解这批同志对中国革命、对党的事业所做出的贡献，我们不应该忘记他们。要是现在再不讲，就可能永远成为历史了。"李凯城说。

爷爷是唯一一位没有打过仗的开国上将

李克农是我军功勋卓著又带有几分神秘色彩的高级将领。20世纪20年代，在恽代英等中共早期领导人进步思想的熏陶下，年轻的李克农加入中国共产党，并逐步显示出了非凡的地下工作才干。

他的一生从此与中共历史上的许多重要事件联系在一起，他本人也在其中发挥了举足轻重的作用。新中国成立后，没有带过兵、打过仗的李克农被毛泽东授予上将军衔，成为一名从"寂静战场"上走出来的特殊将军，并获得了"中共特工王"的美名。

李克农，祖籍安徽巢县（今巢湖市），生于芜湖。1917年，18岁的李克农在北京参与《通俗周刊》的发行工作，后因张勋复辟，被迫回到芜湖。五四运动后，李克农参与领导学生运动。1926年底，加入中国共产党。

1927年4月18日，国民党芜湖右派策划反革命政变，李克农提前获得情报，帮助中共芜湖特支及共青团芜湖地方执行委员会主要骨干安全撤离。这是李克农送出来的第一个情报，从此他的很多工作都是围绕情报工作展开，他送出的情报、挽救的同志，不计其数。

李克农曾任红一方面军政治保卫局局长、红军工作部部长；参加长征后，任中共中央联络局局长；抗战时，在国民党统治区协助周恩来、叶剑英开展抗日民族统一战线工作；解放战争时期，任中共中央社会部部长、北平军事调处执行部中共代表团委员兼秘书长。

中华人民共和国成立后，李克农任外交部副部长、人民革命军事委员会情报部部长。1953年起，任解放军副总参谋长、中共中央调查部部长。1955年被授予上将军衔，荣获一级八一勋章、一级独立自由勋章、一级解放勋章。

李克农是第一、第二届全国人民代表大会代表，中共第八届中央委员，第三届全国政协常务委员。1962年2月9日在北京逝世。他是久经考验的无产阶级革命家，杰出的社会活动家、外交家，我党我军隐蔽战线的卓越领导者和组织者。

在长期的革命生涯中，他以对党无限忠诚和高度负责的精神，在紧急关头保卫了党中央的安全，在关键时刻向党中央提供了决策性情报，为中国人民的解放事业做出了重大贡献。新中国成立后，毛泽东也曾说过："李克农是中国的大特务，只不过是共产党的特务。"

家里从小就跟我们说不要给前辈们丢人

谈及自己的特殊身份，李凯城坦言："作为李克农的后代，我们不奢求为家族争多少光，别给前辈丢人就可以了。我希望大家更在意的是我所做的工作，而不单单是我是谁的后代。"

李凯城说，父亲那辈人，都是在抗战初期就参加革命，也都在各自的工作岗位上做出了应有的贡献。父亲说得最多的就是不要给前辈丢人，不要指望着沾前辈的光。

2010年3月，经人介绍，李凯城去湖南长沙为公安部举办的全国国保系统领导干部培训班讲课。主持人知道他的身份但是没有提前说，在他讲完课后，主持人说了一句："李老师是我们这个战线一个老前辈李克农的后代。"

"当时，全场热烈鼓掌，我觉得大家鼓掌是对前辈的认可，我感到很荣幸，但同时也感到了一份责任。作为李克农的后代，人家这么尊重我，我就更不能给前辈抹黑，要活出自己，我要为国家做出自己的贡献。"李凯城表示。

新中国成立后，李凯城的二姑李冰曾任天坛医院副院长，后来参与筹建新中国第一所肿瘤专科医院，投身肿瘤防治事业，成为中国肿瘤防治事业的开拓者之一，担任中国医学科学院肿瘤医院党委书记兼副院长，并在中国做了几亿人规模的癌症普查。

"文革"后，李冰当选为党的十一大代表、大会主席团成员，以及第十二届中央候补委员。"因为二姑在工作上的突出表现，一度被组织上推选为卫生部副部长的人选，当时名单都报上去了，我二姑拉着父亲想方设法托关系走后门，只为不当副部长。"李凯城说。

当时，卫生部江一真部长苦笑着说："人家都是走后门要官，怎么你倒反过来啦？"后来家人问她为何如此，她平静地说："卫生部不缺我一个跑龙套的副部长，我还是在院长的位子上能做出点事情来。"

据李凯城讲述，"我二姑一心一意想在自己的肿瘤防治事业上做出成绩"。

专访中，李凯城还讲到他爷爷奶奶那代人的公私分明。李凯城说，爷爷不在家的时候，奶奶从不让炊事员做饭，都是自己做；奶奶得病了也都不用爷爷的公车，而是让三叔用自行车驮着去看病。

军队腐败到那种地步真是让人痛心不已

李凯城又接着说道："爷爷没有给我们留下什么物质财富，留给我们更多的是精神上的传承。"

在谈及近两年的腐败案例时，李凯城用了八个字形容他的心情——"触目惊心，痛心不已"。李凯城说，前些年，党风、社会风气非常不好，出了那么多问题，真是触目惊心，痛心不已。

不过，党的十八大以后，正风肃纪、反腐倡廉。不仅动真格儿的，而且既打老虎又拍苍蝇，使整个反腐败斗争形势发生了根本性变化，反腐败斗争压倒性态势已经形成。"我们也是非常振奋，希望反腐败能保持下去。"李凯城说。

李凯城说，抱怨没用，是很多因素造成了前些年的那种局面。与其抱怨，还不如做点什么。他认为，自己能做的，恰恰就是把革命前辈的精神好好总结出来并宣传出去。因为反腐光靠制度不行，还是要像总书记说的那样，要坚持思想建党和制度治党同向发力。

李凯城说："我们搞党性教育，其实就是加强党的思想建设的一个重要环节。我们之所以一直在努力，也是为了能够让更多的年轻干部记住前辈、理解前辈，像前辈那样为人民服务，为了民族复兴、人民幸福，做出我们这一代人应该做出的贡献。"

钟情于红色管理，从军队中汲取管理智慧

在领导机关工作多年的李凯城，长期从事政治工作研究，现任中国管理科学学会副会长，专精于思想教育与企业文化研究。

李凯城在 2017 年 11 月举行的建军 90 周年的一个纪念活动上曾称，他觉得需要继承的精神财富里面，也包括成功的经验和方法，以及背后的领导与管理理论。精神是重要的，但是方法也要能够找到、找对。

他说，现在中国成功的企业家，可以说绝大多数都从党和解放军的成功经验中汲取了智慧。"我们的党和军队有一套完整的管理方法，我们把它称为红色管理。我现在非常希望能让更多的人重新认识它的价值，应用到实践中，帮助企业更好地发展。"

为什么会如此钟情红色管理？李凯城表示，20 世纪 80 年代，我国开始引进西方的管理思想，但是在学习的过程中，他发现西方有些所谓最先进的管理理念听着好像有道理，但是在落实过程中会遇到很多新的问题。

所以，他认为西方的那套管理思想有它的科学之处，但并不是尽善尽美的。相反，有些传统的东西是行之有效的。关键在于怎么把这些东西给它提炼出来，用现代管理学的语言去表述它，实现范式转换。

李凯城说，能不能把这两套理论打通，看看这两套理论各有什么优点、各有什么局限，然后把它们融合起来，真正实现"以我为主、博采众长"，形成中国特色的管理学的学科体系、学术体系和话语体系。

中国为什么能成功？其实是可以好好总结的。随着中国的崛起，大家也都在思考这个问题，这不光需要描述现象，还需要上升到理论上把成功经验概括出来，让全世界关注中国发展的人，都能明白是怎么回事，明白中国为什么能够成功。

李凯城表示，从管理学的角度，总结成功经验是非常有必要的。这样不光建立了理论自信，从而更好地指导实践，而且会给关注中国发展的人一条理解中国成功的路径。

这些年李凯城到全国各地去讲党和军队的管理，讲了 1000 多场，有十几万人听过他的课。李凯城说，他在讲课的过程中，曾多次有人称"你们所做的事是一件功德无量的事"，这成为他一直坚持下来的重要原因。李凯城认为，这是一番事业，利国利民，利他利己。

谈到未来规划，李凯城说："我们要做智库，加强理论研究；做工厂，把理论研究成果不断转化为培训产品，让更多的人从中受益；做平台，把有志于这个事业的人，通过线上线下的形式聚集到一起；做书院，提供一个交流的地方，吸引更多的人加入我们这个队伍……"

韩练成之子韩兢

"隐形将军"韩练成用蒋介石给的 5 万元支援党的秘密工作

王梅梅

　　1996 年，蒋介石的次子蒋纬国曾如此评价一个人："潜伏在'老总统'身边时间最长、最危险的共谍。"蒋纬国口中的这位"共谍"是谁？他如何与蒋介石周旋而未暴露？他就是深入龙潭虎穴的开国中将韩练成。

　　韩练成将军之子韩兢在一次红色讲堂上，讲述了父亲惊心动魄的谍战人生。身为蒋介石的得力助手，韩练成被共产党高尚的革命信念折服，深入龙潭虎穴中追随着共产党。一次蒋介石给他特支 5 万元，他 1 块钱也没有用在自己身上，而是间接或直接地支援了党的秘密工作。从这一件小事中，足以看出韩练成坚定的革命信念和非凡的人格魅力。

"隐形将军"之称与"特工之王"李克农有关

　　2010 年，一部名叫《隐形将军》的谍战片播出，主要讲述了主人公连城从一名穷苦人成长为地下共产党人并潜伏在国民党内部，为中国的解放事业奉献一生的传奇故事。该剧改编自韩兢同名小说，主人公就是韩兢的父亲韩练成。韩兢说，"隐形将军"这个称呼还得从父亲的一首小诗《克农来访》说起。成诗的时间是 1960 年冬天，"克农"，就是开国上将李克农。

据悉，当时韩练成在解放军军事科学院担任战史部部长，病休在家。一天，他在书房翻检资料，夫人汪萍推开书房门说："李经理来了。"

这位"李经理"就是"特工之王"李克农。1942 年 5 月，韩练成在重庆秘密会见周恩来，由周恩来介绍，正式加入中共情报组织，和李克农的关系从朋友变成了同志。为便于联络，他和李克农之间有特定的称呼：李克农随朋友们的习惯称韩练成为"练兄""七哥"；而李克农有一个名字叫"曼梓"，又是南方人，韩练成联络他时称他"蛮兄"。汪萍一贯信任、支持自己的丈夫，从那时起，她就常常在经济、物资、住宿、交通等方面帮助李克农、潘汉年和他们介绍来寻求帮助的同志、朋友。汪萍不善于处理那些复杂的社会关系，也从来记不住那些复杂的称谓，韩练成就只让她记住：这是"桂林的李经理""桂林的蛮先生"。谁知道这么多年，她一直叫李克农为"李经理"。

饭桌上，李克农得知汪萍所做的狮子头，是蒋委员长手下中统局局长叶秀峰家的老太太"叶妈妈"教的之后，哈哈大笑："噢？我以为只有你是个隐形人，没想到七嫂更是深藏不露啊！"

于是，韩练成来了灵感，一首小诗脱口而成，只有四句："桂林、重庆、东黄坭，'隐形'至今未足奇。夫人再设'后勤部'，上将仍作'李经理'。"由此，"隐形将军"的称呼就在一个不太大的范围里传开了。

韩兢讲道，"隐形"，不仅仅是父亲在新中国成立前的工作状态，也是他在新中国成立后的心理状态，直到他 1984 年去世，出于保密要求，他的讣告仍以"爱国将领"冠名。即便被常人当作"起义将领""统战对象"，仍然绝口不提往事，严守机密数十年。韩练成曾表示："我在解放前为党工作是由周总理直接领导的，周总理不说的我不说，中央没有公开的我也不能说。"

在中原大战中为蒋介石解围

1909 年正月十五那天，韩练成出生于今宁夏同心县马高庄乡郭大湾村谷地台。1920 年地震中家园被毁，随父母迁居固原县。1924 年底，父母给他借了甘肃省立第二中学韩圭璋的毕业文凭，让他投考黄埔军校，自己去闯一条生路。

老师把他们带到银川，交给了西北陆军第七师军官教导队。1926 年 9 月，"韩圭璋"所在的部队改编为国民联军第四军，出兵北伐。"韩圭璋"作战勇猛，晋升很快。在北伐进程中，他因救援联军总司令冯玉祥、增援东路军总指挥白崇禧，给冯玉祥、白崇禧留下了很好的印象。

1929 年 1 月，北伐结束后的国民政府采纳了总司令蒋介石建议的部队编遣方案，但冯、阎、桂系因对这个缩减自己部队的"编遣"很不满意，和蒋介石翻脸了。

1930 年初，以阎锡山、冯玉祥为中心的反蒋联盟形成，中原大战爆发了。5 月底，蒋冯主力鏖战豫东，蒋介石在归德（今商丘）火车站的"总司令列车行营"里亲自指挥。

5 月 31 日夜，冯军郑大章骑兵军派出一支部队突袭归德附近的蒋军飞机场，一下子就炸掉了蒋军的十几架飞机，俘虏了全部飞行员和地勤，包围了蒋介石的"总司令列车行营"。参谋长杨杰摸黑摇着电话大喊离火车站最近的部队六十四师独立团。当时任马鸿逵部六十四师独立团团长的"韩圭璋"在团部只听到"我是总司令部！我是参谋长杨杰！敌军包围总司令行营……"线路就中断了，"韩圭璋"断定司令部有危险，在没有接到命令的情况下果断采取营救措施。

作战经验丰富的"韩圭璋"知道自己兵力不足，果断地下了决心："只救火车站！""韩圭璋"率部攻入站台，由卫队军官带领进入总司令行营车厢，这是他第一次见到蒋介石和杨杰。蒋介石握手称赞他："韩圭璋？你很好，你是哪一期学生？"见他不知如何作答，杨杰稍作指点："总司令问你是军校几期？"他才答道："本来是要去黄埔的，结果就近投考了西北军教导队。"蒋介石当即下了一道手令："六十四师独立团团长韩圭璋，见危授命，忠勇可嘉，特许军校三期毕业，列入学籍，内部通令知晓。"当时军中戏称黄埔学生为

"黄马褂"，参谋长杨杰大笑："韩团长，你是被赏穿黄马褂啦！"

1932 年，"韩圭璋"被蒋介石调入黄埔系，用回本名"韩练成"，西北军中的那个"韩圭璋"不存在了。

蒋介石下令"剿共"，韩练成却执行了周恩来的命令

1942 年初，韩练成升任第十六集团军中将参谋长（桂系）。不久，国防研究院成立，蒋介石点名调他做研究员。

从国防研究院毕业以后，韩练成调入国民政府军事委员会委员长侍从室，委员长是蒋介石，他在蒋介石身边做了一年高级参谋。之后，韩练成回到广西任第十六集团军副总司令兼参谋长，1945 年 2 月任第四十六军军长，4 月率部参加桂柳追击战。抗日战争胜利后，他以国民革命军第四十六军军长身份兼任海南岛防卫司令官、行政院接收委员会主任委员等职，集海南党政军权于一身，接受日军投降。

韩练成登陆海南之前，接到了来自蒋介石的三个方面的指示："你去海南，一是受降，二是'剿共'。你现在不仅仅是一军之长，还是当地的最高行政长官，要多动脑筋：三分军事，七分政治，一切要靠你独断处理。也让我看看你有没有做封疆大吏的本事。"

与此同时，周恩来给他写了亲笔信："现在只能运用你个人的影响和你手中的权力，在无损大计的前提下，尽可能保护琼崖党组织的安全，并使游击队不受损失或少受损失。注意！从实际出发，能做多少做多少，由你酌定。"

韩练成知道，如果他按照蒋介石的指示去学做封疆大吏，他一定会向国民党的统治高层跨上一个大台阶。可他连一丝犹豫都没有，就坚决执行周恩来的指示。但是怎样在一场戏中，同时演好两个对立的角色呢？他心中有数：只要演好"受降"这一段，"剿共"方面的漏洞可以用"三分军事，七分政治"去搪塞。

侵占海南的日军部队隶属日本海军海南警备府，下辖 17 个作战单位，海

军人员共有 4 万多人，半年之内全部遣返日本。

在关于"剿共"的任务上，琼崖纵队因不清楚韩练成的真实立场，对其进行伏击并致其腰椎扭伤。韩练成在南京养伤期间，国民政府广州行辕主任张发奎把第四十六军编成 17 个强力突击营，分两个攻击波，向琼崖纵队发起残酷进攻。伤好以后的韩练成在第一攻击波进行中返回海口，马上以整编部队为由，取消四十六军对琼纵的一切军事行动。5 月底，第四十六军整编为第四十六师，韩练成任师长。不久，广州行辕通报处分："整四十六师师长韩练成剿匪不力，应予申斥。"

他是"潜伏在'老总统'身边时间最长、最危险的共谍"

1996 年，蒋介石的次子蒋纬国说："韩练成是潜伏在'老总统'身边时间最长、最危险的共谍。"韩练成离蒋介石最近，时间最长，但是却没有暴露，他是怎么做到的？韩兢总结了以下几方面的原因。

主动学习，适应环境。"我父亲是中国最贫困地区出身的穷小子，从军以后，因战功而升迁很快，因苦读苦学而提高许多，贫穷家世的阴影马上就被'英雄不问出处'的虚荣心、优越感取代。"据韩兢介绍，25 岁的韩练成，在团职团级、旅职旅级的频繁调任中，张扬得几乎夸张的行为方式常常使他的上级和平级感到压力。但当他在历经陆军大学、国防研究院系统教育、侍从室高级参谋、总统府参军处参军后，其行为举止发生了质的变化：从敢打敢拼的武夫成长为智勇兼备、冷静沉稳的儒将。他善于从模仿中学习，更善于从和巨人、大师的交往中学习——用流行的话说，就是站在巨人的肩膀上、用巨人的视角看世界，他乐于在学习中提高自己。

在共产党与国民党的对立中，极为难得的是，韩练成从 1937 年（28 岁）进入桂系以后，开始不在任何人面前说其他人的坏话，即便是在敌对双方之间也不用贬义词：他在冯玉祥、白崇禧面前说到蒋介石，从不说"老蒋"，而说"委员长"；在蒋介石面前说到冯玉祥、白崇禧，也总说"冯先生""冯老总""白副总长"；在任何场所，对任何人，都称字而不直呼其名。1949 年到了西柏坡，他和毛泽东谈论敌方时，听毛泽东也是说"蒋委员长""白健生"。毛泽东尊重敌方人格的这种大气、涵养很令韩练成钦佩。

在韩兢看来，父亲心胸开阔，不记私仇，他常说："我有敌人，但我没有仇人。"他认为政敌是政敌，不是个人恩怨，他未因私利与人结怨，从不担心会有什么人报复他。

在工作中，韩练成可以说是"余则成"的原型人物。韩练成在国民党军队中担任过陆军排、连、营、团、旅、师、军每一级主官，他在 25 岁上下，就在团职团级、旅职旅级的各种勤务调任中，开始懂得什么是"定位"，他对条令中每一职、级的规定都烂熟于心，知道在什么位置做什么事。他经过陆军大学的调教之后，彻底确立了"不越位、不错位、不缺位"的做事原则：当参谋、参谋长，事无巨细，替主官考虑一切可能发生的问题，在主官做出决定之前提供可能想到的多种方案及预后分析；当副职，只做拾遗补阙之类的事，不揽权、不越权；当主官，对上对下负全责，投入大部精力，把本职以内的权限做到极大值；而本职工作的大部分，都交给参谋长去处理；下一级的工作，也只抓下一级的主官，绝不越级指挥。他善于把复杂的事情简单化，多用减法，少用加法。韩兢评价父亲，作为职业军人，这种行为方式，无论在什么环境、对上下左右，都是专业的、得体的、可堪信赖的，不会暴露。

韩练成还有很强的自制力，从 1942 年加入中共情报工作系统之后，为了不失言，他不再放开喝酒；为了不在梦中泄密，他不和他人同室睡觉，没有单独睡觉的条件，他就不睡觉；为了尽量少留下痕迹，他烧掉了许多照片；他不再写日记，也很少用笔记。

韩兢还讲到一段特别有趣的故事。韩练成谱摆得很大：不记电话号码，联络靠参谋；出门不带钱，消费靠副官。他完全不懂"跟踪和反跟踪"；至于电影、小说里间谍们神话般的化装、秘写、拍照、窃听、收发电报、溜门开锁等技能，他是一点都不会，完全没有"间谍"相。韩练成曾经问父亲会不会一些间谍技巧，没想到父亲说不会，没学过。那被别人跟踪怎么办呢？韩练成解释道："我是将军，走路只能向前看，你见过哪个将军边向前走边向后看？鬼头鬼脑、贼眉鼠眼的，那个样子的将军就不是将军，才容易暴露哪！"

韩练成对环境的适应性很强，在士兵中间，他会用士兵的语言，和农民在一起，他懂得农民说的话，和学者在一起，他可以谈学术。他唯一一点不擅长的是和商人交往，甚至听到商人的词汇都反感。韩兢表示，20世纪70年代后期，一个朋友来看他，其间说到哪个老同志"亏了"、哪个老同志"赚了"，父亲就很不高兴："什么亏了赚了？我们是军人，又不是商人，对我们只有生与死、胜与败，哪里有什么亏了赚了？"

韩兢直指谍战片《潜伏》的一大"败笔"

听了韩练成的故事，也许很多人脑海里会浮现出"余则成"的形象。韩兢直言，《潜伏》是一部很好的谍战片，但也有硬伤、暗伤。在韩兢看来，剧中"组织上派来的人"和余则成、翠平谈话的态度，完全没有情感，冷冰冰的，没有给这些深入敌后的孤军以同志间的温暖，这是该剧一大"败笔"。

韩练成曾跟韩兢说："我是军人，军人只是追随者，是政治领袖、军事领袖的追随者，不是搞政治的主体。""试想一下，对我父亲来讲，如果周恩来冷冰冰的，董必武没有为师为长的风范，李克农、潘汉年没有亦兄亦友的态度，他的心中只有那个抽象的'社会主义''共产主义''大同世界'，却看不到活生生的、有人格魅力的、共同为'理想社会'献身的高尚人群，他这个'追随者'去追随谁？"韩兢的一席话一语中的。

从另一个角度来讲，韩练成对共产党的忠诚，是否辜负了蒋介石的栽培与厚爱？韩兢如此解释："周恩来用自己的思想、语言、行动唤起人性中'利他'的高尚情操；蒋介石用人性中'利己'的弱点、缺陷引诱、掌控别人，'道''术'分明，高下立辨。我父亲在周恩来身上看到了爱国领袖的大智大勇、大仁大爱，是周恩来的高尚人格的感染，使我父亲把自己的理性思考、正确判断转化成了坚定的信念。"

韩练成将蒋介石给他的 5 万元支援党的工作

在救国和革命的信念中，韩练成丝毫未考虑过一己私利。

据韩兢介绍，父亲从军是因为家贫，目标是"挣到 200 块钱，挣够马上就走，回去开一家铺子，全家人一辈子就不愁了"。虽然在他投身北伐的初期，就有了反帝、反封建的热情，有了建立大同世界的理想。最开始，他在人生的每个转折点，对前途的选择仍然多在利害、利益的取向中摇摆。抗战爆发后，责任和道义开始出现在他的选择取向中，他经常思考作为军人的意义，逐渐固化了救国救民的人生目标，个人的利益已经如此微不足道了。直到他下决心追随以周恩来为代表的共产党，他的人生取向就再没有改变过。这种责任和道义的选择取向一直跟随他走到人生的尽头，使他看淡了一切功名利禄。

据悉，韩练成在国民党任军职，当小官时没喝过兵血、当大官时没吃过空额。一次蒋介石给他特支 5 万元，他一块钱也没有用在自己身上，而是间接或直接地支援了党的秘密工作。1955 年 9 月解放军授衔，他不仅没有接受对起义将领的授衔待遇，连按起义将领发给他的奖金，他都看也没看就一次性交了党费。直到生命的最后一刻，他都是身后不留骨灰，存款未及万元。

王耀南之子王太和
父亲被称为一根筋的"地雷战王"

王梅梅

近年来，关于抗日战争的影视作品不胜枚举，但总有一些经典永远留在人们的记忆中。80后、90后，甚至是70后的你，小时候是否曾尾随村头巷尾的电影放映员，只为再看几遍烂熟于心的经典抗战电影《地雷战》《地道战》？本次我们采访了最先提出及推广这两种战术的人——王耀南将军的后代王太和先生，还原最真实的地雷战。

当然，用两部电影来介绍王耀南将军的革命生涯是远远不够的。目前，网上关于王耀南的报道并不少："地雷战王""八次降职""我军唯一一个获得'免死金牌'的开国将军"……然而，对于部分报道和评价，王太和先生并不苟同。和父亲一样，他曾被人说"一根筋"，讲究实事求是。作为一名共产党员，有些特质在王太和身上尤为明显。他多年在军队中任职，有人找他托关系走后门谋求职务，都被他拒绝，并遭到他训斥。

"父亲从事的工程兵是一个危险兵种"

2018年年初，江西萍乡市某烟花爆竹厂爆炸造成一人死亡。据悉，事发时现场现巨大蘑菇云，且持续燃爆，浓烟滚滚，爆竹声不断，该事故引起当地有关部门的高度重视。爆竹之乡萍乡，就是王耀南将军出生的地方。

王耀南生在鞭炮世家，从小跟叔父们学习制作鞭炮，而这是一项非常危险的工作。据王耀南回忆，一天他跟着母亲在山坡上采野菜，突然听到村子里发生爆炸，半个村子被夷为平地。王耀南只能和妹妹随母亲一路讨饭，到安源找父亲和爷爷。

1898 年，安源建矿，王耀南的父亲和爷爷就在当地矿厂当爆破工。一家人团聚后，王耀南跟着父亲，也成了安源煤矿井下的一名爆破工。当时安源有一首民谣："少年进炭棚（煤矿），老来背竹筒（讨饭）。病了赶你走，死了不如狗。"寥寥几字，深刻地揭示了资本家对煤矿工人的剥削。其时，毛泽东、刘少奇、李立三等共产党人多次到安源指导工人搞罢工、闹革命。1927 年，毛泽东同志受湖南省委支部的派遣，又一次来到安源，在张家湾开了一个关于策动秋收起义，引兵井冈山的会议。

在秋收起义中，王耀南担任秋收起义部队第一军第一师第二团爆破队副队长；1927 年 9 月 29 日，工农革命军第一师进行了三湾改编。当时摆在王耀南面前的有两条路：领 5 块大洋，回家和亲人团聚；上井冈山继续跟毛泽东同志干革命。王耀南认为，只有革命才是一条光明的路，遂跟毛泽东一起上山闹革命。

连彭德怀都破不了王耀南的地雷阵

1962 年，电影《地雷战》公映；1966 年，电影《地道战》公映。王耀南分别担任两部电影的军事指导和军事顾问。事实上，被称为"地雷王"的王耀南正是提出和推广这两种战术的人。

1938 年 9 月，根据中央指示，王耀南带部队到延安建了一座机场。年底，王耀南听说朱德总司令从前线返回，便去看望。当时，前方指挥部下发了一条训令，即让有专业特长的领导提出一些战术。朱德总司令说："就像你王耀南，从小搞爆破，又有实战经验，是完全可以提出一些战术来的。"语毕，王耀南立下军令状："一定完成任务！"

回去之后，王耀南就一直琢磨如何开发新战术。百团大战前夕，他接到彭德怀副总司令命令：迅速带几个工兵干部去黄崖洞兵工厂检查工作。为了抵挡日军进攻，保住我军弹药大本营，王耀南在会议上提议大面积埋雷。在监督埋雷工作时，看到分发地雷的同志不小心将地雷滚下山，王耀南受到启发：谁说地雷只能埋在地下？如果滚动起来，一个雷的威力可以抵三个手榴弹啊！这大概便是地雷战战术的早期灵感来源。之后，他在百团大战的备战过程中，又总结了大量实战经验。

一天，王耀南决定在一位老乡家做试验，教战士们布地雷阵。大家纷纷响应，刚要拿铁锹埋地雷，就被王耀南叫住了："不许任何人拿铁锹去埋，我们今天的任务是布置地雷。"就在所有人不明所以时，王耀南走到老乡家门口，将地雷安在其中一扇门上，把拉线固定在另一扇门上。他说，如果鬼子推门的话，就等于拉动绳子，地雷肯定会爆炸。大家恍然大悟，纷纷拍手称妙。接着，王耀南又举了一些例子，让战士们举一反三，开始布置地雷。

地雷阵完成了，王耀南找彭德怀副总司令、左权参谋长以及其他领导来"破阵"。顾及首长们的安全，战士们将炸药换成小鞭炮，一旦引线被拉，只能听到一声响，并不会有生命危险。果然，在开门的第一关，彭副总司令和左参谋长就没看出名堂来，由此见识到地雷阵的高明之处。进了老乡家，尽管视察的人小心翼翼，但搜个鸡窝，摘个房梁上的菜篮子，甚至动一下水缸……都中了王耀南的地雷阵。

接着，就是推广这项战术了，王耀南遇到了难题：部队哪来那么多地雷？一天，一个老乡告状，说妇救会主任的儿子拉板车的时候把他家的围墙撞坏了。王耀南命令大家帮忙把老乡家的围墙砌好。在砌墙的时候他又得到了启发：用石头做地雷！于是他将村里的石匠、铁匠、木匠叫来，木匠做模子，铁匠化铁水，石匠给石头穿孔，此外，王耀南还教乡亲们做炸药……"石雷"终于做好了，效果竟然也不错，一下子解决了当时地雷供应不足的问题。

职务多次调整，并非网传"八次降职"

网上关于王耀南将军的报道并不少，其中"八次降职"尤为引人注目。王太和对此不太认同，他认为有些职务调整并不属于降职，而是缩编、整编。

1927 年 10 月，江西三湾秋收起义部队改编，王耀南由工农革命军第一军第一师第二团爆破队副队长（副营）降为班长。王太和解释道："部队大调整，因人数变动而调整职务很正常，不能说这是降职。"

当然，王太和不否认父亲的脾气确实不太好。"他爱兵如子，不会骂营团以下的战士，只不过有时候会顶撞领导。"1930 年，蒋介石和阎锡山引爆中原大战，红军正好有了休养生息的机会，开始了轰轰烈烈的"扩红"运动。当时王耀南任工兵大队长（团），上面给他分了 800 个十六七岁的孩子，让其培养成工兵，王耀南坚决不同意："我们工兵是技术工种，哪能一下就教会他们？这种不负责任的做法是把孩子们送到前线当炮灰啊！"就此顶撞上面派下来的巡视领导后，他就被降职为炊事班班长了。

过了一段时间，朱德总司令知道此事后说："王耀南当什么伙夫班长啊！"于是他又被调回工兵连做连长了。

王太和说："其实父亲的脾气和工作性质有很大关系。父亲从小搞爆破，必须时时谨慎。从长征到抗日战争、解放战争，父亲多次在领导面前立下军令状，更是来不得半点马虎。"

部队险暴露，王太和大哥殒命山洞中

很多人对王耀南将军非常了解，却很少关注其妻曾林。曾林同志也是一位久经考验的忠诚的共产主义战士。

1941 年秋末冬初，时任一二九师工兵主任兼二十八团团长的王耀南被调往晋察冀，当时怀孕的曾林抱着孩子一同前往。走到狗窝村的时候，整个部队二度被鬼子包围，情况非常危急。时任河北游击大队大队长李文学深谙当地地形，将部队解救出来。王耀南建议部队组织东撤，暂时在山里避险。

天色已黑，部队依然没有摆脱敌方的进攻。曾林怀中的小孩开始啼哭，而部队随时都会因哭声暴露。无奈之下，曾林只能捂住孩子的嘴，致其窒息，因此，她失去了自己的第一个孩子。至今，王太和还一声声唤着"大哥"。"当时实在是没办法，如果被敌人发现，整个部队都保不住了……"

尽管这样，部队依然被困在山里。这时曾林提出，自己带一个排到侧翼吸引敌军，部队继续右撤。于是，曾林和李文学带着部队将鬼子引开，并在山里与其周旋，解救了被围困的大部队。据曾林回忆，她和李文学趴在草丛中，真切感觉到敌人的脚步从头顶走过，终究没暴露。

王太和驳斥唯一"免死金牌"的说法

据媒体报道，王耀南是唯一一个由彭德怀颁发免死金牌的将军。对此，王太和的态度有所保留。

王太和表示："1933 年 11 月，中华苏维埃临时政府为我父亲颁发了红星奖章。红星奖章一共分三等，朱德、彭德怀、周恩来等同志被授予一等奖章，我父亲是二等，二等、三等都有很多人获得，怎么能说他是唯一一个双奖章获得者，获得'免死金牌'的人呢？"他纠正道："应该说，我父亲是唯一一个双奖章获得者，既是红星奖章获得者，又是红旗奖章获得者。"

据悉，1933 年 11 月，在福建沙县战役中，王耀南任工兵连长，红三军团屡攻沙县不克，王耀南奉命率工兵连用坑道爆破法炸开沙县县城，为全歼卢兴邦旅做出决定性贡献。王耀南因此被授予二等红星奖章，由红三军团军团长彭德怀颁发。

1934 年，第五次反"围剿"时，王耀南时任军委作战科科员兼工兵营营长，在阵地防御战中组织指挥工兵、野战部队指战员和赤卫队员构筑工事，提出用坑道代替碉堡，大力推广应用阵前布防土地雷，保存了自己，大量迟滞、消灭了敌人。王耀南因此被授予三等红旗奖章，由共产国际代表、中共中央军事顾问李德颁发。

关于"免死"的说法，并没有翔实的资料记载。王太和在与很多老将军的交流中得知，当时有个说法，红星奖章获得者犯罪时可免除死刑。

有人托关系走后门被王太和训斥

要说父亲对自己有何影响，相信朋友们的一句话最能说明："太和啊，你真是和你爸一个模子刻出来的！"

1968 年，王太和在中国人民解放军第二炮兵（今中国人民解放军火箭军）入伍，被分到工程部队的机械连。这份工作确实"又苦又危险"，王太和当了排长以后，领导让他任安全组长，负责全营的施工安全。鉴于之前其他营出现过死伤事故，王太和对此非常警惕。

他发现，不少老同志为了方便施工，直接拿风钻顶着打残眼儿，而这些爆破后留下的残眼儿可能有炸药，甚至是雷管。王太和意识到问题的严重性，就找到老排长反映。老排长根本没有把"新兵蛋子"王太和放在眼里，他找其他领导反映也无济于事。王太和义正词严下了最后通牒："你们再这么干，我就把机器全部关掉！"受工作进度的限制，他的劝告才起了作用。后来，同事们笑骂他"一根筋"。

巧的是，王耀南将军也曾被人评价"一根筋"！1934 年 10 月，中央红军决定战略转移，部队从瑞金出发，首先要渡过于都河，王耀南被任命为架桥总指挥。架桥时，王耀南坚持要在 5、6 组船载桥板处打活扣，有的老战士在背后嘀咕："王营长怎么'一根筋'啊，用一根大绳拉起来多方便，还节省时间。"架桥工程完成后，部队过桥遭遇敌机轰炸。桥下的浪被炸弹打起来，桥也被冲得歪歪扭扭，王耀南下令砍断活扣，把固定船体的锚收上来，顺流而下，再进行补救。于是，桥很快被修复好了。

从军之路上的王太和在多个部门任过职，曾负责人员的调配、任免，资金的审核、审批等。这份实权在握的工作让旁人很是羡慕，但王太和认为："组织上交给我这个工作，我就一定为组织把好关。"他说，自己当领导期间，严格用制度管理部队，所在团队没有一个人在权、财等问题上犯过错误，"因为我是一名共产党员！"

有一次，一位从前线下来的排长找同办公室的黄干事，直接用脚踢开门，问："哪个是黄干事？"对于这种无礼行为，直肠子的王太和在旁边看不下去，冲来人说道："这是部队机关，你怎么用脚踢门？给我出去！"对方乖乖出去了，重新喊了报告才进来。王太和让这名排长说明来意，对方开口便说："我想调到×××。"王太和回答："你想调到哪就调到哪吗？部队是有规矩的。"随后让对方把材料放桌上，回去等通知。后来对方欲通过找关系调职，王太和终究没同意，他的意见也得到了大家的一致认同。

退休后，王太和开始写书、编书。如今，他已退休 13 年，出了 13 本书，非常不易。他说："我召集部分革命后代，来写父辈们的故事，目的就是教育下一代。"王耀南曾对儿子说，自己亲眼看到无数革命战士的鲜血横流，幸福生活来之不易啊！"有一分光，我就要发出来；有一分热，我就要暖暖大家的心。"王太和说，这是自己的初心。

开国少将徐国夫
草地上的路，人的脚不敢轻易走，
却是人探出来的

徐国夫

徐国夫（1914 年 12 月 6 日—2004 年 8 月 26 日），安徽六安人。1928 年参加游击队，1929 年参加六霍起义转为红军，被编入红军第四方面军。历任战士、班长、排长、指导员、军组织部长，红四方面军骑兵师连长、团长，转战鄂豫皖、川陕根据地，长征三过草地，陕北会师后又西渡黄河征战河西走廊。

抗日战争时期任抗大学员队长、副团长、团长；解放战争时期任师长；抗美援朝时期任志愿军师长、副军长；新中国成立后任沈阳军区装甲兵司令员、武汉军区副司令员、全国政协委员。1955 年被授予少将军衔。

转战川陕，二次负伤绝不离队

1932 年 10 月，红军第四方面军主力两万多人在第四次反"围剿"中撤离鄂豫皖根据地，向西越过平汉铁路，经湖北、河南、陕西转战三千多公里，天天与围追堵截的敌人激烈战斗。

我当时是红十二师三十五团重机枪连指导员，在关门山、刀锋岭战斗中，右脚踝骨被敌人子弹打伤。这是我在战争年代第二次负伤。

部队还将继续向西突围转移，脚坏了如何行军打仗？团参谋处长郑行举对我说："徐指导员，算啦，留下来到群众家养伤吧，等伤好了再归队。"

我对参谋处长说："那怎么行，咱们红军不是有传统吗，轻伤不下火线，重伤不掉队。我这只能算个轻伤，就因这点伤留下来脱离部队，战士们会怎么看？我这个指导员以后还怎么当？"

"我这是为你着想，怕你遭罪，同时也怕你的伤影响行军打仗。"

"这你放心，我决不会拖累大家。真到那个时候，我会自己想办法解决的。现在不是还能走吗？"说着我站起来走了几步。

这时，连里的几名干部和许多战士也都抢着说："指导员真的不能走了，我们大家用担架抬，用人背，也要让他跟我们一起走，不能留下。"听了这些话，我感动得眼泪都要掉下来了。

参谋处长见我和大家态度都这么坚决，也就同意让我随队同行了。

在这个问题上我除了有坚定的革命信念，不想离开红军外，还有一点个人的思想。当时的情况十分危急，莫说我一个基层的干部，就是方面军的最高决策层、指挥层，也并不十分清楚如何转移，转移到哪里，转移到什么时候。留下养伤，将来到哪儿去找部队？我的小家已经不存在了（我和哥哥都参加红军，父亲被还乡团杀死，母亲逃离他乡），再离开红军这个大家，我将如何归宿？另外，当时几乎所有人都清楚，非根据地的群众对红军缺乏了解，地方红色政权又没建立，当地民团、白匪、地方武装十分猖獗，许多掉队的红军战士和伤病员都惨死在这些人手中。如果留下，将是什么样的结局，我心里没底。连里的同志之所以那么反对我留下养伤，也不排除这层因素。

部队又出发了，好几名战士要抬着我走。当时连里没有担架，有人找来一个桌子翻过来腿朝天让我坐进去。

我瞪起眼睛对他们说："我又不是地主老财家的公子小姐，哪有那么娇贵。这么点伤没什么，帮我找根棍子就行了。"

我拄着棍子边行军边打仗，两过秦岭，涉渡汉水，越过大巴山，随部队一同到达四川，走完了西行之路。其间我忍受了比别人更多的苦难。

当时部队里缺医少药，为了减轻疼痛，我用布条把脚脖子处紧紧勒住，使脚处于麻木状态。后来伤口感染化脓，大家就找草药帮我清洗。从漫川关到子午镇，路程十分难行，过秦岭的路又窄又滑，稍不留神，就有丧命的危险。

翻越野狐岭，只有半米多宽的一条小道，一面是峭壁，一面是深壑。岭上风大天寒，积雪不化。为了迅速突围，上级要求丢弃一切笨重物资。重机枪、迫击炮都属于笨重物资，这可难为了我们全连人。我作为指导员，给大家鼓劲："没啥怕的，路总比脚宽。"同时我要求把重机枪拆卸分件，干部、党员拿大件。其实我心里也很悬，弄不好身子一歪就没命了。为了做表率，我先扛起一件枪身，走在最前面。十五六岁的司号员，拉着我的衣服，硬是趁夜闯过了敌人火力封锁的"鬼门关"。

现在想一想，如果当时留下养伤，也许就没有这些故事了。

扩红改造大烟兵

红四方面军进入川北夺取了通江、南江、巴中三县后，广泛发动群众，建党建政扩红除恶，建立根据地。我们重机枪连住进离巴中县城二里远的一个高山村镇。

这个镇有几十户人家，周围还有零散村户，除几家地主外，中农和贫困人家几乎各占一半。据我观察，该镇略比沿途村镇富裕一些。我们安下营寨，立即开始访贫问苦、宣传发动，很快就打了土豪，分了粮田。

这时，团政治处主任找我交代了一项很重要的任务，就是扩红，即动员当地青年参加红军。他让我先搞个试点，但反复强调红军不能有大烟兵。

被称为天府之国的四川北部，因军阀连年混战，当时被糟蹋得不成样子。百姓勤耕细作，终年劳苦，依然住屋破烂，难求一饱，大多家徒四壁，缺吃少穿。街面上我们所见乡民多是衣不蔽体，面黄肌瘦，佝偻着身子缩成一团。

十七八岁的大姑娘没裤子穿，围块棕片遮身。川北军阀田颂尧还逼迫乡民种鸦片，以此获得税银。因此就出现了"十室之邑，必有烟馆；三人行，必有瘾者"的局面。手提小火炉，吊到裆下取暖者，多为瘾君子。川陕革命根据地政府重视戒烟工作，还专门成立了戒烟局。

通过走访，我发现这个村十岁以上的男娃 20 多人，全部吸鸦片。我找到团政治处主任对他说：你不取消"大烟兵"的限制，看来我是完不成任务了。主任想了半天终于把条件放宽了。

回到村庄我挑选了 8 名家庭出身好的青年发展为红军战士，编成一个班，放在 3 排，作为弹药运输班。接下来就是帮他们戒烟。

我和连长商量后定了三条措施：一是思想教育，让他们认识到鸦片的危害；二是加大运动量，疲其身体；三是暂时限制，避免老兵与瘾君子大烟兵接触。

想不到我这几条真管用。14 天时间，8 个人都彻底戒了鸦片，成为合格的红军战士。我们的办法和成果报到团里、师里，首长们夸奖了我一番，还把我树为模范指导员。在以后的一段时间里，我连动员群众参加红军达一百五六十人之多。我连由原来的 110 余人发展到 230 多人。

同时，我们还组织群众建立乡、村苏维埃和地方武装，号召民众行动起来，保卫地方，保卫家乡，保卫红色政权。一个崭新的红色革命根据地从此在陕南川北诞生了。

1933 年 6 月 25 日，川陕省委在通江的新场坝召开第二次党代表大会。1928 年，14 岁的我加入共青团，至 1932 年 12 月我已年满 18 周岁，符合党章规定的入党年龄，便转为中共党员，因此也被选为代表参加了这次大会。

6 月底，红四方面军在木门召开军事会议，由徐向前和陈昌浩主持，共 100 多名红军领导干部参加。我作为基层模范指导员，也被上级指名参加了这次会议。会议做出两大决定：一是停止内部肃反，二是扩编红军。我所在的十二师扩编为红九军。我的工作岗位也有了变动，由原三十五团重机枪连指导员改任新扩编的第九军政治部党委书记（相当于党务科长），后改任组织科科长，再后来改任组织部部长。

过草地，收容队行路难

1935 年 6 月中旬，完成迎接中央红军的任务后，我随二十五师一部从懋功先进入抚边待命，后向北越梦笔山于马塘与红九军主力会合。这时大家正准备北上过草地，军政委陈海松和政治部主任王新亭指示我担任军收容队政委，并配属了一个骑兵连和一个担架排及部分卫生救护人员共百十余人。

收容队，不言自明，就是负责收护那些因伤、病、残等各种原因而掉队的人员，故而要走在队伍的最后边。当时我们红军队伍中有一条很严格的规定，不在万不得已的情况下不得丢弃伤病员和枪支。这也正是我军战争年代的一项光荣传统。

收容队走在大部队之后，虽无探路之险，但在食物匮乏的日子里，为寻找能够充饥入口之物也历经艰辛。

出发前，我想找一位藏族群众做"通司"（翻译兼向导）。漫漫沼泽地，阴晴无常的气候，没有当地人做向导是很难通过的。但当地藏民似乎对我们并不欢迎，因为几万人的大队人马通过，必然与他们争粮食，也易破坏草场，损害牛羊。加之国民党的"黑色"反动宣传，使大部分藏民对红军采取逃避态度，青壮年男性藏民更是难寻。在卓克基的一个山沟里，我好不容易找到了一位既能说藏语又懂汉语的中年藏民。我把来意向他说明后，他的家人和他本人都不同意。后来我付给 4 块银圆，并做出每天再付 1 块银圆的许诺，他才勉强同意为我们带路。

由马塘出发，行不远，就遇到了一条河流，这是白河下游的一个分支，河面虽不宽，但河水湍急，在没有渡运工具的情况下徒步涉河危险极大。好在两岸间有条竹索道，可供人员横跨。

这种竹索道与其他类索道原理相同，但对当时的我们而言都是第一次经历。我决定马匹由河面涉过，人员走竹索道。向导给大家讲了操纵索道跳板的方法，需要一人携纤绳先自滑过，以便不会操纵的人中间停止时协助牵动。

让谁携纤绳先过？当然是向导先过最有把握，但我心里多了个心眼，没让向导先过。可是，让其他同志先过，万一操作不当中间停止又很难保证安全。想了想，我决定还是自己先过。我说服其他争抢的同志，并做了一番安排后，便坐上了吊板。

索道是用四股竹篾拧成的竹绳，上面搭一扣索，下面吊三根绳连接的吊板。人坐在吊板上，手握竹索，便可向前滑动。开始时，由于岸高人重，向前滑得还比较顺利。待行至中间，后半程呈上坡势，就全靠人自行操纵了。望着十多丈深的沟壑和翻腾湍急的河水，我不免头发涨，眼发花。但责任心提醒着我只有奋力向前，大家才有出路。

我稍稍停顿了几分钟，往手上吐了几口口水，便一下一下向前捯饬。速度虽然很慢，但每捯饬一下都能向前移动一段距离。经过十多分钟的努力，我终于抵达对岸，悬着的心和我的身体总算一起着了地。这样两边有了纤绳协助，后来的人过得就快了。两个多小时后，我们百十号人都到了对岸。

出发后的头两天，我们没有收到掉队人员。大家因为兜里有些携带的青稞，情绪还比较高。走出森林，进入沼泽，需要收容的掉队人员开始出现，越往前走掉队人员越多，偶尔还看见几具尸体，被泥水泡得肿胀，令人心中消沉。

照顾好掉队人员是我们的第一职责。对轻伤病员我们进行简单处置，让他们吃些食物、喝点净水后搀扶着他们继续行军，对那些较重的伤病员，我们则将其安排到担架和马背上。

长征路之苦，可谓苦不堪言，没有亲身经历的人是无法想象得到的。卫生队的一名十五六岁的女战士，走着走着两脚忽然陷进泥潭里拔不出来了，紧张得大喊大叫。近处的一名女兵前去拉她，结果也同样陷了进去，并越陷越深。在向导的指导下，我一面安慰两名女战士不要喊叫，更不要乱动，一面命大家把系裤子的绳带解下来接在一起，一头甩给一名陷着的女兵，另一头大家一起向外拉。这个办法很管用，两名同志很快都脱离了危险。

当时我们把草地比喻成"魔毯"，远远望去，遍地绿草鲜花，煞是美丽。殊不知，这美丽下面掩盖着噬人的恶魔，我们有许多战友都葬身其中。

让人恼火的还有变化无常的天气。本来是湛蓝的天、洁白的云，太阳也很友好，骤然间风号云涌，倾盆大雨夹着冰雹劈头盖脸落下来，让人避闪不及，只有任其淋打。为寻一块干松些的地宿营，大家也煞费苦心。夜幕中，大家用携带的木棍支起一块毯子式破布，相互背靠背坐着睡起来。因此有人把木棍当成行军时的一件宝，可以探路，可以支简易帐篷，可以挂着休息。

走了两天，粮食越来越少，到底需要多长时间才能走到目的地，我心中没数，便要求全队工作人员限制食量。尽管如此，两天后仅剩了一点点粮食，在满足伤病员上有了困难。前面的部队没粮食还可以找野菜吃，到了我们这里，可吃的野菜花草已很难寻找，只好找些草根、皮带、皮马鞍吃了。

我们发现水草中有鱼，有人就抓来鱼准备吃。向导本是位特别和善的人，发现我们吃鱼后却发起脾气。我一了解才知道，藏传佛教不准吃鱼。向导说，谁吃了，不仅吃的人、连看见的人也要跟着遭殃。尤其在草地里，吃了鱼就要迷失方向永远走不出去。我知道这是迷信，但为了尊重藏族群众的风俗，也为了留住这位向导，我当着他的面向大家命令、告诫，再不准吃鱼。背后我却告诉大家，抓住鱼还可以吃，但必须避开向导。为了克服过草地的困难，我们斗天、斗地、斗敌人，还要和我们自己请的向导"捉迷藏"。

鱼和草根都难以解决根本问题。伤病员中有的因为伤病过重，又缺食少水，便永远闭上了眼睛。有的工作人员也支持不住，难以行动。我不得不忍痛命令杀了两匹马，使饥饿总算有了些缓解。

军部把唯一的骑兵连留给我带领的收容队，一方面是为了用马匹驮乘重病伤员，另一方面也是为了保证安全。

进入藏族聚居区后，我们时常受到一些藏族武装的骚扰，多则几百人，少则几十人。大部队行动时他们不敢接近，一旦发现小股部队或掉队人员便突然而至，打一阵又跑，因此也造成了一定的损失和伤亡。这些武装大多由藏族上层反动分子组成，也有少数是不明真相的贫苦藏民。收容队置于大部队之尾，人少枪单，且有伤病人员和女性，常常是他们袭击的主要对象。

一天拂晓，我们还在宿营，忽然从侧面涌出一伙藏族武装，骑着马、举着刀呼号而来。这些人一般都有四件武器：火枪、长矛、大刀、小刀。用的多是大刀、长矛，也许怕使用火枪引来救兵。但他们没有想到我们有骑兵。见此，我命令骑兵快速迎敌。他们看见我们有骑兵阻挡，便立即撤了下去。这些人有时只是为了抢夺财物，并无杀人害命之意，所以，我们也多是将其拦住或吓跑为止。

7天之后，我们赶到阿坝的九军驻地。一路上我们收容伤病掉队人员200余人，除3人因伤病过重牺牲外，其他大部分人途中已归队，与我们同时到达的还有30余人。收容队的出色工作受到了红九军首长和部队同志的一致好评，我心里乐极了。

7个昼夜我感觉像7年一样长，它使我感受到了漫漫长征路的无情与有情。我也庆幸有了这位善良的藏族兄弟做向导，才避免诸多险要，抵达阿坝。

三过草地当先锋

两个方面军会师后，由一、二方面军抽调一批干部充实四方面军。红九军政治部主任王新亭调离，一方面军曾日三同志接替该职。随曾日三同志一起来的还有一位同志，曾日三让其接替我所担任的组织部部长职务，我改任副部长。当时陈海松政委找我谈话，嘱咐我正确对待组织分工。我说："干什么都一样，都是为党工作，无非是分工不同罢了。"我的态度使陈政委很高兴。开始他怕我想不通，因为当时有些人事安排，他本人也并非情愿。为了顾全大局，增进两个方面军的团结，我们许多同志还是把党的利益放在了首位。

红军左路军南下后，11月中下旬于百丈关、汉源两地与敌激战。因敌众我寡，势逼之下，我们被迫翻越夹金山、大雪山，向西北转移，于1936年3月15日进至西康重镇甘孜。

3月底的一天，曾日三主任对我说：总部成立骑兵师，要从各部队抽调一批优秀干部和战士，军首长认为你各方面条件都比较好，准备让你去，有什么意见吗？我非常高兴地同意了。

报到那天，原红九军副军长、新任骑兵师师长许世友正好在场。他对我说："大眼眉（因为我的眉毛比较重，许世友和许多较熟的人都这么叫我），知道怎么来的吗？"我说军里让我来的啊。他说："你们军里不放，是我硬把你要来的。你打仗有两下子，总在机关蹲着写材料不好。到这里当骑兵，大砍大杀，多痛快！"

骑兵师司令部下设作战、训练、保障3个科，没有团营二级建制，直接的战斗部队就是四个骑兵连。我担任一连指导员，两个多月后改任连长。

不久，二、四方面军在甘孜会师了，共同决定继续北上。我们的行军队伍是左路朱德总司令率领的纵队，除原四方面军的3个军外，新会合的二方面军也一路同行。

出发时，我骑兵师是开路先锋，于6月27日奉总部指令于甘孜出发。我一连按战斗序列走在最前头，成了先锋的先锋，尖刀的刀尖。许师长对我说："大眼眉你要仔细，可别把路走歪了。"我说："师长您放一百个心吧。"其实，我对我的连队很放心，过草地也有经验：防止迷路；筹措好粮食。

首先我找了一位向导，又找了一位通司。两个人都要先付点报酬。我跟师保障科的同志一商量，每人先给了15块大洋。

从甘孜到阿坝，距离虽然不近，但路程比较好走。所过村寨，我们派出工作组宣传红军的方针政策，千方百计筹集粮食和牲畜。开始时部分群众由于受国民党特务和反动土司喇嘛的反面宣传，对红军存在恐惧和抵触。反动头目在群众中散布谣言，说红军吃人肉喝人血，红鼻子红眼红嘴巴，烧帐篷，抢牛羊。为了让藏族群众真正了解红军，我们一方面耐心地说服解释，另一方面用实际行动来证实红军的身份。筹集粮食时，我们坚持公平交易，对特别贫困的藏民，我们还拿出少量的粮食给予救济。

在西倾寺附近的一个小村子里，我发现一位藏族大娘生了病，便立即让卫生员前来给予简单的治疗。当时我们的药品极缺，卫生员手里也仅有一点仁丹、万金油、草药之类。经过卫生员的处置，那位大娘的病果然轻了些。这件事在藏族群众中起到了很大作用，他们合掌称我们是菩萨军，有的还主动拿出糌粑青稞，赶出牛羊。

同时，我们对那些顽固的土司、头人进行镇压，没收他们的财产。十余天仅我们连筹集到的粮食就达3000多斤，牛羊千余头。

自从进入川西草原后，我们完全甩掉了敌人的围追堵截，除了与大自然这个敌人斗争外，再就是要对付由反动土司头人组织的小股武装。

一天拂晓，一股三四百人的反动武装呜呜呀呀地围住了我们的驻地，企图抢夺我们的马匹和物品。许师长带领我们一阵猛烈射击，很快把敌人击溃，并抓获了20多个俘虏，30多匹战马，还有大刀、长矛、步枪、土筒100多件。从甘孜出发以来，20余次打击了骚扰我军行动的小股敌人。后来有的连找许师长提意见，说好仗都让我们一连打了，应该轮换着当先锋。我就说，别着急，以后再有敌人来，留着让你们打。

7月15日这天，我们正在安排宿营，突然发现远处的东南方向有几堆若明若暗的篝火，侦察人员回来报告，是几股反动土司武装，3000余人，并且有很多马匹、牛羊和粮食。许世友师长一听来了精神，很快下达突袭命令。为了达到突然袭击的效果，我们各连抽出精干人员组成小分队徒步夜摸，其他人员牵马绝声跟进。

这次敌人分散在三个谷川地。师长命令先集中兵力打中间谷川地的敌人，所以我们就向中间谷川地接近。待到近前，敌人也没发觉我们。他们有的酗酒猜拳，有的大吃大嚼，有的横七竖八躺在地上睡觉，马匹零零散散拴在周围。

我们突然发起攻击，长枪短枪轻机枪一起开火。敌人顿时乱作一团，四散溃逃。我们很快控制了制高点，立即派人将敌人的马匹牛羊看管起来，其他人员全部投入战斗。此次冲锋，俘毙伤敌千余人。

听见枪声，东西两侧的敌人又向我们扑来。敌人仗着人多，呼呼喊喊很是嚣张，但从冲击的队形、人力分配看，这些人根本没有受过正规训练，杂乱无章，自行搅成一团。我们在距离敌人 20 多米处，机枪、手榴弹一起开火，向两侧迂回的两个连也同时发起攻击，顿时打得敌人呼爹喊娘，哇哇怪叫，拼命逃窜。见状，许师长发出上马的口令，我们各连又同时发起反冲击，一直把敌人追出十余里。

这一仗我们歼敌千余，缴获牦牛 400 多头，羊 3000 多只，战马 160 多匹，还有一大批粮食、物资等。看到这么多战利品，朱德总司令、张国焘总政委、刘伯承总参谋长乐得眉开眼笑。

朱老总说："好哇，好哇，你们打得不错。这回吃的问题，短时间内不用愁啦。"

刘总参谋长说："贺龙、董振堂他们后边的部队来电告知断粮五六天了，皮带、枪背带、马鞍子吃了不少，现在只能吃草根、喝盐水，许多驮马、乘马都杀着吃啦，我们得立即派人送一部分过去。"

"对，对，再带上些乘马，任弼时、董振堂他们几个身体都不太好，另外伤病员不断增加，没马骑咋行呢！"朱老总附和着说。

"嗯，先发个电报，把好消息告诉他们，给他们鼓鼓劲。"停了停，张国焘总政委又说，"看起来让许和尚当先锋官，这个人算选对啦。"几位首长都哈哈大笑起来。

自离开甘孜上路以来，这大概是左路军的将帅们头一回这么开心。无边的草地，魔鬼般的泥潭，纵横交错的河川，变化无常的天气，神出鬼没的藏匪，还有嗷嗷待哺的几万张嘴，哪一样不够让人愁眉不展的？此时此刻能开怀大笑一番，实在是难得啊。

"哎，我说三位老总，光顾说笑了，我还给你们带了点好东西哪。"许世友一摆手，叫我和几名战士把马上驮着的东西抬下来。香肠、火腿、香烟、罐头、面包、奶油、洋酒，全是洋货。

许世友说："看看，土匪比我们伙食强多啦。他们都是从哪儿弄的这些洋玩意儿？"

这些东西都是从英国经印度运到川藏的，许师长把所有东西都拿来了，还顺手塞给我一盒烟。我看了看，铁盒子，里面大概50支吧，盒面上都是洋文。这是我最早吸的一次洋烟。

三过雪山草地，最担心的还是路！茫茫草地，皑皑雪山，路在哪里呀？冤枉路，走着走着，又回来了，瞪着眼看一圈，傻了，抱着头蹲在地上哭；绝路，往前一看，万丈深渊，断壁高崖，长翅膀的鸟也没见从这里飞，心里这个急呀，用手啪啪啪直拍脑袋。

先锋连一个很重要的责任就是探路。许世友说："你们一连可要注意呀，几万人在后面，不是儿戏，一定要找出条能走的路来。"

草地上的路，人的脚不敢轻易走。草地上的路，其实是人探出来的。茫茫大草地，放眼望去，一样的绿，一样的平，谁知何处是吞人的泥潭呢？我们骑兵每人有两三件武器：步枪（部分人员携轻机枪），马刀，走在最前面的一个班每人还准备了一根一丈多长的木杆子，不为别样，只为探路。持长杆的一个班横向展开，用杆子一点点向前探着走。没问题，做个简单标记，后边的班再把标记做明显，有树在树上刻记号，有石头用石头垒路标，什么都没有，就插根木棍。路就出现了！

我们从甘孜出来，穿过松潘大草地，越过千里岷山，跨过白龙江、洮河、渭河，终于到达会宁。之后，骑兵师组建团级建制，一、二连组建一团，三、四连组建二团。许世友师长调往陕北红军大学学习。我任骑兵一团团长，随骑兵师西渡黄河，开始了更为惨烈的西路军征战。

王光华之女王冀平
王光华少将打响反腐第一枪

何　婧

　　从小学教员到驰骋战场的战士，从打响反腐败斗争的第一枪再到养鸡致富，开国少将王光华的经历可谓传奇。王光华将军的女儿王冀平，讲述了王光华为革命事业奉献一生的故事。

　　据王冀平讲述，王光华是一位勇敢、忠诚的共产党员，曾单枪匹马出色地完成了击毙敌人的任务，受到组织肯定。常年在公安系统工作的王光华，打响了共产党反腐败斗争的第一枪。深受父亲教育影响的王冀平也非常关注打虎拍蝇、扫黑除恶的新动向。有一次，她偶然看到民警暴力执法，愤极而泣。她一直谨记父亲的教诲：你要是反过来用你手里的权力欺压群众，那就是对共产党的背叛！

从小学教师走上革命之路

　　1909 年 11 月，王光华出生在山东省沂水县的一个农民家庭。1931 年发生"九一八事变"时，王光华正在当地瑞麟小学当教员。那是一所有着很深的革命传统的学校。王冀平说："瑞麟小学的校长邵德孚非常赏识我父亲，认为父亲年轻、勇敢、忠诚、为人厚道、办事公道，所以他积极培养我父亲，给父亲看一些进步书籍。这样我父亲一步一步地向共产党的思想靠拢，认识到只有共产党才能够领导大伙一块儿抗日。"

时任山东省主席的韩复榘在山东执行蒋介石的不抵抗政策，这引起了王光华的不满，他觉得应该坚决抗议，只有打倒日本帝国主义以后，人民才能过上好日子。抱着这样的初心，在邵德孚的介绍下，王光华加入了中国共产党。

那时王光华的薪水并不高，父母虽是农民却非常支持他参加革命工作，从来不要求他补贴家里。于是王光华拿出自己的全部薪水，和邵德孚以及一些党内同志，一起创办了党内刊物《沂水红旗》。

王光华入党以后主要负责组织宣传工作，经常骑着自行车散发传单。"那时候发传单不像现在，到处贴在墙上或者电线杆上，他就是骑一段就把传单压到路边的石头块下面，一直发到县公安局门口。他非常勇敢，所以组织上特别赏识他，有什么事情都找他商量，找他办。"王冀平说。

为寻党组织远走他乡

1933年，由于中共山东临时省委组织部部长宋鸣时叛变，地下党组织遭到了前所未有的破坏。王光华的入党介绍人邵德孚也被捕入狱。王光华劫狱未遂，当地党组织失去了领导，加上天气寒冷，也缺少武器和经费，只能被迫停止活动。沂水县委决定派王光华到外面去寻找党的组织。

走到河南时，恰巧遇到国民党招无线电报务员。王光华心想，自己既然一时之间找不到党组织，先学习一些技术也不错，便暂时留此学习。但这段经历并没有牵绊住王光华寻找党组织的决心，毕业后他就开小差溜了。

到了上海，王光华终于找到了党组织，并留在了上海中央保卫局战斗科，从事侦察和情报工作。具体任务就是追杀叛徒，枪杀党内国民党特务，同时寻找走失的革命后代。

伪装成警察消灭地主恶霸

1935 年，王光华受上级委派，以军事领导人的身份到冀南组织农民武装暴动，同时组建平汉线游击队。他去的时候只有七八支枪，十来个人，在他提出"消灭地主，联络富农，保护中农，依靠贫农"的口号后，很快有人加入了进来。

王冀平说："因为当时枪少、人少，大家也没有多少文化。我父亲说，咱们就打最薄弱的警察局子和民团局子，大的打不了，打这小地方还可以。很快他们就把周边的警察局子和民团局子端了两个，于是大家士气大振，觉得跟着父亲干，确实能够壮大组织，一个个特别兴奋。"

当地有一个叫尹怀聚的地主，凭借国民党县长的权势欺压群众，拒缴抗日救国捐，对游击队特别不服气，还联络附近村庄的地主公开与游击队为敌。他买了好多枪，跟他的两个兄弟把村里的房子全都连起来，在房顶上搭了"过街天桥"，嚣张至极。离他们村庄 40 里的地方有个警察局子，也成了他们的"保护伞"。这个地主还公开喊话，要和游击队练练。

游击队也正有此意。王光华安排两名短枪队员随从，长枪队员打外围，誓要灭了尹怀聚。"一天中午，我父亲和两名游击队员化装成警察，走到尹怀聚面前拿枪顶着他说，我们是警察局的，你家藏有大烟土，我们得去抄大烟土。这一举动引来路人围观，我父亲怕人多坏事，赶快把人都驱散了。尹怀聚没带枪，只好灰溜溜地为游击队引路回家。"

路上，王光华向尹怀聚挑明了自己的身份，到家以后，马上着手缴枪。一个队员在门口放哨，一个押着尹怀聚，王光华负责缴枪。尹家人意识到情况有点不对，开始大声嚷嚷起来，王光华当机立断把尹怀聚毙了，三个人拿着收缴的枪赶快撤出来，和外围的那些长枪队员会合后，一块儿撤走了。

尹怀聚死后，当地老百姓说，过去白天是国民党的天下，只有晚上共产党才出来活动，现在白天晚上都是共产党的天下。这支游击队都是穷苦人出身，他们的口号是"打倒地主，团结一切可以团结的力量，依靠贫民"，把收到的所有东西都分给老百姓，因此发展壮大得很快。

1936年，平汉线游击队已经发展到700多人了，并改编为华北抗日讨蒋救国军第一师，刘子厚任师长，王光华任副师长兼团长。这支武装力量在冀南农民武装暴动中牵制了国民党军队三个师的兵力，拖住了敌人增援"围剿"长征红军的军事力量，还为抗战初期刘伯承、邓小平率一二九师建立第一个敌后根据地奠定了基础。

1937年夏天，经组织批准，王光华到延安抗日军政大学学习，路经西安办事处时，被留下做了半年情报工作。1938年1月，他由西安到延安，3月正式成为延安抗日军政大学第四期二大队的学员。因为那时抗日前线急需军事人才，毛泽东号召同学们："学好本领上前线去！"王光华积极响应，毕业后被分配到冀南军区，任军区政治部主任。

1940年，北方局决定在冀南地区成立公安机关，王光华被调任冀南地区行政委员会委员兼公安总局局长。起初，当地乱捕乱抓的情况非常严重，王光华去了以后，在各专区、县建立起公安机关，对主要干部进行培训，逐渐扭转了乱捕乱杀的现象，有效提高和扩大了我党我军的政治影响力。

打响了中国共产党反腐败斗争的第一枪

在新中国成立初期的反贪污反浪费的斗争中，毛泽东亲自给时任河北省人民政府主席杨秀峰和时任河北省军区司令员兼公安厅厅长王光华写信，指示严惩刘青山、张子善。王光华坚决执行了毛泽东的指示，具体组织实施了对刘青山、张子善案件的逮捕、枪决，打响了中国共产党反腐败斗争的第一枪。

刘青山，雇工出身，1931年15岁就入党了，参加了红军游击队。1932年高阳、蠡县农民暴动时，他表现得很勇敢，曾任冀中中共八区地委书记、天津地委书记，时任石家庄第一副书记。

张子善，学生出身，1933 年 19 岁入党。入党后，经常组织所在学校的学生走上街头，宣传抗日救国的道理。1934 年冬，张子善被国民党反动政府逮捕入狱，受到严刑拷打，始终没有出卖同志。他曾任冀中中共十区地委书记，时任天津地委书记。

王冀平表示，刘张二人都曾有过光荣的革命经历，但新中国成立后掌权不久，渐渐滋生了"老子从小革命，为革命出过力、受过伤、流过血，现在革命成功了，也应该享受享受"的严重享乐思想、个人第一的思想。他俩居功自傲，放松了警惕，放弃了学习，忘记了自己参加革命的初心，背叛了共产党员的信仰，在人民面前犯下了贪污腐败的罪行。

据悉，抗战最艰苦的时期，刘张二人吃的是野菜和高粱米做的贴饼子，就着白开水，两人都没叫过苦。抗日战争胜利以后，条件好一点了，刘青山开始讲究了，厨师给他做鸡，他一看颜色不好，就说是隔夜鸡，坚决不吃，整只鸡都被扔掉。新中国成立后，他对生活的要求就更高了。冬天他想吃韭菜馅的饺子，但是炊事员知道他胃不好，担心他吃了韭菜反胃，就给每个饺子都插上一根韭菜，饺子煮熟以后再把韭菜拿出来，这样饺子里就有韭菜味儿了。

更甚者，新中国成立后，刘青山和张子善两人利用职权，先是盗用了飞机场的建筑款、治河款、干部家属救济粮、地方粮，克扣民工的工资，又将民工的好粮换成坏粮，还抬高卖给民工的食品价格。民工吃得多，吃坏了肚子，致病死病残。

李克才于 1949 年 7 月被分配到天津专区当副专员，成了刘青山和张子善工作上的副手，所以对他们两个人的行为非常了解。1950 年，刘青山和张子善要挪用地方救济粮款，说要搞机关生产，李克才不同意。但是他们俩根本不把他放在眼里，又在治河救灾款上动歪脑筋……李克才一次又一次地劝阻未果，反过来被他们说自己胆小。所以在第三次党代会上，李克才就把这两个人的贪污罪行公布于众了。

刘青山和张子善罪证如山，被关押到河北省公安厅后面的一排灰砖平房里。从那时起，王光华的主要精力就在这起案件上了。他是河北省军区司令员兼公安厅厅长，抽选了政治上可靠、业务水平比较高，而且有一定文化修养的人来看守他们。王光华还嘱咐看守的人，刘青山和张子善虽然现在是罪犯，但对革命有贡献，不要歧视侮辱他们。

"刘张二人从人民的功臣蜕变成大贪污犯，让父亲明白了，人的思想会随着环境的变化而变化。有过光荣的革命经历，并不能确保后来始终如一，保持不变。尤其面对权力与金钱的诱惑，只要个人意志薄弱，立场动摇，就容易出现蜕变。"王冀平说。

看到民警暴力执法，王冀平愤极而泣

其实关于王光华在公安系统任职的这段经历，王冀平称自己并不是特别了解。但是她以自己的亲身感受，谈到了当下公安机关"保护伞"猖獗的问题。王冀平痛心地表示："那时候和现在没法相提并论，共产党的宗旨是为了人民，革命年代大家心里真的是为了人民群众。现在呢，在一些干警眼里人民算什么？他们心里早就没了人民，看重的都是自己的权力和钱财。"

王冀平分享了自己曾亲眼看见的一件事。有一次她外出办事，在公交车上看到拆迁的一幕：一个农民站在屋顶上，底下停着警车，警察拿着水龙头向屋顶滋人，农民在房顶上一直大声喊叫。当时车上有人说这个人不识相，要是服从他们，何必受这个苦？"我看到这件事，当时就哭了。"说到这儿，王冀平的声音突然哽咽，她不解，警察为何要如此对待那些手无寸铁的人？

王冀平进一步表示，近几年国家铁腕反腐后，这些事儿比较收敛了。"习近平总书记有两句话，我将无我，不负人民；得罪千百人，不负13亿。现在中纪委是老虎苍蝇一起打，我记得有这么一个数字，共产党员是9000万，打倒的老虎和苍蝇一共是130万，有腐必反、有贪必肃的政策深得人心。国家在慢慢地把走弯的路调直，习近平总书记把共产党员又引导到正确的方向，这就是不忘初心，完全、彻底地为人民服务。"

王冀平牢记父亲说过的三句话：如果你心里没有群众，就是忘本；如果你不关心群众的疾苦，就是变质；如果你用手里的权力欺压群众，那就是对共产党的背叛！王光华要求家人一辈子都要与人民的利益保持一致，时时提高警惕，坚决与腐败行为做斗争。

被称为"鸡司令"

1952年，王光华被调往北京，任军委人民武装部动员处处长；1955年任总参队列部副部长；1957年任总参军务部副部长。王冀平说，无论在哪个部门工作，无论职位高低，父亲始终牢记着毛主席说过的话："共产党员进北平，不要以功臣自居，不要搞腐化，不许讲享乐，要继续坚持革命的教导，始终保持着一个老党员不骄不躁、谦虚谨慎的作风和艰苦奋斗的高尚情操。"

1983年初春，组织上批准王光华离职休养，他在给总参党委的汇报中说：离职休养，标志着我在军务部的工作结束了，但生活没有结束，不能做官，我还应做事，还应为人民服务。

王光华经常把河北称作他的第二故乡，因为他在那儿工作了17年，而且他和河北的人民也建立了感情。王光华觉得在战争年代，是农民养活了他们，养育了部队。

新中国成立30多年后，王光华去视察河北农村的时候，看到人民生活仍然很艰苦，就觉得自己没尽到责任。王光华想："当初参加革命为了什么？不就是为了让大伙有饭吃、有衣服穿？"可有些老区农民还是没有摆脱贫穷，他心里很难过。

王光华跟河北农业大学的师生一起参加农村的治理实验时，有一次去石家庄参观，他注意到王福秋、孙秀金垒封闭式保温鸡舍的办法好，就决定到河北农村去推广这个办法，让母鸡冬天也能下蛋。

取得当地人民公社的支持后，王光华来到了河北省易县阳谷庄公社五里庄大队，他跟公社的书记说，只要给自己一间房，有个睡觉的地儿就成。

刚开始当地农民并不信任他，觉得王光华只是三分钟热度，待几天就走了。"但是我父亲那个人特别能坚持，他耐得住性子，每天拄着拐棍儿，走街串户地去宣传，不厌其烦，不管你欢迎不欢迎，我反正到点儿就来跟你说这件事儿。"王冀平说。

时间久了，大伙儿终于被他的坚持打动，决定试一试。没想到很快就见了成效。当地一户农民说："过去我就怕孩子开学，那时候穷得连支铅笔都买不上，现在好了，我家柴米油盐酱醋茶都买齐了，还能扯块布做衣裳，全靠母鸡下的蛋。"

渐渐地，王光华跟当地农民都成了朋友。白天他就走街串户去宣传，挨家挨户地看养殖情况，到了晚上，他的小屋里总是满满的人。"大家都特别愿意跟他聊天，他也特别愿意跟大伙在一块儿，他觉得在农村时心情非常好。因为他是搞农民运动出身，跟大伙在一块儿总有说不完的话，大伙什么家长里短的事都愿意跟他说，他也都把农民这些事真当成他自己的事儿。"王冀平说。

因为年事渐高，身体机能逐渐衰退，王光华只得回北京治病。临回北京之前，王光华把信封、信纸都留给当地的年轻人，嘱咐他们给他写信。

回到家后，王光华把他在农村看到的一些情况，以及河北农村家庭个体养鸡的经验都写出来，上报中央和全国政协，还因此得了个"鸡司令"的外号。

王光华对这个外号喜欢得不得了，说："鸡司令这个外号好，我养鸡不是为了消遣，就是当作一个事业来办，通过养鸡让大伙走上致富的道路，过上好日子。干任何一种事业，不掏心血，不自己实实在在地去花力气，都是不行的。"

后来当地农民还为王光华写了一首歌谣：年老离休志不休，手扶拐杖进山沟。为民操劳为民想，将军依旧在战斗。

吴烈之子吴时锋

这位在毛泽东身边成长的开国少将，曾为开国大典保驾护航

何　婧

开国大典上，有个忙碌的身影不该被遗忘，他就是开国少将吴烈。在55年的工作生涯中，吴烈有45年都在扮演"守护者"的角色，他守卫最久的人正是毛泽东。

吴烈被称为"御林军统帅"，在中国共产党和红军的每个重要历史节点上，总有他在。他是毛泽东最信任的人之一。在第一、二次反"围剿"和长征中保卫了党和红军主要领导人的安全；守卫延安八年，铲除特务，手刃叛徒；他在中华苏维埃第一次全国代表大会、遵义会议和开国大典上都承担了警卫工作。

在生活中，吴烈是一个极为严谨的人。吴时锋开玩笑说父亲有着很重的"职业病"，无论什么事，都至少交代三次。有人来家里做客，对方没有车的话，吴烈一定会派车送对方安全到家。在吴时锋眼中，父亲虽不曾跟子女讲大道理，却在每个生活细节中以身作则，在潜移默化中影响着孩子们。

年仅15岁任排长

吴烈出生于江西省萍乡市，因家境困窘，1925年到安源煤矿电气锅炉处

成为一名工人。

1930 年 5 月中旬，中国工农红军第六军到了安源。吴烈看到军队中有不少跟自己年纪相仿的小红军，也动了参军的念头。征得父亲同意后，吴烈正式报名加入红军，得到了一顶带红五角星的八角帽、一个红袖章和两块银圆。红六军在安源只待了一个星期，队伍"扩红"了一千多人，其中也包括吴烈。9 月，连长介绍他加入了中国共产党。

随后，在湖南文家市的一次战斗中，吴烈右腿被敌人的手榴弹炸伤，他简单包扎后便继续追敌。连长和政委看吴烈在几次战斗中的表现都很英勇，还是产业工人出身，到了 10 月，推荐年仅 15 岁的吴烈到中国工农红军总前敌委员会特务大队任排长，负责毛泽东、朱德等首长和领导机关的警卫任务。从此，吴烈与警卫工作结缘，并相伴一生。

被毛泽东夸反应迅速、战斗灵活

1930 年 12 月，蒋介石调集 10 万兵力，对江西苏区进行"围剿"。红军在江西龙岗、君埠之间设伏，诱敌深入。12 月 29 日，国民党前线总指挥十八师师长张辉瓒带着队伍入了红军的埋伏，战斗正激烈，一部分溃兵突然向黄竹岭突围，而红军指挥所就设在半山腰，毛泽东、朱德、朱云卿等都在这里。

吴烈立即派了一部分人保护指挥所的领导干部，自己带领主力迅速下山，在指挥所对面占据有利地形进行狙击。经过十几分钟的激烈战斗，溃兵被全部歼灭。

战后毛泽东对吴烈说："小吴反应很快嘛，打得很灵活。"朱德也夸他"处置果断，机智灵活，打得顽强，保住了指挥所"。毛泽东还把从国民党手里缴获的好枪奖励给了吴烈带领的特务大队，很多战士兴奋得连晚上睡觉时都抱着枪。

第二次反"围剿"的第一声枪响从指挥部传出

第一次"围剿"失败后，蒋介石又命何应钦于 1931 年 3 月下旬，组织 18 个师共 20 万人的兵力，对中央苏区进行第二次大规模"围剿"。当时红军指挥部隐藏在江西省吉安市南边的东固，这里四面环山，到吉安只有两条山路，因为道路不畅，粮食供应不上，条件非常艰苦。

5 月中旬，电台队从截获的国民党电报中得知，国民党部队正从吉安向东固进攻。5 月 16 日，吴烈带领特务大队，护卫毛泽东、朱德、叶剑英等领导向白云山预设指挥所转移，并且安排了一个小分队提前半个小时出发。在通往富田的路上，突然有两个架线兵跑来说前方有国民党军队，这时吴烈已经可以用肉眼看到对方的部队，他劝毛、朱、叶赶紧转移，但他们都不同意，而是命令特务大队就地占领有利地形打狙击。

等敌人走近时，朱德一声令喝"打"，特务大队各种武器一齐开火，敌人倒下一大片。这时敌军指挥官投入后续部队反击，重机枪、迫击炮、重武器全都用上了。有的炮弹就落在离毛泽东七八米远处，有的战士还被炮弹碎片给炸伤了，战况非常激烈。恰巧红军弹药告罄，吴烈命令战士丢掉背包，枪上刺刀，准备展开肉搏战。就在这时，红军援军从各路袭来，将敌人全部歼灭。吴时锋调侃道："没想到第二次反'围剿'的第一声枪响是从指挥部传出来的。"

第二次反"围剿"后，毛泽东还作了一首词描述当时的紧急状况："白云山头云欲立，白云山下呼声急，枯木朽株齐努力。枪林逼，飞将军自重霄入。七百里驱十五日，赣水苍茫闽山碧。横扫千军如卷席。有人泣，为营步步嗟何及！"

吴烈在两次反"围剿"中的突出表现给毛泽东、朱德等首长留下了深刻印象，也对之后他的任用起到了决定性作用。

16 岁负责中华苏维埃"一大"保卫工作

1931 年 11 月 7 日至 20 日，中华苏维埃第一次全国代表大会在江西瑞金召开，吴烈既是代表又承担警卫工作。由于会议是公开进行的，安保工作非常繁重。在吴烈的严密部署下，这次历时 14 天的会议在顺利完成各项议程后圆满落幕。

这次大会宣告中华苏维埃共和国成立，并选举产生了中华苏维埃共和国临时中央政府，同时成立了集保卫、情报、锄奸、反特为一体的国家政治保卫局，邓发任局长，吴烈被任命为国家政治保卫大队大队长。全大队下辖三个队共 400 余人，都是从各个战斗部队严格选拔出来的老战士和战斗骨干，政治素质好，党团员较多，武器装备精良，战斗力也强。

1933 年 9 月，第五次反"围剿"开始。当时闽西的匪患正闹得厉害，1934 年 4 月，邓发派吴烈去剿匪，8 月底吴烈完成任务回到瑞金。因为在于都的毛泽东身边缺少警卫，吴烈又迅速带队赶往于都。

吴烈赶到于都时，毛泽东正坐在一个祠堂里写东西，一抬头看到吴烈，他有些惊讶，问道："你怎么来了？"

吴烈马上敬了个礼，把邓发的介绍信拿给毛泽东看。

毛泽东又问："一年多没见到，你现在怎么样？"

吴烈汇报了自己剿匪的事情，毛泽东夸道："干得不错嘛，能单独指挥打仗，这样锻炼也好。"

吴烈扫了眼屋内，看到房间里只有毛泽东及其夫人贺子珍、秘书黄祖炎和两个警卫员，说："怎么就这么点儿人？"

毛泽东却让吴烈只给自己留下一个连，剩下的人都由吴烈带着去守卫十几里外的赣江江口村。吴烈收到命令后，敬了个礼就立刻要走，毛泽东拦住他，让他吃个饭再走。

吴时锋曾问父亲那顿饭吃了什么，吴烈说："主席平常只吃一菜一汤，那顿吃了烧豆腐和鸡蛋汤，我也没敢吃饱，扒拉两口就赶紧走了。"

长征中护卫中央纵队和干部休养连

第五次反"围剿"失败后，1934 年 10 月，毛泽东将吴烈紧急召回于都，说现在红军要进行战略大转移，让他负责保护中央纵队和干部休养连的安全，并将其部队由 400 人扩充到 600 人。

所谓的战略大转移也就是长征，中央纵队包括毛泽东、周恩来、朱德在内的主要领导人和政治局委员等，干部休养连则包括董必武在内的老同志班、伤员班、女同志班、机要班和流动班。

后来在跟父亲的一次聊天中，吴时锋问起了自己疑惑已久的问题："为什么长征那么艰苦，干部休养连却基本没有损失？"

吴烈说："那时候时间紧、任务重，这些人中只配备一个警卫员的，我就再补一个，没有配警卫员的就补两个，保证每人身边都有两个警卫员。同时把剩余警力集中，保证战斗力。"

吴烈还说，最要命的其实是大搬家，当时苏区的机器全部被拆解，雇了一万民工搬运，车床、印钞机还有 X 光机等，甚至连医院的尿壶都带着。因为抬着重物，队伍行动非常迟缓，一天只能走十几里，导致红军队伍在突破第四道封锁线的时候死伤惨重，从江西出发时的 8.6 万人，经过湘江之战后只剩下 3 万人。

负责遵义会议会场警卫工作

在红军第五次反"围剿"失败和长征初期严重受挫的情况下，中共中央政治局决定在遵义召开会议，讨论未来的发展方向。1935 年 1 月，邓发安排吴烈率政治保卫大队，在会议地点——国民党军阀柏辉章公馆进行严密警戒。

1 月 15 日傍晚，布置好会场的警卫后，吴烈站在门口迎接各路参会人员。

吴烈曾向吴时锋讲述当天的情景："我在门口站着，老远就看到毛泽东和张闻天低头说着话走过来，刚开始毛泽东脸色很凝重。走到我面前，抬头看到了我，又扫了眼会场，发现是我的大队负责警卫工作，笑着冲我点了点头。"

之所以安排吴烈负责安保工作，不仅是因为他有丰富的警卫工作经验，也因为他是毛泽东最信任的人之一，这算是给了毛泽东一颗定心丸，让他安全无虞，可以在会上大胆发表自己的意见。最终，这场会议选举了毛泽东为中央政治局常委，并肯定了他的正确主张，初步确立了以毛泽东为代表的马克思主义的正确路线在中共中央的领导地位。

铲除潜伏四年的特务

长征结束后，1937 年 9 月，吴烈进入抗日军政大学第三期第一大队第一队学习。次年 4 月，中央组织部副部长李富春找到还未毕业的吴烈，说延安目前的条件很恶劣，需要成立一个中央警卫教导大队以保护党的领导人和延安的安全。经反复研究，考虑到吴烈警卫经验丰富，又是毛泽东等中央首长熟悉并信任的人，决定由吴烈任大队长、党总支委员。

吴烈在延安这一待，就是八年。在此期间，除了警卫工作，他还负责锄奸反特的工作。1939 年 8 月 1 日，中央在枣园后沟成立了中央审讯工作委员会，社会部李振远任主任，吴烈任副主任。

1940 年，一个来延安收集情报的中统特务被抓，经审讯，对方供出自己平常把情报放在清凉寺一棵老松树的树洞里。于是吴烈派战士化装成香客去庙里查看情况，每晚还安排两人在山门外蹲守，但半个月后仍一无所获。这时吴烈从老百姓那里得知，清凉寺之前是四个和尚，现在变成了六个，住持还在延安市里有情妇。这时，有执勤战士反映寺院里晚上传出了"唧唧"的鸟叫声，还在寺旁的沟里发现了一些散落的布块，里头包着死人骨头。所谓的鸟叫声其实是发电报的声音，这些布块正是僧袍的布料，在头骨上还留有重器击打的痕迹。

第二天，吴烈和李振远带着一个排的战士去寺院搜查，在各个大殿搜查几轮后都没有结果，这时他们发现有一个和尚始终站在香炉旁不肯离开，吴烈立刻让战士扒开炉里的香灰，最终在炉底发现了藏在青石板下的发报机。原来寺里的和尚在四年前就已经被中统特务杀害，由特务冒名顶替。中统特务的任务就是收集情报和暗杀中央领导，幸而吴烈防守严密，特务的后一个任务始终没能执行。

对任务守口如瓶

1940 年秋季，吴烈和李振远被派遣去执行一个暗杀任务。原来上海地下党组织被军统破坏，并出现了一个叛徒，这名叛徒正被押解到重庆去指认一个潜伏在蒋介石身边的重要情报人员，吴烈和李振远被要求在 15 天内杀掉这名叛徒。

经反复研究，吴烈放弃用枪，他决定趁着夜色卡住叛徒脖子，再由李振远上去扭断其脖子。在叛徒挣扎的过程中，吴烈的右手小指被咬断了。完成任务后，为了迅速赶回延安，吴烈仅进行了简单包扎，因为医治不及时，这根手指从此再也无法打弯。

吴时锋曾问过父亲，这根手指是不是在打仗中受伤的，吴烈赶紧矢口否认，说是打篮球时不小心弄伤的。后来吴时锋看到李振远子女撰写的回忆录，才知道父亲手指受伤的真正原因。"我父亲的嘴巴特别严，他的很多部下都跟我说过他以前执行了好多任务，可他从来没跟我讲过。"吴时锋说。

开国大典警卫工作做到极致

1949 年 8 月，新中国成立在即，中央军委决定成立中国人民公安中央纵队，统辖第一、第二两个公安师，吴烈任司令员兼第一师师长、阅兵总指挥部副主任。

开国大典开始前，早就养成了严谨作风的吴烈先是带队把天安门周边环境反复勘查，安排了工兵扫雷，实行重点布控，人员定岗定位，还在天安门周围的 13 个制高点重点安排了警卫监视。

接着，吴烈又在一师中挑选出 1600 人，组成四个阅兵方队，一则增加阅兵队伍的气势，二则一旦出现紧急事件，这些人可以立即投入战斗。同时，吴烈安排了一百人作为观礼人员隐藏在人群中，以应对各种突发情况。在吴烈的周密部署下，开国大典顺利举行。

"安全问题没小事，一旦出事就是大事"

1949 年 12 月，毛泽东访问苏联，在台湾的蒋介石得知消息后，命令保密局局长毛人凤启动大陆潜伏特务炸掉专列，暗杀毛泽东。北京到天津这段铁路的安全由中央纵队负责，经过反复排查确认后，吴烈仍不放心，于是他和公安部副部长杨奇清带了一个班的战士，坐在压道车上，走在专列的前方。如果敌人在这段铁路上埋伏了地雷和炸药，先被炸的是他们。吴时锋曾问父亲难道他不怕死吗，吴烈说自己没想那么多，首要任务是保护毛泽东的安全。

吴时锋说，吴烈有着很重的"职业病"，不论什么事情，他都要至少交代三次。吴时锋参加工作后，有一次要坐火车去出差，他本想坐公共汽车去火车站，吴烈却坚持开车把他安全送到车站。

"我父亲的警惕性极高，他常常跟警卫团的战士讲，安全问题没小事，一旦出事就是大事。"吴时锋说，"用四个字形容他就是'举轻若重'，他一辈子都非常机警，什么都要求安全第一。"

有亲戚和战友来家里做客时，如果对方没有车，吴烈一定会派警卫员把对方安全送到家里，等警卫员回来向他报告对方已安全到家，吴烈才能放心。

不讲大道理却以身作则

吴烈共有六个孩子，他晚年在家庭聚会中常感慨："我这一辈子就忙着工作了，对你们教育不够，关心也不够。"

但在吴时锋的心目中，父亲虽然很少对孩子们讲大道理，却以身作则，在潜移默化中影响着孩子们。"我们这六个孩子都很自觉，做事也很严谨，不论在什么岗位工作，都没有犯过错误，得到的只有上级的表扬。"吴时锋说。

受父亲的影响，吴时锋的一个弟弟也曾在公安部负责警卫工作。吴烈去世后，直到现在，吴时锋的兄弟姐妹们仍保持着每月举行家庭聚会的习惯。

吴烈的部下们为他作的挽联写道："瑞金遵义延安北京内卫边防，宵衣旰食捍卫红色中华立奇功。高山密林江河湖海近程远程，筚路蓝缕竖起青天神箭创伟业"。

梁仁芥之女梁静群
父亲说，我们家什么都不缺，就缺烈士

柴田田　申伊妮

位于江西省吉安市青原区的渼陂村，被历史学家誉为"庐陵文化第一村"。渼陂村是千年古村，也是近代红色革命圣地，著名的"三梁"将军就是从这个村子走出来的。关于"三梁"将军的美谈一直在网上流传，他们就是梁仁芥、梁必业、梁兴初三位开国将军。

梁仁芥，1930年加入中国工农红军，历任宣传队分队长、独立营政治委员、团政治处主任、师政治部科长、县游击队政治委员、县委书记、师政治委员、军政治委员、省军区政治委员等职。1955年被授予少将军衔，荣获二级独立自由勋章、二级八一勋章、一级解放勋章、一级红星勋章。

有传言称，"三梁"是祖孙三代。近日，红船编辑部专访梁仁芥之女梁静群，其对此予以否认。访谈中，梁静群还讲述了父亲年少投身革命、艰苦战斗以及亲手把自己的孩子送上前线的故事。

童年伙伴

"三梁"将军都是江西省吉安市青原区渼陂村人，族谱同在村中的梁氏祠堂，并没有血缘关系。当时村里一同参加红军的有300人，到新中国成立初，只剩他们三人。1955 年授衔时，梁仁芥自请降低军衔，被授予少将，其他两位均授中将，三人被称为"军中三梁"，家乡渼陂村已成为 4A 级红色旅游景点。

梁仁芥出身贫农，父亲是纤夫，在险滩和逆流时拉船，寒来暑往，因拉船受伤，早早就弯腰驼背。梁仁芥的母亲在家里种地、织布，但劳动所得大多给地主交租，一家人过着食不果腹的困苦生活。

梁仁芥只上过三年私塾，家里没钱供他继续读书，就让他回家帮忙种地、卖早点。那时渼陂村有水运码头，南来北往的商船在这里汇集，梁仁芥和梁必业天不亮时就开始沿街叫卖，梁仁芥卖米果，梁必业卖油饼，饿时，卖剩下的他俩就交换着吃。卖完早点，梁必业去上学，梁仁芥就去种地、放牛，这样奔波劳作，从早到晚没有停歇过。

辍学后的梁仁芥一直坚持自学，家里没钱买灯油，他就和一墙之隔的梁必业瞒着双方家长在墙上打了个洞，晚上梁必业把小油灯放在洞口，梁仁芥借"光"和梁必业一起读书。

直到老年，梁仁芥病重住 301 医院期间，梁必业每次去看他都很亲，扑上去就给个大大的拥抱，梁仁芥总会笑着说："你别搞这些老外的风俗，我不要拥抱亲吻。"

机缘巧合，年少投身革命

梁静群说，父亲能够参加革命，加入中国共产党，也是机缘巧合。秋收起义过后，毛泽东开辟了井冈山革命根据地，随后和朱德、曾山等开展"扩红"工作，带领红四军来到渼陂村驻扎。当时梁仁芥只有十几岁，就聆听毛泽东、朱德、曾山等首长讲课，接受革命教育。他在红四军军部领到一本油印版的《共产党宣言》，爱不释手。有次罗荣桓讲话，动员老百姓参加红军，他当场就报名参军，因年龄不到，被选为少年先锋队队长，之后到红四军历任宣传队员、宣传分队长、宣传队长。

梁仁芥是一个特别渴望学习的人，罗荣桓教他革命理论，还让他做自己的交通员和司号员（因当时通信设施不完备，以号声传达命令）。

任渼陂村少年先锋队队长时，梁仁芥把自己刚学到的革命知识宣传给乡亲们，宣讲《共产党宣言》，"解放一切被压迫被剥削的劳苦大众"，"打土豪，分田地"……梁仁芥从小深受地主的剥削和压迫，因此他革命热情似火，一心想跟着红军去打拼，改变不公平的世道。梁静群曾听父亲说，小时候吃不饱穿不暖，晚上躺在床上能透过破屋顶看到天空，数着星星入睡。寒冬腊月，没有被子，只能用稻草来御寒。

接受革命教育后，梁仁芥就带领村里十几岁的青少年们打土豪分田地，斗地主分浮财。他这一分，本来被地主压迫的、吃不上饭的穷人便有了棉衣食粮，村民积极性都特别高。他的这支队伍一直扩展到吉安不少乡村，他也升任纯化区（现吉安市青原区）少年先锋队队长，管理 18 个乡的少年先锋队；之后，他担任少共江西省委副书记。梁静群表示，其实这一切要得益于中央红军首长们的直接教诲，让父亲受到了根深蒂固的革命启蒙。

1930 年 10 月 5 日，对梁仁芥来说是一个特别的日子，这天，他终于正式参加了红军。毛泽东写了一首词叫《减字木兰花·广昌路上》，其中有一句："命令昨颁，十万工农下吉安"，其义就是吉安非常难打，第九次才攻下城池。这九次里，梁仁芥参加了五次，他率领 18 个乡的成千上万名少年先锋队队员参战，拎着大刀长矛往前硬冲，在配合主力红军攻下吉安的那天，他经中共江西特委介绍正式加入红军。

三走长征路，战友情谊深

五次反"围剿"战役，梁仁芥参加了四次。在打仗的过程中，梁仁芥每次都冲锋在前，殿后撤退。有次他落单了，遇到大批敌军追杀，就跳进池塘藏身，嘴里含根稻秆维持呼吸，敌人在周围搜查很久都没发现他，他翻山越岭与敌人周旋了很多天，最后光着脚跑到了石城，那时，他任石城独立团政委。

长征前夕，红军总部下令，把他调为林伯渠任主任的红军总政治部没收委员会的科员，为红军长征筹备军饷。主力红军每次打了胜仗，攻下城池后，没收委员会就收缴敌方的物资钱款，并征集或没收投靠国民党的资本家、大地主的不义之财，除分给贫苦民众外，也为红军筹备了不少银圆、金条，还有敌方骑兵部队的马群。他们在林伯渠的领导下筹集了大量物资装备和粮草。

红军长征中有一支最精锐的部队——干部团的上干队，在第五次反"围剿"失败后，红军减员，机关精简，由清一色的高级干部组建了这支上干队。梁仁芥是上干队学员（当战士使用），他和战友们一起冲锋陷阵，势如破竹，哪里有硬仗，他们就出现在哪里。梁仁芥打了四渡赤水、土城抗击战、攻夺娄山关、二次遵义攻坚战、鲁班场抗击战（歼敌1个团）、佯攻贵阳，乘虚入云南板桥歼敌1个团；紧接着急行军220公里，奔袭金沙江，缴获敌渡船一条，偷渡成功，抢占了北岸高地，掩护中央纵队一、三军团于1935年5月9日安全渡过金沙江。

上干队只有几百人，装备是缴获国民党军的新式武器，有冲锋枪、手提机枪、二十响驳壳枪等，有不少人使用双枪，头戴钢盔，火力强大。上干队在通安遭遇川军一个旅，这个川军旅也是一支劲旅，属于敢打敢拼不怕死的，谁知一遇到上干队就只有挨打的份儿了。梁仁芥和战友们冲锋勇猛，和敌人搏杀如入无人之境，打得川军四散溃逃，他们则乘胜追击，使这些兵力数倍于上干队的川军旅丢盔弃甲，奔命般地逃到山后躲了。

而后，上干队作为先头部队占领会理，直捣西昌，翻越凉山彝族聚居区，抵达安顺场。梁仁芥和战友们以及红一团歼灭川军2个连，击溃敌军1个旅，渡过大渡河后，分两路沿河南北两岸而上，攻夺康定铁索桥，继续北上，攻占天全、芦山、保兴等县，歼敌一部分；越过海拔5000多米、常年积雪的夹金山，到达四川懋功县的达维，与红四方面军八十八师会师。中央派梁仁芥留在懋功县发展武装，并负责懋功至马尔康的运输安全。至此，梁仁芥的第一次长征结束。

梁仁芥从上干队调到懋功县独立营，他带领的部队除去县委领导，战士就不多了。于是，梁仁芥就走家串户，发动群众开仓分粮，动员贫苦百姓踊跃参军。很快，懋功独立营扩大到几百人的规模。他任独立营政委，红四方面军南下时，独立营加入红九军团杨梅生团，一路攻夺宝兴、天全、芦山、邛崃、雅安、名山。红军8万人南下，北返时只剩4万，薛岳部队50个旅包围红军，梁仁芥所在的独立营被迫再翻夹金山，过草地，返回懋功、丹坝、绥靖、甘孜一带。这是他的第二次长征。

朱明（1955年授衔中将，总参第一任通信兵部部长）当时是红九军团的政治部主任，后任懋功县委书记，梁仁芥和他一起开展地方工作。南下部队启程时，朱明被困在喇嘛庙，身边只带了一个警卫员。眼看着国民党部队就要过来了，还有川军、藏军向这里包抄，危急时刻，梁仁芥带着一个班返回，把朱明从喇嘛庙救出来赶上了大部队。

在此期间，梁仁芥任四川团省委副书记、少共组织部长，红军打到哪里，就在哪里打土豪分田地。梁仁芥做群众的宣传动员工作，扩充组建了一个新兵团，其中有不少是藏族人，天宝就是一名藏族红军，后来到四川省委当了领导。天宝很讲感情，他曾到兰州军区看望梁仁芥，他说："首长，是你把我领上革命道路，不然哪有现在的我啊！"

梁仁芥在长征路上带出来的兵还有王述文，长征时的王述文只有13岁，曾给梁仁芥牵过马，过草地走不动时梁仁芥就让他骑马，新中国成立后他转业到四川商务厅工作。梁静群回忆道："王述文曾专程到西安看望父亲，在家里住了几天，那时父亲退休了，每天王述文坐在父亲身边，有聊不完的话题，他们的感情非常真挚。"

梁仁芥的第三次长征，是1936年8月至1937年1月，发生在红二方面军和红四方面军在西康甘孜会师后。他所在的红三十二军八团原隶属于红一方面军，红二、红四方面军都想让他们加入，梁仁芥建议全团集体表决，投票结果一致为加入红二方面军。他便随任弼时到红二方面军，任政治部青年部长，开始了第三次过草地、翻夹金山的长征征途。

那时的梁仁芥走这条长征路比较熟了。他直接筹来牛群，烘烤成肉干，再磨成粉，每人弄一袋牛肉粉，拌着青稞充饥，这点蛋白质挽救了很多红军官兵的生命。

红军长征离开江西后，梁静群的爷爷梁必胡被国民党还乡团严刑逼供，敌人逼问梁仁芥的下落，梁必胡一言不发，被敌人残暴地吊打了三天三夜，至死也没有屈服。

梁静群的奶奶刘端娥被还乡团赶出家门，流落四乡，以替别人纺线织布糊口，没活干时沿街乞讨，新中国成立前夕悲惨地饿死在织布机前，被发现时已辞世多日。

提出宣传刘胡兰事迹

北上抗日时，贺龙、任弼时部队整编为一二〇师，梁仁芥开始在师教导团培训营、团干部，历任师工作科科长、组织科科长。由于师政委关向应有病在身，梁仁芥就代他往返黄河两岸，向部队传达指示。梁仁芥后任独立四团政治部主任，参加了晋察冀反"扫荡"作战：滑石片战斗歼日军 1 个大队；陈庄战斗歼日军 1 个联队；米峪镇战斗歼日军 1 个大队；并参加了百团大战，攻占轩岗，打大牛店，破同蒲铁路北段，攻夺康家会据点。1943 年冬，梁仁芥回延安到中央党校学习。1945 年 8 月，梁仁芥任三五八旅八团政委，率八团攻克离石城，歼伪军狄有功旅 1300 余人。

1945 年 10 月至 1947 年 10 月，梁仁芥任晋绥六分区地委书记兼第六军分区政委，带着十九团和二十一团（三五八旅的老部队）及分区军民顽强地与国民党军作战，贺龙命令他："梁仁芥，你一定要守好南大门（山西晋绥六地委）。"

彼时，晋绥文水县的刘胡兰在东周村牺牲了，当时刘胡兰才 16 岁，敌人在这位年轻的共产党员面前杀害了包括 70 岁的老人和放羊娃等六位群众。敌人威胁她，只要说出藏公粮的位置和八路军伤员在哪里，就放她一条生路。刘胡兰毫不畏惧地说："怕死就不当共产党员。"她说完直接躺在铡刀底下，牺牲前高呼：共产党万岁！没有泄露一句党组织的秘密。

梁仁芥当时是晋绥六分区地委书记兼第六军分区政委，他认为一定要在部队宣传刘胡兰的事迹，并派代表参加这位女英雄的追悼会。官兵们听了刘胡兰的事迹后，发誓一定要血债血偿，为刘胡兰报仇！后来他们把杀害刘胡兰的这支阎锡山部队全部歼灭。两个多月后，转战途中的毛泽东看到刘胡兰的事迹材料，立即给刘胡兰题了八个字："生的伟大，死的光荣"。

梁仁芥在晋绥军区任职的两年中，带领军民在全分区境内消灭敌军，协同野战军，收复了朔州、宁武、原平、繁峙、代县、定襄、崞县、五台等城镇，建立了解放区。

首次使用集束炸药包抛射爆破法攻下永丰镇

解放战争时期，梁仁芥任一二〇师独立第二旅政委（独二旅前身为三五八旅），参加了保卫延安、解放大西北等诸多战役。他曾率部在青化砭歼敌整编三十六师，活捉师长廖昂；第二次攻打榆林未克，前往元大滩打援，歼马鸿逵部1个团；在宜瓦战役中，率独二旅攻占宜川城，歼敌二十四旅，俘敌旅长张汉初；荔北战役于李家坡、杨庄歼敌六十五军4个营；协同第二纵队攻打蒲城的永丰镇，全歼敌七十六军全军15605人，生擒军长李日基。所以，西北战场都知道，梁仁芥虽任政委，但是很能打仗，是西北战场的"武政委"。

打得比较精彩的是永丰镇战役。第二纵队攻打永丰镇的时候，由于土围子城墙特别厚，像个小山似的，易守难攻。王震是总指挥，打了一天一夜还没有攻下永丰镇。梁仁芥的独二旅在外围担负拦截敌增援部队任务。王震知道梁仁芥的部队擅长打攻城战，就命令他带人两个小时之内赶到永丰镇，晚上8点开始进攻。鉴于行程紧张，梁仁芥跟王震请示："我跑步还要两个小时呢，能不能推迟一点，还要侦察敌情，也不能贸然行事。"王震想了想，做了让步："那行，再给一个小时的时间，21点，21点你们开始总攻，一定要拿下。"

梁仁芥领着四团和五团的部队跑步过来，到了之后发现没有城门，城门方向由别的部队负责，独二旅的任务是攻破一段厚厚的城墙。怎么办？这任务太难了，但一定要完成。经研究他们决定用集束炸药包抛射法试一试。梁仁芥有个很厉害的部下叫赵永安，后来是基建工程兵西安基地政委。赵永安与梁仁芥一起督导爆破，他们集中了十几门迫击炮同时抛射炸药包，定点集束爆破城墙，不到半小时，城墙便被炸开了一个大口子。

独二旅从这个城墙豁口冲进永丰镇，经过一夜激烈的巷战，攻克永丰镇。天亮时，国民党的飞机对永丰镇狂轰滥炸，我军早离开了。

这是我军战史上首次使用迫击炮抛射炸药包集束爆破城墙的成功案例，解决了以往战士单兵爆破伤亡较大和成功率较低的问题。战后，独二旅受到王震和彭德怀司令员的嘉奖表扬。

1949 年 6 月，梁仁芥任第一野战军三军七师政委（独二旅改为七师）。扶眉战役中，七师俘虏敌人 8000 余人。

守住黄河铁桥"关门打狗"

兰州战役是大兵团合成作战，战斗异常激烈。兰州城守敌将领是马继元，蒋介石的干儿子，多年经营把兰州城墙修成永固模式。一野大部队在彭老总部署下，在城外围打了数天没有攻入。

梁仁芥所在的三军七师作为预备队，配属助攻兰州城外的狗娃山。傍晚，梁仁芥前去十九团驻地时，途中遇到师侦察连和他们刚抓到的俘虏，就地审讯，得知狗娃山的敌军要撤回兰州城内，并得到当日敌军通行口令。梁仁芥认为事不宜迟，此时是打入兰州城的最佳时机，和上级请示时有线无线通信都没接通，他果断地说："先行动，后请示。"便带着三个团率先入城。

天正下着雨，梁仁芥命令部下反穿雨衣，伪装成敌军，带着敌军的部署图，以敌军当晚的口令，一路过关，长驱直入兰州城内。七师神速出战，一举卡断黄河铁桥，攻占了敌人的桥头堡。敌军桥头工事和地堡里面准备的弹药特别充足，七师三营战士就利用敌人牢固的工事和弹药，封锁住黄河北岸正在撤回兰州城区的大批敌军。铁桥打得火光一片，成了一条火龙，敌人外围部队进不来，里头的也出不去，形成了"关门打狗"的态势。

梁仁芥抓住时机，带着人直插中央广场，激战了一个晚上。凌晨时，七师将各城门和城内的各个要点都控制住了，梁仁芥率七师指挥所占领了省政府。在省政府，梁仁芥向上级报告战斗情况，彭老总听说七师已经占领兰州，既兴奋又意外，直接打电话询问："是不是搞错关系位置？"梁仁芥回答说："我们指挥所在省政府中山堂没有错。"彭老总当即命令：一定要把黄河铁桥守住，要注意组织好兵力，扩大战果，彻底消灭东教场敌人。

七师仅以不到 200 人的伤亡，俘敌歼敌 1.7 万人，其中歼敌近万，俘敌7700 余人。这一仗是"兵贵神速，以少胜多"的经典战例。

守在黄河铁桥地堡里的 12 位勇士歼敌最多，彭老总与每位勇士握手，并赠送鲜花一束，以示奖励。

兰州战役后，梁仁芥由三军七师政委直接升任三军政委。

主动要求降低军衔

1950 年 6 月，梁仁芥任第三军政治委员，带领三军广大指战员在青海、甘肃、河西走廊剿匪，彻底消灭了马步芳、马鸿逵余部残匪和国民党余部，巩固并扩大了军队武装，为共和国的和平打下了牢固的基石。

1952 年，梁仁芥参加了抗美援朝作战，时任志愿军一军政委。志愿军一军是由原解放军一军和三军合并的。

当年年底一军跨过鸭绿江在朝鲜谷山战前练兵。1953 年 3 月，一军上阵地接四十七军防线，跨临津江两岸—马良山—老秃山三线进行防御作战。"共产党的天下第一军来了"这一消息一传过去，敌军便望而生畏，这对迫使美韩在停战协议上签字起到了重要作用。

1955 年授衔期间，按照资历梁仁芥可授中将军衔，他和家人说："不要忘记先烈，应珍惜这崇高的荣誉，牢记自己的责任，不负祖国和人民的重托。

不能光关心自己肩膀上有几颗星，不然，先烈如果有知，问你'当兵就是为了捞星星？'又该怎么回答？"他主动请求调低军衔。

古浪支农积劳成疾

1974 年，梁仁芥负责甘肃省民兵工作，当时他为甘肃省军区第三政委。他不计个人得失，跑遍全省调查民兵情况。这期间梁仁芥看到地处腾格里沙漠边缘古浪县的老百姓日子非常苦，戈壁荒滩十年九旱，沙漠化程度严重，连喝水都困难，龟裂的土地，无助的幼童，一家人只有一床破棉絮过冬，他落泪了，下决心要改变古浪这个全省最贫穷县的落后面貌。1975 年，他把自己两个小儿子送到古浪农村插队三年多。

他率领 300 余名省军区干部支农三年，亲自调查水源，不顾自己 63 岁高龄和严重的冠心病，抢起大镐挖机井，修水利、开煤矿，植树造林等。累得昏倒过十几次，醒后继续逐个查看工地进展，他多次发病，甚至两次吐血。

同志们劝他休息，他说："60 多岁的人了，为党工作，拼命干还跟不上呢！"古浪县的许多干部、群众都说："梁政委为了帮助古浪人民过上好日子，天天豁着老命干，真是一个铁老汉。"

最后他们在 73 米深的地下找到源源不绝的水源。他说："这里群众有水喝了，庄稼也要有水浇，我们要把荒漠变成良田，与天奋斗其乐无穷"。

1976 年，"文革"结束，梁仁芥恢复兰州军区副政委的职位。

1981 年，因多年在大西北艰苦条件下奔波劳顿，积劳成疾，梁仁芥主动向军委打报告要求离休，总部首长提议让他到顾问委员会工作，他谢绝了，他说一定要腾出位子让给年富力强的同志。

"咱们家啥也不缺，就缺烈士"

梁静群说，作为梁仁芥的后代，他们当兵时分配在基层连队，在边防线上执勤放哨，没有丝毫的"特殊待遇"，谁也不知道他们是军区首长的子女，唯一的"特殊待遇"是在选升重点大学时被父亲退回连队。梁仁芥说，应该让贫下中农的子女去上大学。他对子女的教诲是：自己的路自己走。

1985年对越防御作战期间，他送两个儿子、女婿、外甥共4位亲属上前线，为孩子们送别的话振聋发聩："我们家什么都不缺，就缺烈士。"他鼓励孩子们英勇杀敌报效国家，就这样义无反顾地送他们去了前线。

在对越作战期间，梁静群的哥哥任军侦察处长、第一先遣梯队队长兼总指挥，在侦察作战和情报保障方面成绩突出荣立战功。姐夫时任军区部队侦察处参谋，战时组织协调兰州军区3个侦察大队，执行东起鸡街西至河口边境130余公里的正面侦察任务，特种作战贡献突出。弟弟任师侦察科长，在老山主战场出国境线侦察、出击拔点、侦察作战和情报保障工作中机智勇敢，荣立战功。对越作战的日子，兄弟们都有过渗透敌后、穿越雷区、遭受越军炮火和直瞄火器射击、在侦察作战行动中目睹身边战友流血牺牲的经历。

病中的梁仁芥在观看老山前线孩子们所在部队的作战实况纪录片时，在滴水成冰的冬天，他的汗却一滴滴地流下来。

1991年，梁仁芥写下"我的后事"，在他晚年病重的最后时刻，表现出无产阶级革命家的崇高品德和高尚情操。病重弥留之际，他坚决不用价格稍贵的药品（80多元一瓶），他让医生拿给更需要的人用，他说："我不浪费国家钱财了。"身边的工作人员来看他时，他亲切地教导他们以后在新的岗位要好好工作，嘱托家人把工作人员安排好，不给组织添任何麻烦。他辞世之后，家里遵循他的嘱托，丧事一切从简，也没开追悼会。

一军老兵、书法家吴三大为梁仁芥写了挽联，上联是"南征北战，为国尽忠，戎马一生"，下联是"艰苦朴素，严于律己，儿孙楷模"。

没有哀乐，没有鲜花，但他光明磊落的品格、平凡朴实的为人、一生为民的情操，感动每一个熟知他的人。为他送行的人有士兵、将军、老人、妇孺，许多人自发来到他家，哭倒在梁仁芥的遗像前，或长跪不起，他们也是军人，发自内心地表达着怀念崇敬之情。梁仁芥几十年如一日，始终保持着革命战争年代的拼命精神，保持着普通一兵的本色，艰苦奋斗，忘我工作，为后代树立了榜样。

朱致平之女朱敏
过雪山时一件红花袄救了父亲的命

郝　佳

孕育于大别山腹地的河南省新县，素以"红军的故乡，将军的摇篮"著称。据统计，从新县共走出 43 位开国将军，朱致平少将便是其中一位。

朱致平 1964 年晋升为陆军少将军衔，曾荣获三级八一勋章、二级独立自由勋章、二级解放勋章。2008 年 10 月 16 日，朱将军因病在北京逝世，享年 94 岁。

朱将军之女朱敏女士讲述了父亲历经千险翻越大巴山、在青训班任教等革命往事。她表示："父亲生前常说：我的官是'走'出来的。"新中国成立后，朱致平在纺织工业部任副部长，常年奔走于纺织厂一线，一步一个脚印，靠自己的努力从"门外汉"成为纺织业的行家。

靠老班长的"赠礼"战胜大巴山风雪

朱致平生于 1914 年，湖北省麻城县（今麻城市）乘马区（现属河南省新县泗店乡）大畈村人。1930 年参加中国工农红军，1932 年加入中国共产主义青年团，1934 年转入中国共产党。1933 年至 1949 年间，先后任红三十一军司令部参谋，中央青年委员会安吴堡青年训练班队长，晋绥军区青年纵队队长、营长，晋绥军区吕梁军分区独立第七旅七团政委，第一野战军第三军政治部组织部部长等职。

1930年，16周岁的放牛娃朱致平和姐姐一起参加了中国工农红军。在此后戎马生涯中，他参加过二万五千里长征，同侵华日军、国民党军队乃至朝鲜战场上的美军都交过手，浑身弹痕累累，还被打伤了肺部，造成左侧肺萎缩。

朱致平之女朱敏表示，父亲在长征时期是红四方面军的敢死队队长，曾三过草地、两爬雪山，涉千难万险。她说，父亲曾多次告诉家人，当年是"一件红花袄"救了他的命。

1932年12月，红四方面军总部决定翻越大巴山，红四方面军七十三师二一七团在王树声的带领下，作为全军先遣队出发。先遣队的主要任务是侦察敌情，勘察标示路线。一路上，他们每隔5公里就要搭起一些简陋的小棚，作为后面伤病员的临时救护所和体弱战士的休息处。当时，朱致平就是先遣队的一个营长。

朱致平和战友们跌跌滑滑在雪山上艰难地爬行着，临近黄昏，他们才在风雪中前进了不到两公里。战士们的衣服冻成了坚硬的"冰甲"，干粮没有了，有的战士冷得直哆嗦。于是，朱致平带领十几名战士，踏着皑皑白雪，到处找取暖的东西，在他们艰难的搜寻中，终于发现半山腰几户人家门前的打谷场有几个草垛子。朱致平他们每人抱着一捆稻草返回队伍中，将这些稻草分给战士们，让他们每人编一个草帘披在身上保暖，其余的都带在身上。

在搬运稻草的过程中，朱致平碰见了自己的老班长，老班长问他："小伙子，你抱着这些干什么？"朱致平答，过雪山时做成蓑衣披在身上。班长见状摇摇头说，上下大巴山足有210里地，我给你找件棉袄吧。当一件大红花棉袄递到自己面前时，朱致平心里很是抵触，老班长却说，你别逞强，带上！到时候就知道这件棉袄有多重要了。

朱致平后来在回忆录里讲述，险峻的雪山越往上攀登，气候越恶劣，棉花球般的大雪变成了冰雹，伴随着狂暴的山风，猛烈地向他们袭击，不少同志被打得鼻青脸肿。山上的积雪越来越深，从脚面渐渐没及腿肚，滑得难走。而每在雪山夜宿一晚，第二天就会损失大量的战友，靠着老班长给的棉袄带来的温暖，朱致平最终战胜了雪山。

朱敏说，因部队组织在战争时期几经变动，父亲与那位老班长失去联系。长征结束后，父亲一直想亲自向老班长感谢致意，但一直没有打听到对方的下落。直到新中国成立后，有一次到石家庄的华北军区烈士陵园参观，他无意间发现了老班长的墓碑。当时，朱致平泪流满面地凝视着恩人的碑文，内心百感交集。

从"土包子"逆袭为青训班班主任

1937 年卢沟桥事变后，中共中央为抗战需要，在陕西泾阳县云阳镇筹建旨在培养青年干部、发展抗日力量的训练班（简称青训班）。

朱敏表示，长征结束后，父亲进入抗大第一期第一大队学习了三个月，因当过共青团委委员和团委书记的背景被选中到青训班工作。据朱敏介绍，朱致平刚入青训班时是军事教员，最后成为代理班主任。

朱致平曾撰文记录了在安吴青训班的难忘经历。他写道，到了安吴堡，因自小参军没念过多少书，他可就成了有名的"土包子"了，总感到和"洋包子"们在一起连话都说不到一块儿，胜任不了教青年知识分子的工作，曾多次向领导提出要重返前线打鬼子。

不过，青训班确实是锻炼培养人才的一所青年学校，朱致平在文章中回忆："我们这些文化不高的工作人员，也在实践过程中强迫自己努力自学，掌握适应教育工作需要的新本领。"

青训班的干部一部分来自延安中央党校、抗大、陕公，但大部分是从学生中培养选拔出来的。1938 年 5 月，干部总数达到 250—300 人。从 5 月到年底一段时间，大批学生奔向西安要去延安寻找救国之路。因此，每天来安吴的青年源源不断，一个月少则六七百人，最高达千人以上。青训班的组织机构也是随着青训班本身的发展需要而逐步健全和完善的。

从 1938 年到 1940 年奉命撤退，在青训班工作的两年多时间令朱致平一生难以忘怀。他曾表示，广大青年学生火一般的爱国热情，师生之间相互信任、亲密无间的手足情谊，是永远值得记忆的。

据悉，青训班先后培养了 15000 多名知识分子，他们在抗日战争时期是各个部队的骨干力量。

抓纺织促生产，深入各地工厂"蹲点"

朱致平于抗美援朝期间任一军七师政委，后任一军副政委。转业到地方以后，曾先后担任纺织工业部政治部主任、纺织机械工业公司党委书记、纺织工业部副部长兼机关党委书记，为我国纺织工业的发展鞠躬尽瘁，做出巨大贡献。

在新中国成立初期，纺织工业是国家的支柱产业，当时全国纺织系统的工作者达几百万人。朱敏说，她特别佩服父亲的一点就是，他从一名军人转到地方，从事之前完全陌生的领域，却凭自己的努力从"门外汉"成为纺织业的行家。

据朱敏回忆，任纺织工业部副部长期间，父亲花了大量时间深入纺织行业一线，到全国各地的纺织厂蹲点，总结工作经验。他曾没日没夜奔走于各省调研、抓生产，有一次南下武汉瘦了几十斤，累到被人搀扶着回来，让朱敏等子女看得非常心疼。

朱敏说，父亲曾培养过无数省部级干部，但他一生清廉，与家人长期居住在一座最普通的居民楼里，其间国务院几次分了部长楼，请朱致平去住，但他说：谁要去可以用我的名额，我绝对不会去。朱老认为，自己住的地方离老百姓、离单位里的干部职工最近，有地气。

朱致平生前常把一句话挂在嘴边：我的官是"走"出来的。朱敏说，在鲜血与战火的生死考验中，父辈们义无反顾走得铿锵、勇敢，一步一个脚印，因为他们心里装的是天下的劳苦大众；在战争结束担任官职以后，父辈们牢记宗旨走得踏实、坚定，一步一个脚印，因为他们懂得水能载舟亦可覆舟。而当今一些党内腐败分子，从他们担任职务的那一天起就把"官"作为敛财的资本和阶梯，于是乎走官、跑官、买官屡屡出现，同样一个"走"，折射出多么鲜明的人性和党性的区别。

鼓励四名子女在最基层的岗位服务

在那个物资匮乏的年代，人们身上所穿的衣物，小到一双袜子都是定量供应，凭票购买。即便如此，身居纺织系统要职的朱致平从未向组织提出过任何个人要求，也没有为自己的子女谋取过丝毫利益。

朱敏表示，眼见一些高干子弟经商下海挣大钱，她也曾埋怨父亲，希望能通过父亲的人脉为自己及兄弟姐妹找一份薪水高又体面的工作，但都被父亲拒绝了。

为了让子女更理解自己的苦心，朱致平曾与他们分享了一段自己受到口头警告处分的往事。

那是在长征途中，红四方面军三过草地，藏族聚居区当地人烟稀少，部队已经到了完全断粮，连野菜也难以寻找的地步。朱致平当时是红三十一军教导大队的教导员，在带队外出筹粮的时候看见一个无人的喇嘛庙，并在供桌下发现了一袋干瘪生芽的土豆。筹粮心切的他们将土豆拿走了，还留下了借条和银圆。然而，在发现土豆的一刹那，一名小战士实在耐不住饥饿，迅速地生吃了一个小土豆，父亲气急打了那名小战士几巴掌，事后，因牵涉民族团结和打骂战士，上级领导给了他撤职三天的党内警告处分。

每当提起此事，父亲都为打了小战士的行为感到后悔自责，他多次感叹，当初自己怎么就不能理解一个饿急了的孩子的心情呢？因此，朱致平总是告诫子女，无论条件多么艰苦，群众利益不可侵犯。

正是在父亲的影响下，朱敏兄弟姐妹四个都一直从事着最基层的工作，踏踏实实做人。学医出身的朱敏在当兵时为基层官兵服务，退伍后在北京一家纺织厂职工医院工作了 20 年，为广大一线纺织工人看病。

　　提前退休之后，朱敏依旧没有闲下来，她在自家小区居委会为百姓服务，整整当了 12 年社区党委书记。朱敏说，她时时关心着小区居民的衣食住行，谁家水管坏了需要维修，谁家吵架了需要调解，都会第一时间向她求助。在为基层服务的过程中，她努力践行着一个党员全心全意为人民服务的诺言，也传承着父辈的革命初心。

栗在山之子栗克悟
父亲被周恩来拉着站在了中间

向丽媛

"南征北战建奇功，两弹一星炳千秋。隐姓戈壁淡名利，德高望重栽树人。"近日，栗在山将军之子空军驻125厂军事代表栗克悟，在接受红船编辑部专访时，用这样一首诗概括了父亲丰富多彩的一生。

1960年11月5日上午9时，酒泉卫星发射中心，新中国第一颗导弹——"东风一号"喷射着浓烈的火焰，腾空而起，直刺蓝天。1970年4月24，新中国第一颗卫星"东方红一号"成功发射。自此，在戈壁隐姓埋名12年，完成了为导弹筑巢重任的导弹试验基地主要创建人栗在山的名字被镌刻在新中国国防科技事业的丰碑上。

谈判后受到毛泽东的接见

抗日战争胜利后，蒋介石蓄谋发动内战，调集部队重重包围了中原解放区。1945年10月中旬，桐柏战役开始，为了牵制国民党主力，为我军大部队进军争取时间，栗在山率部队攻打南召县城等地。为突破敌人封锁，他带领参谋处侦察敌情；为摸清水文情况，他亲自潜入淮河中探测河水的深度、流速等，组织制订方案，最后成功突围。

1946年4月，为争取和平制止内战，栗在山奉命参与三人小组（共产党、

国民党和美国三方代表团）在北京饭店的谈判。但蒋介石并没有和平诚意，4
月底，他已经做好大举围歼我中原部队的准备，和谈只是为发动内战争取时
间。得到情报，栗在山立即飞往延安向中央汇报中原地区的情况。

栗克悟告诉红船编辑部记者，父亲到了延安后受到中共中央书记处五大
成员中四位——毛泽东、朱德、刘少奇和任弼时的接见，另一位周恩来当时
不在延安。

八路军总司令朱德听完中原地区情况汇报后指出：国民党要大举进攻，
我们要坚决制止内战。假和谈很明显，中原主力突围势在必行。

1946 年 6 月初，中共中央主席毛泽东神采奕奕地来到栗在山住的窑洞里，
与栗在山亲切握手、交谈。栗在山曾在信阳四望山看到抗日游击战争打得轰
轰烈烈，备受激励，遂将原名栗元恒改为栗在山，表明抗战到底的决心。知
道了栗在山改名的经过，毛泽东幽默地说："啊！你叫栗在山！你栗（立）在
山上打游击啦！"听完中原情况的汇报后，毛泽东嘱咐栗在山好好休息几天，
检查一下身体。栗在山却说："我熟悉豫西伏牛山、桐柏山的情况，想回到中
原地区打游击。"

1946 年 6 月 26 日，中原军区按照中央的战略部署，抢在敌人大举进攻
之前实施战略转移，突破国民党的包围和封锁，打响了解放战争"中原突围"
的第一枪。

建设人民空军，参加抗美援朝

1950 年 10 月 7 日，美军越过"三八线"迅速北进，企图占领全朝鲜。
1952 年 4 月，中央军委决定将四十九军军部改为空军第三军部，栗在山任空
三军政委，担负起建立新中国空军的神圣使命。

根据空军部队的新特点，栗在山组织审查、选调了一批干部，调整充实
到军直机关。栗在山还深入到各飞行队和各保障部门视察情况，参加查找事
故的分析会。

在一次视察部队中，栗在山亲身经历了飞行险情。他乘坐的一架四人座的小型飞机刚起飞不久，座舱盖突然掀开，飞机一下向右倾斜了 20 度至 30 度，几乎翻转失速。如果不是驾驶员危急时刻控制好飞机，那机上的人都难逃此劫。后来排查发现，原来是起飞前参谋送来了一份文件，打开座舱盖后没有锁好。这次事故，让栗在山认识到空军这一军种的特殊性。只有英勇顽强不怕牺牲的精神是不够的，还要有科学求实的态度，切实掌握好飞行技术。他要求加强对空军部队安全保障知识和专业技能的教育，每一个环节都不能出现差错。

1952 年底，组建才半年的空三军赴朝参战，栗在山兼任中朝联合空军司令部前线指挥所政委，代表中国人民志愿军空军实施前方作战指挥。栗在山是跨过了鸭绿江进入朝鲜参战的为数不多的空军高级将领。

最后中国空军击落敌机 330 架，击伤敌机 95 架，其中包括戴维斯等多名美国王牌飞行员驾驶的飞机，打破了美帝国主义空中霸王不可战胜的神话，创造了世界空战史上的奇迹。

迅速成长和壮大的中国空军，令美国人感到不可思议，甚至惊呼："共产党中国几乎在一夜之间变成了世界主要空军强国之一。"

1953 年 7 月 27 日，中、朝、美代表签订协议宣布军事停战。9 月底，栗在山回国，荣获朝鲜人民共和国颁发的二级国旗勋章和一级自由独立勋章。

栗克悟说："父亲对自己要求非常严格，从不谋私利。"有一次栗在山的叔叔求他帮忙在部队找个事做，被他断然拒绝。这位叔叔就在机场旁一间破房子住下赖着不走，栗在山得知后买好车票叫保卫处强行将他送上了火车。

这件事看似不近人情，也令栗在山非常难过，觉得对不住叔叔，但他坚持了共产党人的办事原则。这位叔叔是栗在山的七叔栗大俊，也是他的文化启蒙老师。栗在山很想为叔叔做些事情，部队当时也缺有文化的人才。但是七叔是栗在山的亲戚，作为部队的主要领导，他不能带这个头。

接受使命，组建基地

1958 年 2 月 12 日，再过 4 天就是除夕了。突然一个神秘的电话从北京打到了驻扎大连的空三军政委栗在山将军的办公室，此后不久栗将军的老战友和空三军的指战员们忽然发现，栗在山不知何时从人们的视野中消失了，有些老战友还曾怀疑：栗在山是不是不在人世了？

原来那个电话是时任空军政治部干部管理部部长朱虚之打来的，要栗在山马上到北京，总政治部副主任萧华要同他谈话。

萧华告诉栗在山："国家要发展尖端武器，准备筹建导弹靶场，国家和中央军委领导都认为你是中国导弹试验靶场政委最佳人选。"直到此时，栗在山才知道了急急忙忙让自己进京的谜底。当时栗在山毫无思想准备，萧华拍了拍栗在山的肩膀："可以边干边学嘛！过去我们打仗，不也是从战争中学习战争吗？叫你干就干，我看你一定能干好！"栗在山心里没有丝毫的犹豫。自己虽然从没见过导弹是个什么样子，但党中央把如此重要的任务交给自己，这是信任和责任。

不久后，工程兵进入西北戈壁滩，开始进行工程勘察和点号布局。栗在山夜以继日地工作，着手机构的组建，人员的选调。在栗在山的组织指挥下，半年时间基地就审查了 5000 多名干部和学员的档案，选调干部 2000 余人，1959 年底人员总数达到近万人。仅用一年半时间就完成了六个大部和司政后机关的组建。这台"机器"很快运转起来，为各项工作的开展打下了扎实基础。

10 月，中央让孙继先任基地司令员，栗在山任基地政委。

扎根戈壁，艰苦创业

"天上无飞鸟，地上不长草。千里无人烟，风吹石头跑。"茫茫戈壁滩上的指战员们，用一首打油诗描述当时的恶劣气候。基地没有住房，缺粮少菜，栗在山便带领部队坚持先工作、后生活的原则。

大家在"一年一场风，从春刮到冬"的漫天风沙中开展大生产运动，一方面组织部队挖地窝、喝苦水、打沙枣以解决眼前困难；一方面组织人员兴修水利、植树造林、发展畜牧业以保证部队的生存，为今后发射试验和部队建设创造条件、打好基础。施工中，不少人口干唇裂，鼻子流血不止。"以苦为荣，以场为家。死在戈壁滩，埋在青山头"的战斗口号，激发着广大科研人员的信念。他们不仅在戈壁扎下根来，而且一代接一代成为新时代的航天战士。荒凉的戈壁变为了美丽绿洲。

栗克悟向红船编辑部诉说："父亲这辈子真是没有享着福，国家刚刚稳定，他就到最艰苦的西北荒漠创业，一去就是十几年。在基地工作本来就非常艰苦，还遭遇三年困难时期、'文化大革命'、中苏两国对立等，什么都让他赶上了。离休不久又患中风，半身不遂。"

栗在山在世时，很少谈自己，可说到他的战友时，就显得非常兴奋。他为他们而感到骄傲。栗在山说："基地的广大官兵，深居戈壁，以场为家。'献了青春献终身，献了终身献子孙'，我非常感激他们！"

"东风一号"首发成功

1960 年 2 月，国防科委下达发射苏制近程地地导弹的任务。关键时刻，苏联专家突然提出中国生产的液氧不合格，拒绝使用中国生产的燃料发射，阻挠我国导弹事业的发展。

当时的基地干部李宗棠回忆，栗政委对他说："要发扬自力更生精神，靠我们自己把设备仪器安装好，准备用国产液氧做推进剂发射 P-2 导弹。领导把希望都寄托在你们年轻人身上了。"李宗棠听了后十分激动，心想一定要发愤图强，把光测设备安装好，为祖国争光。

栗在山率先垂范，在帐篷里的油灯下，用罐头盒、三合板等自制简易器材、模型，桌椅床板也都成了训练器材。没有电子计算机就用算盘，无数个白天黑夜反复演练，经常一干就是连续二十四个小时。

最后，栗在山和基地其他领导用国产燃料各项技术指标的比照实验结果，证明中国液氧合格，完全可用。

然而 7 月 16 日，苏联政府突然向中国提出撤回全部援华专家。这些都没有难倒中国人民。栗在山代表党委提出"自力更生，发愤图强，精细操作，克服一切困难，打响第一炮，为祖国争光"的口号，孙继先、栗在山、钱学森等人负责领导整个发射试验任务。

1960 年 11 月 5 日，我国自行生产的近程地对地导弹"东风一号"在滚滚气浪中隆隆升空，几分钟后导弹成功命中预定弹着区域，用大漠深处的回响宣告中国第一颗导弹发射爆炸成功。人群沸腾了，聂荣臻元帅兴奋地说："我们成功了！感谢你们为祖国争气，这是我国军事装备史上一个重要的转折点。从此我们有了自己的导弹了！"栗在山也因这来之不易的成功，流下了激动的泪水。

两张极为罕见的照片

导弹试射基地为国防科技事业立下了汗马功劳，基地官兵和科技人员的功绩和精神也深深感动了党和国家领导人。栗克悟露出灿烂笑容说道，1965 年 6 月，周恩来、陈毅视察导弹试验基地，在与基地领导人合影时，周恩来出人意料地没有按原定的他和陈毅站中间、基地领导们分列两边的常规顺序拍照，硬是把栗在山拉到自己和陈毅的中间，十分动情地说道："你们劳苦功高，你来站在这里。"陈毅也认真地说："你们是国家的宝贝，你应该站中间。"说完，两人就紧紧地把栗在山夹在了中间合影。

1966 年 6 月，周恩来总理视察基地并检阅部队和工作人员。在登上敞篷阅兵车时，周恩来拉住了栗在山的手："同我一起检阅部队，看望同志们。你是主人，你应该站在中间。"栗在山急忙推辞，周恩来却幽默地说道："我在边上便于看望群众。"栗在山推辞不掉，只好从命，于是又出现了一张与党和国家领导人合影、他站在中间位置的照片。

栗在山一直用这两张极为少见的部队主官受中央领导人接见时站在正中间的照片激励自己，默默地更加努力地工作。

导弹核弹，完美结合

1966 年，军委决定进行导弹、原子弹结合试验，导弹试验基地为试验首区，负责用导弹将原子弹发射到指定目标。

导弹携带了核弹头，这可不是儿戏，一旦在调试和发射过程中原子弹出现问题，后果不堪设想。为确保万无一失，基地反复研究方案，制订周密计划，栗在山和基地其他领导下到发射中队蹲点，与官兵同吃同住，帮助解决实际问题和困难，确保试验成功。

导弹装上核弹头后，栗在山陪同特地赶赴基地指导发射工作的聂荣臻元帅来到发射阵地上，哪里最危险他们就到哪里坐镇，给了大家极大的鼓励和支持。

10 月 27 日 9 时，"东风二号"导弹点火升空，在沿着预定弹道飞行了 9 分 14 秒后，核弹头在目标靶位区域上空预定高度准确爆炸，试验取得了圆满成功。

这是我国国防军事领域的重大突破，共和国从此有了可用于实战的核武器，极大提升了中国在国际竞争中的地位和力量。

"东方红一号"人造卫星发射成功

1970 年 2 月，国防科委下达了"东方红一号"人造卫星的发射试验任务。在栗在山和基地司令员的统一指挥下，基地迅速制订了详细的发射方案，认真开展各项设备的质量检查和综合操作演练。4 月 23 日，发射阵地的测试检查工作全部完毕。4 月 24 日，栗在山、李福泽和钱学森郑重地在发射任务书上签了字。21 时 35 分装载"东方红一号"卫星的火箭准时点火升空，十几分钟后卫星与箭体分离，卫星进入轨道，《东方红》乐曲响彻太空。中国成为世界上可以独立发射卫星的少数国家之一，开启了中国航天史的里程碑！中央将 4 月 24 日定为"航天日"。

这年的五一国际劳动节，栗在山、李福泽等人作为发射卫星的代表，在天安门城楼上受到毛泽东、周恩来等党和国家领导人的亲切接见，这是 12 年来栗在山第一次在大型活动中公开露面。

关心别人胜过关心自己

1985 年，为了让年轻干部尽快走上领导岗位，栗在山主动提出离职休养。其实他并没有休息，接着就组织创建了国防科委老干部大学。1990 年，他突患脑血栓，以致半身不遂。但他坐在轮椅上还关心着党和国家的建设。栗克悟说："父亲生前很少谈自己，父亲的经历我们大多是听他身边的工作人员和他的战友及他们的子女介绍，看了他们的回忆录和相关资料才知道的。他们说，栗在山是极具亲和力的好领导，他以高尚的人品、高超的领导艺术，把一班人团结在一起，充分发挥领导班子的团队精神和战斗力，这是他最显著的特点。"

栗克悟说，父亲对自己的子女照顾很少，却非常关心他人，经常资助有困难的同志，关心别人胜过关心自己。记得 1974 年冬的一天，国防科委组织机关到总政礼堂看电影，人们看到栗在山的车来到礼堂前，以为栗政委也来看电影了，可是从车里下来的却是三位烧锅炉的职工。点滴的平凡小事，成为栗在山设身处地关心他人的一个缩影。

"从内心说，我们为有这样的好父亲而骄傲。为了使那些在基地戈壁滩上战斗一辈子的官兵能够回到内地安度晚年，父亲离休后跑了好几个省、市与当地政府协商，组建了多个干休所，使基地一些离退休人员在内地得到了安置。"栗克悟说，父亲的老部下提起这些事，从心里感激他们的老政委。

情系东风，魂归戈壁

1996年8月，80岁半身不遂的栗在山，坐着轮椅再次回到酒泉基地。在掩埋着聂荣臻、孙继先等500多位国防科技事业奠基人和航天先烈的东风革命烈士陵园里，栗在山挣扎着从轮椅上站起来，在旁人的搀扶下，步履蹒跚地走到孙继先的墓碑前，用拐杖轻轻地敲了几下墓碑，嘶哑着说："老伙计，我来看你了！基地现在建设得很好，实现了你我当年的夙愿。"然后，他深深地鞠了个躬："战友们，安息吧！"2006年12月30日，栗在山走完了他光辉又艰辛的一生。

栗克悟说："遵照父亲生前的遗愿，我们将他的骨灰送到酒泉导弹试验基地安葬，让他永远陪伴他钟爱的航天事业。"2007年4月3日，酒泉卫星发射中心在东风革命烈士陵园为导弹基地的第一任老政委举行了庄严的骨灰安放仪式。

临危不惧　奋不顾身

朱德之孙朱和平
选择专业时要接地气

王瑞文

朱和平，中国人民解放军总司令朱德元帅之孙，中国人民解放军高级将领，空军少将军衔，第十一届、十二届全国政协委员，高级工程师，博士生导师，是我军雷达与电子战领域的专家。

朱德嫡孙朱和平少将讲述了朱德总司令作为中国共产党人，积极奉献一生的故事。对于即将填报志愿的考生，朱和平表示："选择专业一定要接地气，要踏实一点。"

抛弃高官厚禄，毅然投身共产主义事业

朱德（1886—1976），字玉阶，原名朱代珍，曾用名朱建德，伟大的马克思主义者，无产阶级革命家、政治家和军事家，中国共产党、中国人民解放军和中华人民共和国的主要缔造者和领导人之一。中华人民共和国十大元帅之首。

朱和平的父亲朱琦，是朱德元帅唯一的儿子。朱和平从出生后 8 个月就跟着爷爷朱德一起生活，他也是跟随爷爷奶奶生活时间最长的一个孩子。

聊起那段峥嵘岁月，朱和平说，朱德他们这一代人给我们留下最深刻的印象，就是有着坚定的理想信念，以及一生的追求、奋斗与坚守。1909 年朱

德参加了辛亥革命，一直到 1922 年才加入中国共产党。在这 13 年间，朱德 31 岁时就被授予了少将军衔，36 岁时已经是中将了。

朱和平说："可以说爷爷在他年轻时就已经功成名就了。他也是中国民主革命的佼佼者，是旧民主主义的先锋和旗手。他在人生辉煌的时候，下决心转投中国共产党，做出这样一个重要的人生选择，非常不容易。当时和他一起参加辛亥革命的那些热血青年，百分之九十以上甚至是百分之九十九都没能完成这种转变。因为改变一个信仰，改变一种人生追求，需要很大的毅力。我在他的身上看到了一个共产党人坚定的理想信念。"

"爷爷在国民党时期可以说是高官厚禄。昆明、南溪、泸州，这些他曾经生活工作的地方我都去过。爷爷 30 多岁就住上了豪宅，甚至比现在高级领导干部的房子都要好得多。可他没有贪图享乐，而是放弃了这一切，为实现心中的理想——救国救民，也为了寻找建设新中国的道路。"朱和平十分自豪地介绍了爷爷朱德的这段经历。

从未离开过部队一天，曾提出中国式改革开放

据朱和平介绍，朱德是中国共产党历史上一位非常特殊的人物。中国共产党的前 28 年，是走武装斗争、武装夺取政权的道路。从八一南昌起义，到中国工农红军、八路军、新四军、中国人民解放军，朱德始终站在这条钢铁洪流的最前端，带领这支部队由小到大、由弱到强。他也是中国共产党第一代领袖当中唯一一个一天都没有离开过军队领导岗位的人。从八一南昌起义之后，无论是顺境还是逆境，朱德始终站在革命队伍的最前面。

毛泽东思想中的军事思想，吸收了朱德的军事思想。1909 年，朱德便投身于军事运动，在参加八一南昌起义之前，朱德的军事思想已经成型。其中游击战争、运动战争、运动防御战争、运动歼灭战争的思想是其主要部分。1928 年 4 月 28 日，井冈山会师以后，毛泽东立刻对朱德这些军事思想、军事理论给予了很高的评价和充分肯定。

　　1955 年，朱德就提出要走中国式的社会主义道路。对此，朱和平说道："爷爷是党内最早提出走'中国式社会主义道路'的人，除此之外，爷爷在 1956 年就提出，要改革开放，要和资本主义国家做生意。那时他以中央代表团团长的身份在外考察了三个月，去了蒙古、苏联、捷克、波兰等 8 个社会主义国家。在访问期间，他还率中共代表团参加了苏共二十大。回国后，爷爷通过对这些国家的考察学习和交流，得出国情不同，一切学苏联是不行的结论，我们要找适合中国特色的道路。"

　　1965 年第三届全国人民代表大会第四次会议，朱德把"在毛主席领导下，建设中国式社会主义"作为正式大会发言。

收到金日成送的被罩时，上交给国家被退回

　　1958 年，朝鲜主席金日成来中国访问，朱德接待了他。双方互相赠送礼物时，金日成赠送朱德一床丝绣的被罩，那是朝鲜的手工艺品。据了解，这床被罩一直被朱德收藏，直到他去世时都未曾使用。

　　对于这件广为流传的趣事，朱和平说道："这件礼品属于生活用品，并不贵重。在国事访问中党和国家领导人收到外国元首的礼品，都会送到中共中央办公厅特别会计室，但是也有例外，吃的、日用品、衣服这些是不收的。但爷爷觉得这个属于国事访问中互赠礼品，还是上交给了国家，但因为这床被罩十分普通，就被退回了。爷爷很珍惜这件礼物，他一生艰苦朴素，被子总是缝了又缝，补了又补，用的都是旧东西，他生前一直没用这床丝绣被罩。一直到他去世以后，我们整理遗物的时候发现了这床被罩，后来就把它赠送给了四川省仪陇县的朱德纪念馆。"

多次求爷爷帮忙入伍被拒后，瞒着家人报名参军

　　1969 年初，朱和平初中毕业。那时的他非常想参军入伍，但当时由于

政治因素，学校退回了朱和平的申请。这一年的3月，北京市多年来第一次面向社会招工，朱和平就这样被安排到首都钢铁公司带钢厂，成了一名钢铁工人。

回忆起当钢铁工人的那段经历时，朱和平说："那时候我们都才十六七岁，钢铁厂绝大多数工作都是手工作业，不仅很累，还容易因伤致残。那时候工作环境很差，而且作息时间也很不正规，24小时三班倒，就是机器不停，人也不能休息。"

家里的兄弟姐妹们都参军了，朱和平在军人家庭中长大，对部队有天然的好感，他从小的志向就是参军。但朱德不同意他参军，认为和平年代需要知识文化。面对和爷爷期盼的方向不一致，朱和平多次和朱德沟通，缠着爷爷希望他能帮忙。但朱德回复他道："你不要老想着去当兵，去当官。不要这山望着那山高。钢铁工人很重要，很光荣。你在钢铁厂踏踏实实、扎扎实实，好好地学一门本领，对人民的贡献一样很大。"

1970年底，又一轮的征兵工作开始了，北京市宣武区武装部到工厂里招兵。朱和平瞒着爷爷奶奶给自己报了名，体检测试后，朱和平很快就顺利通过了选拔。拿到入伍通知书的朱和平，把自己参军的消息告诉了爷爷奶奶。

回忆起那天，朱和平说："爷爷奶奶听到这个消息还是不太高兴，爷爷就跟我谈心。他说，虽然你们工厂现在还在搞'文革'，学习的机会还很少，但只要你坚持下去，将来总会有机会的。而参军已成事实，爷爷只能鼓励我好好干，叮嘱我军队也没有那么简单，要把握好自己。最关键的是，不管在哪个岗位上都要认真学习。如果你这好那好，就是学习不好，就没有能力为人民服务。"

"参军走的那天，要坐火车去河北秦皇岛。奶奶亲自到北京火车站去送我。奶奶那时候也是高级领导干部，她亲自送我，朋友和同学们都没有想到。入伍时又在冬天，天气寒冷。当时奶奶没有专车，但她也没有用爷爷的专车。我和奶奶就坐着公共汽车去了火车站。上火车的时候，想到我参军后，爷爷奶奶年龄大了，没人照顾他们，便很伤感。我也在心里问自己，这样事先没打招呼，说走就走，是不是太绝情了？"朱和平说道。

分别前，奶奶对朱和平说："和平啊，现在你已经是大人了。人生道路还很长，今后的路要自己走。"

52 岁时取得硕士学位，建议高考选专业要接地气

朱和平在军队一直从事武器装备管理工作和科学技术研究。他发现随着年龄的增长，自己由基层工作逐渐升到管理层，再到决策层，接触的工作也有所变化，拥有一定的专业领域知识已经不能胜任新的职务。于是，在被调到空军某研究所工作后，朱和平选择继续深造，并在 2004 年获得了北京航空航天大学的经济管理学硕士学位。

每年的 6 月都是高考月，各省的高考成绩和分数线也开始陆续公布，选择专业是大家都无法回避的问题。而朱和平继续深造时，选择的专业与之前的专业领域跨度很大。针对选择专业这一问题，朱和平少将给出了建议，他说："年轻人第一次选专业一定要选一个接地气的专业。接地气就是，比如你要学工业设计，那就先学具体的专业设计；你要学电子信息工程，就先学好计算机软件编程、信号处理等；如果要学通信，也要先从一个具体的通信专业入手。通信、雷达这些都是宽领域、大概念，不容易把握，所以选择上要更踏实一点。再一个就是，要选择好专业发展方向。比如你想在通信领域发展，那么你首先要把通信的基础打牢，然后选择一个通信最基本的主攻专业，或者是有线或者是无线或者是器件等等，因为通信领域是一个宽泛的概念。最后，随着工作后年龄的增长、知识的积累、职务的提升，根据自身发展的情况，再去选择第二专业或去读研究生。我认为是比较好的。"

刘伯承之子刘蒙

父亲为抗美援朝培养了近百名高级军官

张喜斌

2019 年 1 月 9 日，刘伯承元帅之子、原解放军总装备部科技委委员刘蒙少将接受了专访。采访中，刘蒙说："父亲身经百战，或者说何止百战，他一生负过 9 次重伤，身上有 11 处负伤痕迹。父亲一个人负的伤，比其他所有元帅加起来负的伤都要多。""子弹打中了父亲的右眼，给眼睛做手术他却不打麻药，德国医生为此称他是'军神'。"刘蒙将军还说："我们都是普通人，要老老实实地把工作做好，做事要踏实。这也是父亲一直以来对我们的教育。"

刘伯承（1892 年 12 月 4 日—1986 年 10 月 7 日），原名刘明昭，四川省开县（现重庆市开州区）人，中国共产党优秀党员，中华人民共和国元帅，中国人民解放军缔造者之一，伟大的无产阶级革命家、军事家、马克思主义军事理论家、军事教育家。他在辛亥革命时期从军，1926 年加入中国共产党，相继参加了北伐战争、八一南昌起义、土地革命战争、长征、抗日战争、解放战争等。新中国成立后，历任中共中央西南局第二书记，西南军政委员会主席，中国人民解放军军事学院院长兼政委，中央人民政府人民革命军事委员会副主席。1955 年被授予元帅军衔。1986 年 10 月 7 日在北京逝世，终年 94 岁。刘伯承为中华民族和中国人民的解放事业建立了不朽功勋，为我国的国防建设和社会主义建设事业做出了杰出贡献，对我军向正规化、现代化迈进做出了卓越的贡献。

"父亲负的伤比其他元帅加起来都多"

刘蒙介绍称，刘伯承元帅是重庆开州人。1911 年，辛亥革命的风暴席卷神州大地，他毅然选择了从军之路。"在我军的所有将领里，投身辛亥革命的，就是朱老总和我父亲，所以他投身革命的年头儿就比较长。"

刘蒙说，父亲一人负的伤，比其他所有元帅加起来负的伤都要多。

刘伯承早年参加辛亥革命是从川军起来的，他在四川打了很多仗，被称为"川中名将"。从辛亥革命开始，他在川军一直打到了 1923 年，经历了十几年的战乱，离开川军时，已经是川军东路军的总指挥了。

1923 年，刘伯承结识了川籍共产主义者杨闇公、吴玉章，开始接受马克思主义。1924 年 10 月起，刘伯承随吴玉章到上海、北京、广州等地考察国民革命形势和中国社会现状，途中所见所闻，使他坚定了共产主义信仰。

1926 年 5 月，经杨闇公、吴玉章介绍，刘伯承正式加入中国共产党。

"父亲从来都不愿意讲自己的功绩"

"父亲是一个从来都不愿意讲自己功绩的人。"刘蒙说。1949 年 9 月 30 日，中国人民政治协商会议第一届全体会议决定，为了纪念在人民解放战争和人民革命中牺牲的人民英雄，在首都北京建立人民英雄纪念碑。

刘蒙说，纪念碑主要是纪念从鸦片战争到 1949 年，109 年的历史。纪念碑上的浮雕雕什么，当时总理就请示毛主席，主席讲，第一届政协这些老人都是这段历史的见证人，所以要征求他们的意见。

表现中国共产党的一共有三个画面，第一个是南昌起义，第二个是抗日太行，第三个是渡江战役。最正面那幅大的浮雕是渡江战役，占了别的浮雕的两个的位置。这三个重要的历史事件，刘伯承都是军事指挥负责人。

南昌起义的时候，他是参谋团团长，负责军事指挥；太行抗日的时候，他是晋冀鲁豫军区的司令，一二九师师长；解放战争的时候，特别是渡江战役时，他是两个半野战军总指挥，由二野、三野和四野一部成立了渡江总指挥部，他是总指挥部的总指挥。

德国医生称刘伯承不是军人，是"军神"

据了解，在几十年的戎马生涯中，刘伯承身经百战，先后负伤达9次之多，还失去了一只宝贵的眼睛。那时，刘伯承率兵参加讨袁护国的战争。

在丰都战役中，刘伯承仅头部就中了两枪，一枪从头顶穿过去，一枪从右眼打进去，把眼球打飞了。由于当时缺医少药，只好用烟丝堵敷伤口。因治疗不及时，右眼眼球彻底溃烂，必须手术去除，在他人介绍下，刘伯承找到一位医术高明的德国外科医生执刀。

当时，刘伯承为了不影响记忆力，手术时没用麻醉药。在整个手术过程中，刘伯承咬紧牙关，全身汗如雨下，承受着难以想象的痛苦，竟然没有发出一声呻吟。这让见多识广的德国医生都感到无比震惊。

动完手术，医生向刘伯承表达了由衷的敬佩，问他怎么样了。刘伯承答道：我给你数着呢，你割了我72刀。后来德国医生就称刘伯承是"军神"，因为他不相信人能忍受这么剧烈的疼痛。

日本人称刘伯承是"神机军师"

刘蒙说，父亲曾是一二九师的师长，当年一二九师进入太行山后，要打很多仗才能立住脚。一二九师有着"五战五捷"的佳话，这五场战役都是作战的经典。

在抗日战争中，一二九师打了很多漂亮的仗，比如抗战初期的火烧阳明堡、七亘村伏击战、神头岭伏击战。其中神头岭是典型的围点打援作战方法，主要是徐向前围点，刘伯承负责打援，带去的旅是陈赓这个旅。

一般在条件允许的情况下，刘伯承一定要到一线去看一看伏击阵地。当时他带着所有的参谋军官，包括陈赓旅长到了作战一线，发现地图上标识有一个错误，敌人按地图上走是走的这个山谷，但实际上走的是山脊，这样就造成了伏击的困难。

看了地形以后，大家说幸好师长带我们来看一看，不然打起来就麻烦了。看过地形后，提出在神头岭山脊上伏击，这在军事上是罕见的。他发现山脊的公路上有一条古战壕，便提议把士兵埋伏在古战壕里。

古战壕当时比较浅，日本的装备非常先进，只有近距离作战，才可能使敌人的长处无法发挥。因为近距离只能搏杀，最终这次伏击取得了成功。

两个多小时歼灭日军近 1500 人，击毁 40 多辆卡车和大批山炮，这是在整个早期抗日中最大的一场战役。所以，日本人在他们的报纸上惊呼，说"这场战争是由中国人称为'神机军师'的刘伯承所指挥的"。

刘蒙说，一二九师对日本和伪军开战，八年战斗了 31000 次左右，这个数字是惊人的，没有一个部队打过这么多仗。从进太行山的时候 9000 多人，到十四年抗战以后变成 30 多万人，所以才有了刘邓大军之说。除此之外，他们还有 50 万的民兵。

"千里跃进大别山"是"历史的转折"

刘蒙说，他采访过在解放战争时期曾任国民党作战厅厅长的郭汝瑰将军。

对方说："我研究了一辈子军事，在世界军事历史上最让我佩服的是'千里跃进大别山'，它是史无前例的大规模无后方供给线的深入敌后作战。《孙子兵法》讲，兵马未动，粮草先行，十几万部队深入敌方，没有供给线是不可想象的。"

一般战争分为四个阶段：敌人的全面进攻、重点进攻、双方的战略相持、我方战略反攻。而解放战争则没有战略相持阶段。在国民党从全面进攻转为重点进攻的时候，毛泽东派十多万军队插进敌人心脏，迫使国民党军从前线抽调大量部队，随后我军的反攻就开始了。

刘蒙说，父亲有一篇文章叫《千里跃进大别山》，他是这样理解毛泽东的这一战略思想的：西逼武汉，东迫南京，扼断长江，俯瞰中原，必然造成敌人从前线大量抽调部队。

"这等于是在敌人的心脏中插了一把刀"，于是，敌人的重点进攻很快结束了，没有战略相持，我方直接开始反攻。所以毛泽东把"千里跃进大别山"称为"历史的转折"。

为抗美援朝培养了近百名高级军官

刘蒙说，新中国成立后，毛主席调父亲到北京来当总参谋长。到了北京，父亲就跟毛主席、周总理、朱老总说，抗美援朝已经开始了，我们的军队急需懂得现代化作战的指挥官。

在这样急迫的情况下，刘伯承出任南京军事学院院长，在南京创办了军事院校。他首先提出"三化"的理念：革命化、正规化、现代化。到现在这"三化"也没有变，这证明他是对的，这个思想并没有过时。

刘伯承为抗美援朝培养了很多干部。1955年授衔的时候，从抗美援朝前线回来的，有44名将军、55名大校在南京军事学院学习过现代化作战。换句话说，在前线指挥了抗美援朝的，就这些高级军官，有近100人都是刘伯承培养出来的。

刘伯承在战争年代提出来的"敌进我进"非常精彩。抗日战争期间，国民党一共打了22场大型战役，歼灭了不少日军，但总体来看都打败了，没有达到战役目的。共产党采取"敌进我进"的战略方针，在敌人的后方建立了游击战略区，取得了一系列战役的胜利。

刘蒙还特别提到，抗战开始时我们就牵制了日本大量的力量。侵华日军总司令冈村宁次的日记里明确提到，"百团大战之后，我们以 65% 以上的力量对付共产党"，也就是说共产党在抗战中起到了中流砥柱的作用。

教育子女要老老实实地把工作做好

刘蒙说，父亲最大的爱好就是读书。他一直到 70 多岁了还保持着早起的习惯。每天大概 5 点钟起床，然后要做三件事：打一套拳、朗读外文、写字。这三件事都做完，他才开始吃饭。

另外，他还留下了 390 万字的军事著作和 190 万字的翻译作品，这恐怕很少有人能做到。特别是在战争年代，最重要的事情毫无疑问是打仗，哪里还有闲心做翻译？

刘蒙说，自己曾在总参二部做过一段时间翻译工作，那有一书架的词典、参考书，明亮的灯光，暖和的屋子。可是在战争年代，用的是油灯，也没几本词典，竟然能翻译出 190 万字的作品，非常感人。

据刘蒙介绍，可能人们都不了解，词典里有很多词条都是刘伯承首翻的。比如大家常用的"游击战"，从外文翻译过来，最早是"黑猩猩战"，可是现在中国人都看不懂了。

刘伯承把游击战的定义——高机动性的作战和突然的进攻这两个词合起来，又根据《史记·李广传》中的一句话"李广擅游击"，认为"游击"两个字可以用，所以定为"游击战"一词。

刘蒙说，我们都是普通人，父亲教育我们要老老实实地把工作做好。只有做事踏实，才能把事情做好。父亲一生都在看书、学习，身教重于言教。他教育子女努力学习、认真工作，为人民做工作，他自己就是这样的人。

陈毅之子陈昊苏

诗词串起父亲的一生

纪　欣　王梅梅

　　"征程向远仰高端，思想辉煌照万山。特色国家尊伟大，核心领导赞非凡。别开生面新时代，总揽全盘盛世观。四海一家前路好，雄鸡再唱再攀登。"这首《十九大颂诗》是陈昊苏在党的十九大召开期间，用手机写下的一首诗。

　　日前，陈昊苏接受采访。两个多小时的访谈期间，他用若干经典诗词串起了陈毅元帅革命生涯中的几个重要片段。陈昊苏直言，自己是受父亲的影响，才迈入诗歌的殿堂的。

父子的共同身份：诗人

　　陈昊苏是陈毅元帅之子，更是一位诗人。自1977年开始发表作品至今，出版有诗集《红军之歌》《继志集》，文集《我心中的太阳》《辉煌的日出》《青春之旅》等。

　　谈起何时开始写诗，陈昊苏直言是受父亲的影响。"1972年，父亲去世后，留下大量的诗词没有整理。我母亲开始编辑《陈毅诗词》，当时因为母亲身体不好，我就参与到编辑工作中。"

　　随后，陈昊苏展示了他珍藏的两册《陈毅诗词》，这两册诗词当年只印了一两百份。诗集封面上的字是母亲张茜的亲笔题词。"当年是刻出来后用蜡板油印的，到'四人帮'被粉碎之后，1977年这部诗集才正式出版。"陈昊苏说。

谈起自己文学创作的风格，陈昊苏直言是有意向陈毅学习的，"很多人曾跟我说过，你写作风格跟你父亲是一样的"。

有着"元帅诗人"美誉的陈毅，一生与诗歌结下不解之缘。从战争年代，到新中国成立以后，他在不同的历史阶段，均写下许多脍炙人口的诗篇。仅收录到《陈毅诗词全集》（陈昊苏编，华夏出版社1993年版）一书中的，就有357篇（共计700多首）。从内容上讲，这些诗词几乎全是记录革命征程、抒发战斗豪情、寄托宏大理想之作，气魄雄浑。

记录征程的绝笔：梅岭三章

据陈昊苏介绍，自己的父亲是"00后"，只不过是20世纪的"00后"，按陈昊苏的话说，"父亲是20世纪同龄人"。1901年，陈毅出生在四川腹地的乐至县，很小的年纪就赴成都接受新式教育。1916年，就读于成都甲种工业学校（现成都工业学院）。年轻时的他一直没有放弃"文学家"的梦想。

1923年底，陈毅入党，成为早期的一名中国共产党党员。1927年8月，南昌起义打响了武装反抗国民党反动统治的第一枪。投笔从戎的陈毅参加了起义，后成为最早的红军战士之一。此时的他依然没有放弃写作理想，但其笔下写出的已是一篇篇军人的颂歌。

1934年到1937年，陈毅在南方坚持游击战斗，这是一段非常艰苦的战争经历。当时形势非常紧迫。陈毅的《梅岭三章》就是这个时期写出来的，陈昊苏称这首诗是"革命战士征程的绝笔"，丝毫没有夸张。

当时，敌人重兵"清剿"赣粤边区游击队的驻地，陈毅因腿部负伤又加罹病行动不便，在梅岭被敌人围困于丛莽间达到20天之久，在苦虑不得脱身的生死关头，他写下了《梅岭三章》藏于衣底，作为自己的绝命诗。

梅岭三章

（一）

断头今日意如何？
创业艰难百战多。
此去泉台招旧部，
旌旗十万斩阎罗。

（二）

南国烽烟正十年，
此头须向国门悬。
后死诸君多努力，
捷报飞来当纸钱。

（三）

投身革命即为家，
血雨腥风应有涯。
取义成仁今日事，
人间遍种自由花。

这是陈毅在生死关头所写下的一曲气壮山河的无产阶级正气歌，从中足以看出他坚定的革命信念及甘愿为党的事业献身的革命生死观。著名诗人臧克家高度评价："意气冲天，拍案叫绝！胸中有万丈正气，笔下有万钧之力！"

在《梅岭三章》同期，陈毅还写过一首《无题》：

生为革命死不哭，
莽莽神州叹沉陆。

魂兮归来大地红，

小住人间三十六。

"在生死存亡的最后关头，他相信总有一天会魂归热土，那时候大地都变成一片鲜红，革命一定会取得胜利。最后一句表达出他为了这伟大的理想，愿意牺牲自己 36 岁年轻生命的豪迈之情。"陈昊苏谈了自己对这首诗词的理解。

"红旗十月满天飞"的黄桥战役

1937 年，"七七事变"爆发，这是日本帝国主义全面侵华战争的开始，也是中华民族进行全面抗战的起点。中国共产党领导八路军、新四军在抗日战争中不断赢得伟大的革命胜利，陈毅的诗词记录下胜利的进程。

1940 年春，新四军挺进华中敌后，建立抗日根据地，遭到国民党顽固派的阻挠，陈毅、粟裕分任正副指挥的新四军苏北指挥部，率领部队取得了黄桥战役的胜利，粉碎了国民党顽固派部队的围攻，奠定了苏北抗日根据地的坚实基础。当年 11 月初，陈毅在海安欢迎刘少奇及八路军南下部队时欣然赋诗：

十年征战几人回，

又见同侪并马归。

江淮河汉今属谁？

红旗十月满天飞。

陈昊苏解释道："八路军是参加长征的主力，新四军是留在南方的游击队，两支部队在根据地胜利会师，中国革命高歌猛进。'红旗十月满天飞'就是对民族解放战争胜利进程的赞美。"

七大闭幕，陈毅豪情赋诗

1943 年 10 月，为参加党的七大，陈毅从华中赴延安。1945 年 4 月，七大以"团结的大会，胜利的大会"载入中国共产党史册，具有极其深远的历史意义。这次大会，使全党在马克思列宁主义、毛泽东思想的旗帜下，实现了思想上、政治上和组织上的空前团结和统一，它在总结了中国民主革命 20 多年曲折发展的历史经验的基础上，制定了正确的纲领和策略，为争取抗日战争的胜利和新民主主义革命在全国的胜利提供了最可靠的保证。

6 月 11 日，七大闭幕，陈毅满怀胜利豪情，写下了颂诗：

> 百年积弱叹华夏，
> 八载干戈仗延安。
> 试问九州谁作主？
> 万众瞩目清凉山。

陈昊苏动情地讲道，党的七大，预报了中国人民即将迎来民族复兴的伟大新时代。早在 1925 年，毛泽东就写过很有名的《沁园春·长沙》，其中有"问苍茫大地，谁主沉浮"的句子。过了 20 年，毛泽东当年的设问有了答案。有了中国共产党，有了党领导下的人民军队，中国人民就有了主心骨。到 1945 年，陈毅的诗，实际上揭示了历史进步的答案："万众瞩目清凉山"，说的就是亿万人民心向延安。

陈昊苏在采访的最后说，党的十九大胜利召开，中国特色社会主义进入新时代，在新一代党中央领导人的指引下，我们的事业又进入了一个蓬勃发展、高歌猛进的历史阶段，我们要不忘初心，牢记使命，固守民族文化自信，迎接更加美好的明天。

当年陈毅在毛泽东、党中央的领导下，英勇奋战，赢得革命胜利的往事，在他的诗词中有非常生动的体现。陈昊苏认为，现在我们也在书写伟大民族复兴的胜利诗篇，"我们的前途无限光明，我坚信这个确定不移的结论"。

陈赓之子陈知建
揭秘陈赓大将策划的那场"一流伏击战"

陈佳卓　王梅梅

　　1955年9月底，新中国成立后解放军首次授衔典礼在中南海怀仁堂举行，无产阶级革命家、军事家陈赓被授予大将军衔。长乐村战斗、百团大战、上党战役、淮海战役……从北伐、南昌起义、长征到抗日战争、解放战争、抗美援朝战争，出身军人世家的陈赓为人民的解放事业立下了汗马功劳。按照其子陈知建的说法，他们家"两代半在旧军队，两代半在中国人民解放军"。

　　其实，陈赓之子陈知建也是一名将军，曾任重庆警备区副司令员，服役39年。近日，他接受了专访，再次走进那个战火纷飞的年代，缅怀记忆中的父亲。

黄埔军校第一代学生

　　1903年，陈赓出生在湖南湘乡一个大地主家庭。祖上几代都是军人，陈赓13岁就参了军，曾在军阀掌权的湘军从军4年，后来依次进入国民革命军、红军、解放军等。按照陈知建的说法，"陈家五代行武，两代半在旧军队，两代半在中国人民解放军"。

　　1916年至1920年，军阀混战，年轻的陈赓跟着湘军打了不少仗。后来，他到黄埔军校读书。陈知建说："我父亲军旅生涯非常完整，他经历了士兵阶段的所有军衔。可以说，他是一位打出来的将军，让我们这些中级指挥官（师级以下）非常羡慕。"

1921年，陈赓第一次接触到中国共产党；第二年，他就成了一名中国共产党党员。1923年底，孙中山开始筹办军官学校。党组织考虑未来的武装斗争需要军事人才，决定选派一些党团员去学习。陈赓当过兵，就让他去报考。

经过笔试、口试，陈赓被顺利录取。第二年，在孙中山的主持下，国民党决定建立黄埔军校。

陈赓在《我的自传》中写道："是年底，党派我至上海转广东，投入程潜所办之陆军讲武学校。1924年K.M（国民党）改组，创办黄埔军官学校。我以为革命青年不应分散力量，甚或为私欲者所用，而应集中黄埔训练，积极主张武校合并军校，我并以身作则，首先退出该校，考入黄埔。是后武校同学相率来归，以至全校合并黄埔，改编为军校第一期。"

"那个年代，但凡有点热血的爱国青年都去念黄埔军校了，因此早在学校时期，父亲就认识了两党很多高级领袖，还深得蒋介石的赏识。"说到这里，陈知建还分享了一个"父亲勇救蒋介石"的小故事。

遭遇伏击救了蒋介石一命

那是1925年10月，国民革命军在广东第二次东征讨伐叛变的军阀陈炯明。蒋介石任总指挥兼任第一军军长，周恩来任总政治部主任兼第一师党代表。因作战勇敢，陈赓当时被蒋介石调到总指挥部担负警卫任务。

当月27日，蒋介石的第三师在惠州五华县遭遇陈炯明主力林虎部伏击，蒋全师溃败。陈赓当机立断背着蒋介石跑到河边，掩护蒋介石过河，将他送到一个安全的地方，救了蒋一命。随后，陈赓又冒着生命危险替蒋介石送信，与周恩来的第一师取得联系。有了周恩来的支持，蒋介石溃败的部队才得以整编。陈知建表示，"事情发生后，蒋介石对父亲的表现非常满意，不仅赠予他很多礼物，还将他调作自己的侍从参谋。"

抗日战争时期，吃不饱，穿不暖，身体负伤是军人的"常态"。在这样艰苦的环境中，陈赓始终保持着革命乐观主义精神，他非凡的人格魅力也感染着身边的人。据陈知建讲述，南昌起义之后，陈赓双腿先后被敌人的子弹击中骨折，差点要截肢，但这竟然成了他"讨饭的资本"。

陈知建讲起这段历史时哈哈大笑："我爸当时饿坏了，他就故意捣乱，把自己弄得衣冠不整，好让王震的纠察员给抓回去。因为当时王震是卫戍区司令，吃的东西还算富余。果然，纠察员把他带到了王司令处。看到他拄着拐杖，蹦跶着过来了，王震司令懊恼地直拍大腿，反问纠察员'你抓谁不好？怎么把他给抓来了，我还得请他吃饭！'最后两人找到一些羊骨头和胡萝卜炖了，我爸总算蹭到一顿饱饭，哈哈！"

在战场上，陈赓绝不含糊。但是他从来不对家人讲述自己的战斗故事，陈知建多年后查阅资料发现，父亲一辈子共在战场上负伤六次，其中两次重伤、四次轻伤。

敌军眼中"一流的伏击战"

日军曾在相关资料里盛赞一场战役，称它是八路军"一流的伏击战"，这场战役就是由刘伯承、陈赓策划领导的神头岭伏击战。1938 年 2 月中旬，八路军第一二九师根据独立自主的山地游击战的战略方针，在正太线上积极开展游击战争，开辟根据地，建立和发展地方武装力量。为了歼灭敌军补给的主要交通线邯长公路，第一二九师决定，以"吸敌打援"的战法，在神头村地区伏击歼敌，而后寻机再战。

对军事战术有所了解的人都知道，伏击战对地形环境要求比较高，但当时的神头村旁边只有一条公路，周围都是光秃秃的田地，地形开阔，不好藏身。巧的是，距公路两侧 20 米处有国民党军队过去修筑的工事，一二九师师长刘伯承当即决定提前一天埋伏在那儿。果然，日军没有想到我军会策划伏击战，双方最近的距离只有 3 米，也没有发现。

陈赓的儿子陈知建曾任重庆警备区副司令员、第 14 集团军副参谋长，服役 39 年的他是新中国的一名将军。讲起当年的这场战役，他的兴奋之情溢于言表，眼中流露出对父亲的钦佩与崇拜。据介绍，多年后，陈知建也特意来到当年父亲在山西的十余个战斗现场，分析作战地形。作为一名老军人，他表示，神头村能打伏击战确是出奇制胜，独树一帜。

"那时候，作战之前，战士们每人只能配发两三发子弹，但手榴弹数量充足。虽然手榴弹杀伤力不太强，但数量多了，炸起来就跟烟幕弹似的。敌方没办法指挥，我们正好拼刺刀。鬼子的步枪一米六几，咱们的步枪带刺刀还更长些。我爸当时还有腿伤，挂着拐棍就上战场了，人倒是没事，把拐棍给炸飞啦，警卫员都吓坏了……"据陈知建介绍，这场战斗持续了 2 个小时，共毙伤俘敌 1500 余人，缴获长短枪 500 余支、子弹万余发。

曾不幸被捕，遭遇电刑逼供

关于自己的过去，陈赓从来没有跟家人讲过，包括陈知建。陈知建表示，虽然父亲久经战场，但战争太残酷了，一提到过去，父亲就会非常难过。对于父亲的这些情绪，年轻时代的陈知建一直都不太理解。直到自己参了军，当上副师长、副参谋长之后，才知道父亲的一生何其不易！

2003 年，是陈赓诞辰 100 周年，退休之后的陈知建忙着找资料，张罗为父亲撰写传记的事情，这时他才真正走近父亲的过去，了解了父亲是一个什么样的人。2013 年，陈赓诞辰 110 周年之际，陈知建与罗荣桓（新中国十大元帅之一）的儿子罗东进、林彪（新中国十大元帅之一）的女儿林立衡等重走了一遍长征路。除此之外，陈知建还参观了国民党的特务集中营，看到那么多惨绝人寰的刑罚，他顿觉毛骨悚然。曾经，陈知建问过自己的父亲，哪种刑罚最疼？陈赓如此回答："敌人知道我不怕疼，所以只给我上过电刑。"

据相关史料记载，1933 年 3 月，陈赓不幸被捕，关进老闸捕房。国民党特务想从陈赓嘴里获取共产党的信息，对陈赓用了惨绝人寰的电刑。为了减轻电刑的痛苦，陈赓收买了捕房里的看守，让他们给自己买了些香烟，每次受刑时，陈赓便吞掉香烟，用来缓解痛苦。即使是这般逼供，陈赓就是不张嘴。

将军儿子眼中的"神枪手"

作为哈尔滨军事工程学院的创始人，陈赓的军事素养是不容置疑的，这点陈知建从小就有所领教。在年幼的陈知建心中，父亲就是一位货真价实的"神枪手"。

据陈知建回忆，新中国成立后，每逢星期天，陈赓就出去打枪。"当时我父亲在树上拿大头针挂了一张纸，然后站在20米开外的地方，用自己的左轮手枪连打六发，那张纸就被打没了。还有一次他远远打中了后院烟囱上的第二块砖头，正是他瞄准的那块。"

陈赓的枪法好，实战经验丰富，并且保持着优秀的政治素养。1952年6月，经中共中央决定，陈赓着手创办哈尔滨军事工程学院。从司令员到军事工程学院院长，陈赓为振兴我国军事国防做出了卓越的贡献。

陈知建这样评价自己的父亲："我爸生性乐观，同时，他是一个党性非常纯洁、非常坚定的人。"也许是受父亲影响，陈知建直言："现在个别官员的腐败实在是……那当官还有什么意思？叫我腐败，打死我都不干！"

贺炳炎之女贺北生
父亲把枪给战士，自己和敌人近身肉搏

王梅梅

在战争年代里，他艰苦奋斗，英勇顽强，历次战胜艰险，为中国人民解放事业建立了卓越功勋。"红军赵子龙""孤胆英雄""钢铁将军"……一系列美誉都说明此人气概非凡。提起"独臂刀王"四个字，没有一个人不暗暗称奇，竖起大拇指的。

联系到贺北生的时候，对方热情地表示："你们愿意把老一辈的革命精神记载、宣传出来，作为革命先辈的子女，我理所应当支持你们的工作。"尽管腰腿不便，她还是在百忙之中抽出时间配合了记者的采访。

16 岁参军遭拒，终被贺龙收留

1913 年，贺炳炎出生于湖北松滋，父亲是名打铁匠。因家境贫寒，贺炳炎从小给地主放牛。9 岁母亲病故，贺炳炎就跟着父亲翻山越岭打铁，他负责拉风箱。小时候的贺炳炎就好打抱不平，身边的小朋友一旦受了欺负，他便冲上去"要说法"。

1929 年初，贺龙的队伍路过洪湖地区，贺炳炎的父亲报名参加了革命队伍。当时，16 岁的贺炳炎也想跟着队伍干革命，因身子小力气弱，遭到父亲拒绝。他就尾随部队，偷偷跟了上去。父亲发现后勒令他回去，贺炳炎倔着性子不同意。

正当父子俩对峙时，贺龙走过来，一看小家伙机灵的样子，还很坚决，就发话："你干宣传去吧！"于是，小小年纪的贺炳炎提着糨糊桶子，一路上负责给部队贴标语。

贺北生说，父亲参军时还是个孩子，对革命不了解，也没其他想法，只知道这个部队是解放穷人的，跟着部队走就是了。

把枪给了战士，自己和敌人近身肉搏

2015 年 9 月 3 日，纪念中国人民抗日战争暨世界反法西斯战争胜利 70 周年大阅兵在北京举行。此次阅兵式上，10 个徒步方队以英模部队的名称命名展现在世人面前。这是新中国成立后举行的第 15 次阅兵，也是首次以英模部队名称命名受阅方队的阅兵。

这些英模部队方队的前身是我党在抗日战争中领导的人民军队，由各个战场上抗击日本侵略的优秀代表组成。其中，有一支"雁门关伏击战英雄连"英模部队，贺北生娓娓道来这支特别的方队与自己父亲的关系。

在国共两党第二次合作时，贺龙是国民革命军一二○师师长，贺炳炎是其手下七一六团团长，廖汉生是政治委员。当时，革命队伍与日本军队还没有过多的正面交锋，只知道日军武器非常先进。

在当时的背景下，我军必须打断对方的运输线，贺龙将此重任交给贺炳炎和廖汉生。正式交战之前，两人去需埋伏的村庄察看地形。村子已经被日军扫荡过了，整口井都填满了村民的尸体，义愤填膺的七一六团战士们更加坚定了要与敌军殊死搏斗的决心。

为了突破敌人的扫射袭击，贺炳炎和廖汉生决定近距离作战。日军的战车一到达埋伏点，士兵们就从山上冲下来，一鼓作气投入战斗。当时我军的枪支有限，大部分人拿着大刀长矛跟敌人拼命。贺炳炎把枪留给别的战士，自己拿刀近身肉搏。

最终，这场战役大获全胜，缴获了敌人大批物资，歼敌500余人，迟滞了日军对忻口前线的增援。

谈到此战，贺北生激动地表示："这场战争不仅打出了中华民族的气节，还打破了日本鬼子不能战胜的神话。虽然那时候还没有与日军打过多少仗，但我们的军队没有被对方先进的武器吓倒，因为我们是中国人！"

梁家辉零片酬演贺炳炎圆军人梦

演军人是演员梁家辉多年的夙愿，他说："香港演员演真正军人的机会很少，我一直想演一名革命军人。"在电影《太行山上》开拍之前，他主动给八一电影制片厂打电话，希望能出演其中一个角色，圆自己的军人梦。

剧本出来之后，梁家辉在诸多角色中相中了独臂将军贺炳炎一角，并且不要任何片酬。贺北生讲述了一段小插曲。

有人通过报纸得知，该片有梁家辉敬礼的镜头，就告诉了贺炳炎子女。贺北生表示，所有人都知道，自己的父亲是没有右臂而非左臂，因此其是毛主席亲自批准的不用行军礼的军人。于是，他们致电八一电影制片厂，指出既然片中注明了自己父亲的名字，就应该尊重事实，希望能将错误纠正过来。

最后，经过双方协商，八一厂通过删减镜头以及相关后期处理将这一失误纠正过来。

新婚当天怕浑身伤口吓着妻子

从交谈中，不难发现，贺北生是一个非常爽朗的人。在谈及父亲英勇征战的事迹时，她的情绪似乎被当时的战事感染，非常高亢激昂。然而，在提到父母亲"不浪漫却非常动情"的爱情故事时，却流下滚滚热泪。

贺北生讲的是父母新婚之夜的故事。1942年，贺炳炎和妻子姜平结婚当晚，已到休息时间，贺炳炎还是保持端正坐姿，一动不动。念及第二天还有战斗任务，姜平就提醒贺炳炎该休息了，对方还是一动不动。几次提醒后，姜平有些伤心地说："如果你不喜欢我，何必娶我？"

听到妻子的委屈，贺炳炎开始解扣子脱衣服，衣服随之滑落，他这才缓缓开口："我不是不喜欢你，我是怕吓着你。"

原来贺炳炎在此之前已经负伤 14 次，身上前前后后一共有 16 个洞。姜平看着这些伤口，久久说不出话来。在那个战争年代，贺炳炎常年在前线打仗，夫妻俩见一面竟是奢望。那时候盐和药品属于非常珍贵的日用品，姜平省吃俭用攒下的盐巴，被丈夫小心翼翼地揣在兜里舍不得吃。

对孩子的教育身教胜于言传

在贺北生的记忆中，父亲从来没有给孩子们列严格的框框架架，要求他们必须做什么、不能做什么——他总是通过日常生活中的小事，潜移默化为孩子们树立正确的人生观。贺北生举了三个例子。

贺北生说，父亲在成都军区当司令员时，经常去北京开会，孩子们都很向往北京，想去北京看看，但一次也没有搭过父亲的飞机。父亲跟他们说："如果你们想去北京，以后等你们长大了，凭你们的本事到北京，那才是好样的。"

为了让孩子们融入集体生活，不搞特殊，贺炳炎送他们到成都军区八一小学住校。学校在东教场，家住北教场，中间隔八九里路。孩子们平时回不了家，只有周末的时候，才一块儿走路回家。贺炳炎平时工作很忙，又经常出差，很少能见到孩子。但只要他在家，每逢周末，他就会坐在院子的台阶上，盼着孩子们回家。贺炳炎尽管非常想念自己的孩子，但也不允许用公家的车去接他们回家，都是让他们自己背着书包走回家。

最令贺北生难忘的，还是父亲带她去见毛主席的时候。1959 年夏天，毛泽东主席视察四川，到了成都后，就住在当时的省委省政府招待所金牛坝。

恰逢贺炳炎的公务用吉姆车送去维修了，他就随便"抓"了辆吉普车，拉着孩子们往金牛坝赶。到了金牛坝的路口，站岗的卫兵一看是辆普通的吉普车，就给拦下来了。贺炳炎很着急，他从副驾跳下车，卫兵看见，是位没有右胳膊的军官，赶紧立正敬礼。贺炳炎只讲了一句话："以后不管什么情况，要看人，不要看车。"

在父亲的耳濡目染下，贺北生从小就明白，绝对不能占公家的便宜，更不用说买官卖官。一看到贪官腐败行径被披露，她就特别痛心。她说，现在的江山是革命先辈用生命打下来的，任何人都要知道自己应该铭记什么，而不能只想着一己私利。

当下年轻人需要了解历史

贺北生在和记者闲聊的时候，总会不自觉将话题转移到年轻人身上，言语中足以看出老人对年青一代的殷切期望。看过因不堪战争留下的病痛折磨，贺北生对生命有了比他人更深刻的领悟。因此，她对一些社会事件充满不解。

"这个姑娘失恋了，觉得痛苦选择跳楼。那个小伙儿学习成绩不如意，觉得不能出人头地就寻死……这种事情太多了。革命先烈血洒战场不就是为了我们现在能吃饱饭吗？然后呢？年轻人没有责任吗？中国的未来是要交给年轻人的，他们应该知道自己需要承担的责任。"贺北生话锋一转，"所以，年轻人应该主动了解历史，社会也应该注重革命精神的传承。"

贺北生目前担任将军后代合唱团副团长一职。她幽默地表示："其他的事情不会做，也没钱做，我们就想着怎么能把革命精神传承下来。于是就成立了这个将军后代合唱团，唱响中国，用歌唱的方式把精神宣传出去。"此外，贺北生还去学校、单位等地方讲革命故事，让年轻人了解那个年代的革命事迹。

陈再道之女陈江平
为什么说任何私心都是可耻的？

王梅梅

说起开国上将陈再道，陈毅元帅曾对"再道之勇"赞不绝口，毛泽东也多次表扬其"是一员战将""打仗很勇敢""真不简单"，这些被认为是对陈再道将军最恰当、最生动的评价。

在家人眼中，陈再道又是什么样子？陈再道的女儿陈江平谈到父亲时，眼中依然掩不住崇敬的光芒。陈江平讲述了陈再道骁勇善战的故事，还强调他是一个爱兵如子的人，对战士比对家人还好。陈再道将军曾说："想想牺牲的战士们，任何私心都是可耻的。"因此，他要求自己的孩子和普通人一样，绝不能搞特殊。

参加黄麻起义，是红四方面军最早的战士之一

陈再道是放牛娃出身，很小的时候双亲就去世了，只能跟叔叔生活在一起，后来叔叔也生病去世了。他参加革命的时候，孑然一身，无牵无挂，无人依靠，革命意志十分坚定：他要跟着共产党走，他只能跟着共产党走！"他们这帮人的初心就是翻身过好日子，为劳苦人民打天下。"陈江平说。

1927 年 11 月 13 日，湖北黄安（今红安）、麻城 3 万余名农民自卫军和义勇军在党的"八七会议"精神指引下和中共湖北省委领导下，攻打黄安县

城，打响了鄂豫皖地区武装反抗国民党右派的第一枪，正式成立了黄安农民政府，组建了工农革命军鄂东军，史称"黄麻起义"。

黄麻起义失败后，部分人员就地坚持斗争，集中72人，携带长短枪53支，转移到黄陂县木兰山一带开展游击活动。这就是著名的木兰山"七十二英雄"，陈再道是其中之一。从这里走出来的革命队伍，就是后来大别山武装斗争的火种。

徐向前为什么说"陈再道不能打冲锋"？

陈江平介绍道："父亲在红四方面军从战士、班长、排长到营长，一级一级地参加过无数次战斗，打了很多仗。父亲打仗非常勇敢，无所畏惧。他经常对我们说，参加革命就要不怕死，豁得出去！他在革命路上看过很多战友倒下了，牺牲了，他觉得自己活着就是为战友活着。"

1938年的一天，河北景县分区司令葛桂斋率部叛变，时任八路军东进纵队司令的陈再道听到消息后，火冒三丈，即刻跳上了马，甚至没有跟警卫员打招呼，单枪匹马向叛军奔去。

葛桂斋发现有人追了上来，便让300多人的部队摆好阵式，准备迎击。等大家看清楚来的人是陈司令时，却都不敢开枪了。陈再道追上叛军后，横刀立马，高声叫道："要抗日的，跟我回去！要当汉奸的，今日放你走，来日战场上见，老子绝不留情！"最终，除了那些顽固分子，大部分人马跟随陈再道返回了驻地。

从这件事看得出来，陈再道骁勇无敌，英名远扬。还有一次，陈再道一马当先，冲向敌阵，被一颗子弹击中右臂，又从后颈穿出，但他丝毫不以为意，继续冲锋，最后拼刺刀时，还刺死了好几个敌人。徐向前知道他这个特点，为了保证指挥官能够连续指挥战斗，每次下命令时，他都会补充一句："陈再道不能打冲锋！"

美军飞机上的一批"特殊旅客"

　　1945 年 8 月，抗战胜利在望，国共都面临尽快夺取日本占领区、接受日军投降，为中国未来做出新的战略部署的紧迫状况，抢占先机十分紧迫。

　　当时，共产党很多重要领导还在延安，要想在短时间内回到各自的驻地，非常困难。为此，延安高层忧急万分，苦苦思考对策。这时，叶剑英想到了一个办法：搭美军飞机飞回去！

　　原来，在抗战期间，美国对国民党当局接二连三的失败非常失望，开始对不断以弱胜强的共产党抗日武装力量产生了好感和兴趣，于是组建了一支"美军延安观察组"，常驻延安，商讨与延安合作的事宜。美军往返重庆和延安，靠的是自己的运输机。

　　为此，延安举办了一次招待会，邀请美军观察组参加，提出了这个"小小的要求"。美军代表听后，一口就答应了！我方立即着手安排运送人员名单。为了不让国民党特务获悉这个机密，甚至连被安排的人员也没有事先通知，直到 8 月 24 日夜，才逐个紧急通知。由于运输机空间狭小，只准被安排的人员乘坐，其他随行干部、警卫员，一律不能登机。

　　1945 年 8 月 25 日一早，延安机场迎来了历史性的时刻，被安排的运送人员悉数到达机场，他们是：刘伯承、陈毅、邓小平、薄一波、滕代远、陈赓、萧劲光、杨得志、邓华、陈锡联、陈再道、李天佑、宋时轮、傅秋涛、聂鹤亭、王近山、张际春、江华、邓克明等。

　　经过 4 个小时的飞行，美军飞机在位于解放区的山西黎城长宁机场安全降落。这次"特殊飞行"一结束，"旅客"们就立即奔向各自负责的根据地，比如刘伯承、邓小平，一下飞机即昼夜兼程赶到八路军一二九师司令部，部署展开反击国民党挑衅进攻的上党战役，有力地声援了重庆谈判。而同机的其他领导，则分头赶赴华东、东北、华北等根据地，为日后波澜壮阔的解放战争做好了战略准备。

放牛娃如何打败黄埔生?

1947 年，以刘邓大军千里挺进大别山为契机，解放军开始进行战略反攻。在这次挺进的过程中，羊山集决战无疑是最为浓墨重彩的一笔。

当时，刘邓大军的主力为陈再道率领的第二纵队，为了快速挺进大别山，此纵队星夜奔赴山东济宁金乡县，行至金乡县的羊山集时，遭遇宋瑞珂率领的国民党陆军第二兵团精锐六十六师阻击。面对黄埔学生出身的宋瑞珂，陈再道凶多吉少。

羊山集保留有明末时期的寨墙，寨墙周围东南西三面有丈余深的水壕，国民党六十六师进一步加修工事，构造了各种明暗火力点，其火力可控制羊山集 1000 米开外的地区。陈再道组织发动了两次攻击，但自下而上仰攻本就不占优势，加上羊山脚下成了一片沼泽地，山上路很滑，使得攻击越发困难。解放军擅长夜攻，但山顶火力点很多，常常是夜晚将近攻下，白天又被密集火力覆盖，伤亡惨重。据参战的冀鲁豫军区独一旅参谋长杨昆回忆："经常是两天吃不上一顿热饭，有时刚端起碗，敌人就上来了，战士们扔下饭碗进入战斗，等打退敌人回来时，连饭带碗都给炸飞了。"

解放军本想包围六十六师，但羊山集久攻不克，搞不好会落入敌人的反包围。事实上，蒋介石正从西安、洛阳、郑州等地调集重兵，企图压迫刘邓大军背水一战。毛泽东致电刘伯承、邓小平等：对羊山集之敌确有迅速攻歼把握则攻歼之，否则，立即休整十天左右，下决心不要后方，以半月行程直出大别山。可就算放过宋瑞珂，他依然会成为挺进大别山部队身后的威胁，陈再道放话："此战不吃掉宋瑞珂，我陈再道不姓陈。"

7 月 27 日，天空突然放晴，壕沟和洼地的积水减少。黄昏时分，陈再道下令各部向敌军发起总攻，此时，宋瑞珂虽然经过了 12 天恶战，但困兽犹斗，仍在做最后挣扎。这次较量在 28 日中午见了分晓，最大火力点被爆破组三次爆破，解放军顺利挺进核心营地，继而进入街道，时任二纵六旅宣传科干事的岳春普带领 30 多名解放军战士在国民党战俘的引领下，包围了宋瑞珂躲藏的小楼。

1958 年，陈再道陪同毛泽东接见武汉军区党代会全体代表，期间毛泽东在谈话中讲到，许世友、陈再道、韩先楚都没有读过什么书，但是土包子打败了黄埔生。

陈江平：父亲对战士比对家人还好

1977 年 9 月中旬的一天，陈再道正在办公室的沙发里看文件，接到时任军委秘书长罗瑞卿的电话："再道同志，有空的话，请来我这里一趟，有事情要和你谈。"

陈再道放下电话，立即驱车前往罗瑞卿的办公室。"再道同志，党中央、中央军委决定让你重返第一线，担任铁道兵司令员，命令最近就下。"罗瑞卿微笑着向他介绍了铁道兵的情况，"指战员们很艰苦，部队高度分散，流动性大，任务也很重。部队建设比较复杂，出现了很多问题。现在，需要你去大刀阔斧干一场。"陈再道说："让我干，我就干，没什么可说的。"1977 年 9 月 21 日，中央军委命令一公布，他就正式上任，开始了新的征程。

1977 年至 1982 年，陈再道在担任铁道兵司令员的五年时间里，他虽然年过七十，仍不辞劳苦，深入基层，深入铁路建设第一线。从吴八老岛到金沙江畔，从长城脚下到巴山汉水，从南疆"火洲"到唐古拉山口，都留下了他的足迹，洒下了他的汗水。他还多次去山高路险、冰峰雪岭的成昆线、青藏线的施工现场考察，认真听取干部战士的意见，切实解决他们的实际困难，受到广大指战员的热烈拥护和爱戴。

陈江平说，父亲解决的最大困难就是战士们的洗澡问题。当时作业点条件艰苦，战士长年累月施工，不停地转换地方，不方便洗澡，他下决心要解决这个问题。陈江平说，从这件小事上就能看出，父亲爱兵如子，关心战士，对战士比对家人还好。

"想想牺牲的烈士，任何私心都是可耻的"

作为一名军人，陈再道最看不起胆小怕事的人。陈江平印象中的父亲是一个非常耿直的人，有一说一，有二说二，从来不说假话。就算有再大的压力，只要认为不对的事情必须指出来。

日常生活中，陈再道不会对孩子们讲长篇大论的大道理，他对孩子的教育都是潜移默化的。陈江平讲道："父亲从来不讲自己的故事，讲的都是当年的战友和牺牲的烈士。对于烈士遗属的要求和困难，父亲都会尽力帮助解决。他说，想起这些烈士，任何私心都是可耻的。"陈再道是这么说的，也是这么做的。在学校和工作中，他从来不让自己的孩子享受特殊待遇，要求他们做到和普通人一样。

这就是赤胆忠心、大公无私的陈再道将军。他是第一届至第三届国防委员会委员、中共第十一届中央委员会委员、第五届全国人大常委会委员、第六届全国政协副主席，1982年被选为中共中央顾问委员会委员，1955年获一级八一勋章、一级独立自由勋章和一级解放勋章，1988年获一级红星功勋荣誉章。

邓华之女邓英
父亲这代人，注定要做出重大牺牲

何 婧

他本出身于富裕之家，却为革命放弃优渥生活；他曾在战争中与上级意见相左，却因此改变了战略部署；他对职位无甚得失心，却在原则问题上绝不退让，他就是开国上将邓华。

邓华曾参加过湘南起义、辽沈战役、平津战役等，并在平津战役中起到了至关重要的作用，随后他指挥了海南岛战役，协助指挥了抗美援朝。邓华曾担任中国人民志愿军第一副司令员兼第一副政治委员、代司令员兼政委、中国人民解放军副总参谋长兼沈阳军区司令员。

近日，红船编辑部记者与邓华的女儿邓英进行了交谈，对邓华为革命事业、为党、为人民奉献的一生有了更深入的了解。

毅然离开教会学校

1910 年 4 月，邓华出生在湖南郴县的一个书香世家，小时候在村里读过私塾。12 岁那年，邓华的父亲送他到郴州新华学校上学，这所学校是美国基督教会办的，校长和主要教员都是美国人，学校设施、环境都很好，还有机会去美国留学。但在这里读了 3 年书后，邓华决定离开这所学校。这时的邓华知道了帝国主义强迫中国政府签订了很多不平等条约，其中有一条就是允许外国人在中国开办学校进行传教，对中国进行文化侵略。邓华觉得在这所学校读书是一种耻辱，加上他看到有些教员对中国学生态度凶狠，体罚、打骂现象都有，这种对民族的屈辱和歧视，给邓华留下了很深的印象。当时湖南反帝反封建斗争的革命形势很好，罢工、示威、游行等爱国活动，邓华都积极参加，他在传记中写道："帝国主义如此欺负我们，非打倒他们不可。"

邓华放弃了在教会学校读书的机会后，考入长沙南华法政学校高中政治班。受身为党员的哥哥和姐夫的影响，邓华于1927年3月在学校加入了共产党。邓英说："如果父亲一直在教会学校读下去，那他的人生就是另一条道路了。在人生的第一个路口，父亲选择了革命、选择了共产党。虽然在以后的人生中，有生死的考验，有荣辱的曲折，但跟着共产党，是父亲的初衷，也是父亲终身的选择。"

1928年1月，朱德、陈毅率领的南昌起义军余部在湘南地区发动了声势浩大的湘南起义，邓华听说后，连夜赶到离家20里路以外的桂阳县城，可是等他到了县城时，起义军已经转移走了。但邓华决心很大，一定要参军，终于在郴县的保和圩追上了起义军，开启了他的戎马生涯。

人生岔路的选择

1928年，邓华跟着朱德、陈毅上了井冈山。红四军军委命令从郴县、耒阳、永兴、资兴来的农军返回湘南打游击，建立革命根据地，邓华所在的三十三团被派到桂东山区打游击。

部队走到水口镇的时候，面临一个岔路口：一条往西南去郴县，一条往东南去桂东。三十三团大都是郴县人，井冈山生活非常艰苦，于是有不少人选择了回郴县打游击。跟邓华一起参加湘南起义的表弟也来劝他回郴县，说回家乡打游击，群众基础好，熟悉情况。邓华想了想，跟他表弟说："农军的家乡观念重，回去会散伙的，要革命就不能回去。"

最终表弟跟着大部队回了郴县。此时除了朱德派来的军事干部和少数地方政工干部，千余人的队伍基本走光了。桂东去不成，邓华和剩下的人又回到了井冈山，重新编队，邓华被分配到三十一团一营担任营委干事。没过多久，郴县传来消息，回去的农军大部分走散了，剩下的部队虽然也进行了一些小战斗，但很快就被打垮，邓华的表弟也牺牲了。后来邓华多次跟子女们说，如果当年他选择跟表弟回家乡，那他的人生就不知道会是什么样，也许他早已不在人世了。

向上级提出的这项建议，改变了战略部署

所谓军令如山，在战争中，军人对上级的命令要严格执行。而邓华在平津战役中向上级提出的这项建议，却直接改变了战略的部署。在平津战役中，邓华受命指挥三个纵队攻占塘沽、大沽，以切断敌人从海上逃走的路。军委指示"我军应不惜疲劳，争取于尽可能迅速地歼灭塘沽敌人"。

邓华实地勘察地形后发现，塘沽临海，三面都是盐碱地带，不利于作战，而试探性攻击会造成指战员的较大伤亡，他认为此时不能攻打塘沽，而要先打天津。打下天津，同样可以切断敌人的逃跑之路，而且对北平的敌人也有震慑力。

对如此重大的战略部署提出不同意见，等于要改变战役方向，这本不应该是纵队司令员考虑的问题。邓英的母亲李玉芝告诉她，邓华那两天在炕上炕下反复徘徊，仔细斟酌到底要不要告知上级自己的不同意见。如果上级认可邓华的判断也就罢了，如果上级不认可，这便是军队的大忌。最终邓华还是决定把报告提交上去，只署了自己的名字，以免牵连他人。

东野总部接到报告后，派刘亚楼来勘察。经勘察，刘亚楼也认为打塘沽不可行，于是两人又一次向上级提交报告。最终军委和毛泽东同意了这个建议，重新部署兵力，集中力量，不到 30 个小时就夺取了天津。

1950 年，邓华任十五兵团司令员，负责组织指挥海南岛战役。毛泽东曾

发电，"必须集中至少一个军（四五万人）的兵力，一次性携带三天以上的粮食，于敌前登陆，建立稳固滩头阵地"，并指示"用大力于几个月内装置几百个大海船的机器，争取于春夏两季内解决海南岛问题"。

邓华经过实际勘察和对多方情况的了解，认为一次运载一个军的兵力，再加上弹药、装备和粮食一起渡海，是难以实现的。他在广州召开的渡海作战会议上提出分批偷渡和积极准备大规模强渡，两者并举进行的渡海方针。上报中央后，得到认可，毛泽东在回电中指出："此种办法如有效，即可能提早解放海南岛。"

邓英说："父亲就是这样，每次战斗都认真调查研究，不考虑个人得失，勇于担当，敢于负责。凭着这种精神，父亲在战争中一步步成长起来，肩上的担子也越来越重。这也说明，毛主席和中央非常重视前线指挥员的意见。"

"父亲这代人，注定要做出重大牺牲"

邓华的家境本来非常殷实，在邓华参加革命后，这个家庭却变得支离破碎。邓华的父亲两次被国民党抓到监牢里，为了赎回他，家里变卖了房产、田地。此外，国民党还三天两头到家里，逼迫邓华的姑姑交代他的下落，被逼无奈，邓华的姑姑选择了自杀。

"父亲曾对我哥哥说，他们这代人，注定要做出重大牺牲。的确是这样，1949 年新中国成立后，本该安享太平的父亲又参加了两场大的战斗。"邓英感慨道。

1950 年 5 月，邓华带领部队解放了海南岛，6 月朝鲜战争就爆发了。在抗美援朝战争中，彭德怀任志愿军司令员兼政委，邓华被任命为志愿军第一副司令员兼第一副政委。

这一年，邓华 40 岁，作战经验已经很丰富了。但邓华知道，这次和以往的情况不一样，他的对手是以美国为首的十六国联军，无论在武器装备还是后勤保障上都相差悬殊，战争的结局如何，谁都无法预料。

当时邓华的妻子李玉芝已经有了七八个月的身孕，她非常希望邓华能留在自己身边，但邓华还是毅然奔赴战场。临走前，邓华把李玉芝的一张照片放到随身的包里，并对她说："瓦罐难免井上碎，将军难免阵上亡。"

邓英曾经问母亲，父亲从广州到东北去，她是怎么想的。李玉芝说了两个字：光荣。

邓英对红船编辑部记者说："我想，父亲是把军人的职责和对党的信任都浓缩在这两个字当中了。参加抗美援朝的将军们，以及一百多万的指战员，他们和我父亲一样，认为参加保家卫国的战斗，为国家和民族的利益去奋斗，去流血牺牲，是一件非常光荣和自豪的事情。所以，无论是将军还是士兵，都是我们民族的英雄，值得尊敬和怀念。他们的人生观、价值观更值得我们去思索。"

主动让出第一副司令的职位

1951 年 4 月，抗美援朝时第五次战役期间，邓华听说陈赓要到朝鲜，主动提出把自己的职位和指挥权交出来。陈赓毕业于黄埔军校一期，资历老，能力强，功劳大。在广东战役中，邓华就跟他协同作战过。

邓华认为志愿军总部的力量应该加强，他向彭德怀提议，让陈赓任第一副司令员，宋时轮任第二副司令员，自己任第三副司令员。没想到彭德怀说："你胆大心细，能打仗，毛主席、军委选你来朝鲜是对的。来朝鲜后，我们一起共事，我看你干得挺好的嘛。这事不用你考虑，是组织上的事。"

邓华见彭德怀态度坚决，就以个人名义直接向军委总干部部发了电报，建议军委采纳。紧接着彭德怀也亲自向毛主席发电报，要求邓华留任第一副司令员。军委回电称：同意彭德怀建议，任命陈赓为第二副司令员，宋时轮为第三副司令员，邓华仍是志愿军的第一副司令员。陈赓到职后，邓华对他很尊重，在作战等许多事情上都主动与他商量、研究。

在邓华心中，职位不是他所追求的。邓英告诉记者，邓华常说："想起那些牺牲了的战友，我的肩上就像压着沉重的担子一样。"

在长征中，邓华任红一师二团政委，二团团长龙振文在过草地时遭遇反动武装袭击，受重伤牺牲了，二团的另一任团长刘瑞龙也在战争中牺牲了。邓华和这两任团长一起参加过长征中的许多重要战斗，他对战友的牺牲感到非常悲痛。邓英说："我想，如果两任团长没有牺牲，开国将军的名单上有可能多两位。""前后和父亲一起搭过班子的张宗逊、杨得志、宋时轮，都被授予了上将军衔。许多将军都说过，他们是幸存者。面对牺牲的战友，名利、地位、权力、财富在这些幸存者看来，是那么渺小和微不足道。这也让我理解了父亲为什么不看重职务和权力地位。"邓英说。

书柜的书从军事书变成农业书

邓华从朝鲜战场回来后，担任人民解放军副总参谋长兼沈阳军区司令员，还被授予共和国上将军衔。后来邓华被任命为四川省副省长，分管农机工作。其实这个工作对他来说可干可不干，因为上有分管农机的书记，下有农机厅厅长。有人对他说："你现在的副省长也就是个挂名的，少管点事，养养身体吧。"邓华说："我为党为人民，我拿人民的钱，我得为人民做事。"

当了四川省副省长后，邓华开始努力学习农业机械知识，家里书柜上的书，慢慢地从军事类图书换成了农业类图书。邓华还经常下乡进行调研，和工人一起研究农业机械的改进方法，有时身上沾满了泥都顾不上清理。据统计，1960年7月到1965年底，邓华共去了一百多个县市，几百个厂矿、社队进行调研，给四川省委写了许多报告。

自觉把自己置于群众监督下

邓华从1928年离开家到1980年去世，只回过家乡一次，村里的老人提出要为"当了大官"的邓华打开祠堂，杀猪宰羊庆贺一番，告慰祖宗的时候，邓华没有同意。他说："我不过是个当兵的，是为老百姓打天下的。"

邓英告诉记者："这么多年，我没看见父亲在外面请人吃过饭，很多战友来了，都是自己花钱在家吃顿便饭。吃饭还能让公家出钱报销，对他来说是想都没有想过的事情。每次下乡外出，父亲总是把钱和粮票包在一个手绢里，到当地让秘书按规定标准把他的伙食费给交了。"

国家给邓华配的车，他从来只在工作的时候用，即使是对风雨同舟几十年的妻子，邓华也坚持自己的原则。有一次李玉芝上班时发烧，问邓华能不能用车接她一下。邓华觉得车是公家配的工作用车，用来接妻子不合适，但他担心妻子的病情，最后想出一个办法：让亲戚帮忙雇了一辆三轮车，把李玉芝从单位接回家里。

邓英平常进城上班也都是坐单位的班车。其实，车就在自己家里放着，也没有人监督她，她为什么还能这样自觉呢？"我常想起父母常说的一句话：'要注意影响。'"邓英说，"现在我明白，父亲是在用党性来进行自我约束，是自觉地把自己置于群众的监督之下。这些作风和品质可以说是那一代很多人都具有的。他们知道手中的权力是党和人民给的，是不可以用来为自己谋利益的。"

邓英和她的几个兄弟姐妹，从小受到父母严格的要求和教育，邓华常常告诫他们，要夹着尾巴做人，认认真真做事。不要靠父母，要学有一技之长，靠自己的本事吃饭。

邓华的几个孩子中，男孩子都学工，女孩子都学医，都在普通的岗位上工作。在邓华看来，"一人当官，鸡犬升天"绝不是共产党人的追求。

1968年毛泽东提出上山下乡时，邓华老部队来人说可以让他的子女当兵，邓英兄妹们都很高兴，因为当兵和到农村插队不仅身份不一样，生活条件和环境也有很大差别。邓华却谢绝了，事后他跟孩子们说，要响应号召，不能搞特殊。

"父亲一生经历坎坷，不管形势多复杂，环境多恶劣，他都将个人生死荣辱置之度外。父亲那种对党的忠诚、对信念的坚定、对事业的执着、对工作的勤奋、对名利的淡泊，始终是我们兄弟姐妹做人、做事的榜样和准则。"邓华虽然没有给子女留下什么钱财，但在邓英看来，邓华一生的言传身教，就是最宝贵的财富。

韩先楚之子韩毅
父亲的"一意孤行"推动海南岛提前解放

王向明

"我的父亲韩先楚是志愿军副司令员，抗美援朝战争结束后，他的名字被对手写入了美国陆军史，成为美军重点研究的作战对象之一。"近日，开国上将韩先楚之子韩毅接受红船编辑部专访时，用一句话刻画出了"常胜将军"韩先楚的军事才能。

近年来南海局势风云变幻，强国、大国之间的较量从未停止。台湾有关方面蔡英文妄想"以武拒统"继续与大陆对抗，国内外爱国人士都盼望着两岸早日统一。在这种背景下，人们很容易想到开国上将韩先楚。韩毅说："1957 年 9 月，中央军委指派他出任福州军区司令员，意在震慑海南岛战役中他的老对手，让对岸蒋介石反扑大陆的作战计划彻底崩盘。"

教育子女为人要懂得感恩

韩毅戴一副金丝眼镜，中等个子，身材挺拔，看上去很文雅，又透着一种军人特有的英气。他说话时总是带着笑容，让人感觉性格开朗。

提起父亲对自己的教育，韩毅笑着说道："我小的时候父母都特别忙，尤其是父亲，他与工作人员在一起的时间比我们长，平时没有多少时间来管教我们。家里面只有在晚饭时才能见到他，所以我们家的事情都是在餐桌上解决的。有时看得出他很疲惫，母亲把我们几个孩子的事情向他叙述完后，父亲语言简单地做出决定。偶尔空闲时，他也会非常细致地询问我们的情况。"

问起他和父亲在一起时，有没有让自己记忆深刻的事，韩毅立刻说道："有，父亲的桌子上长期摆放着一张吴焕先烈士的照片，这对我们的成长产生了很深的影响。小的时候，我曾问父亲，这张照片里的人是谁，他告诉我，这个人叫吴焕先，是他的恩师、老首长，是他一生最敬重的人。他让我和哥哥姐姐要像他一样尊敬吴焕先烈士。"从韩毅的话里，能强烈地感受到父亲韩先楚对他的影响之深。

韩先楚是大别山走出来的放牛娃，党能把他这样贫苦出身的孩子培养成战无不胜的将军，除了韩先楚过人的战争天赋以外，与吴焕先的慧眼识人有着很大的关系。

"1930 年 10 月，我父亲参加孝感地方游击队。后来，他所在的独立团被编入红二十五军，吴焕先是他的第一位军长，也是他人生中第一位军事导师，在军事工作中给予我父亲许多无私的关怀和帮助。"韩毅说。1935 年 8 月 21 日，红二十五军在经过甘肃泾川四坡村时，遭遇敌军突袭，28 岁的吴焕先不幸中弹牺牲。韩先楚一生中念叨最多的就是老军长、老政委吴焕先。

韩毅告诉记者："父亲老家湖北红安县的烈士陵园内，有吴焕先烈士的衣冠冢。父亲说自己去世以后一定要回红安老家，他要和老首长吴焕先在一起。多年以来，我们回去的时候都会到那里去看一看。"韩先楚一生胸怀坦荡、光明磊落，是一位有情有义的真君子、无私无畏的大丈夫。忙碌的韩先楚没有忽视对子女的教育，他用自己的行为告诉孩子，做人要懂得感恩。

不按套路出牌的军事天才

吴焕先最早发现了韩先楚的军事天赋，他看到韩先楚作战勇敢、灵活机智，多次掩护大部队成功撤退，因此认为韩先楚是一个可塑之才。韩先楚宛如一朵名将之花，在炮火硝烟中不断地成长。红军时期的韩先楚就像一颗紧包的花蕾。经历了抗日战争的艰苦磨炼，这颗花蕾吐出了鲜艳的色彩，其卓越的军事能力崭露头角。但真正让韩先楚声名远扬，成为令敌军闻风丧胆的旋风司令的，却是在 1945 年 8 月率领抗日军政大学学员一大队到达东北后，参加的创建东北根据地的斗争。韩先楚这朵名将之花在四野彻底怒放。

韩毅说："解放战争充分发挥了我父亲的军事指挥能力，他的职位也从纵队副司令员、纵队司令员、军长，直到兵团副司令员。大军从东北一路南下，从白山黑水到天涯海角，那段时间成为他军事生涯里最光辉的岁月。"

那时的韩先楚骁勇善战、智慧果敢，出其不意斩首敌师。一向性格耿直很少服人的许世友将军，打了一辈子仗，曾亲口说自己最佩服韩先楚，称赞他有勇有谋。

韩先楚的战斗成绩十分稳定，他对战机的把握非常准确。解放战争中的一组经典战例，让他被人们称作常胜将军。

1946 年 5 月，解放战争正处于最困难的时期，韩先楚率部在鞍海战役中居然迫使敌军一个师的兵力战场起义。

1946 年 10 月，新开岭战役打响，韩先楚率部全歼敌军一个整编师。

1947 年 3 月四保临江，韩先楚又一次创造了奇迹，率部全歼敌军一个精锐师又一个团。

1947 年秋季攻势作战中他舍近求远，率部行军 120 里奇袭威远堡，直接打掉了敌人的师指挥部，回头又歼灭了敌人两个团。

1948 年至 1949 年，他参加了辽沈、平津、淮海、衡宝、两广等战役。

1950 年 3 月，他积极推动解放海南岛战役，历时 56 天解放海南岛。韩先楚不是偶然打得好，而是每一仗都打得很漂亮。敌人摸不透他的套路，更不知道韩先楚的厉害在哪里。

韩毅说："我父亲似乎天生就是为打仗而生的，他有着过人的胆识和卓越的军事才能。特别是他率军长途跋涉奇袭威远堡斩首敌师，至今仍是国防大学教材中的经典战例。"

让陆地猛虎变海上蛟龙

1949 年下半年，随着人民解放军在全国战场上的节节胜利，十余万国民党残军从大陆各地溃逃到海南岛，构筑起一道海陆空立体防线，准备与解放军进行长期对抗，妄图阻止海南岛的解放，待时机成熟转而反攻大陆。海南岛能否顺利解放，一直牵动着党中央毛泽东等领导人的心。

韩毅介绍说："1949 年 10 月，三野奉命出海作战攻击金门岛、登步岛，结果损失惨重，一万余人无一返回。党中央依据金门战斗失利，伤亡损失重大的实际情况，决定推迟解放海南岛的作战日期。"

1950 年 1 月 10 日，毛泽东指示广东军政委员会主任叶剑英，争取于春夏两季解决海南岛问题。1950 年 2 月 9 日，叶剑英组织渡海作战前敌指挥部，在广州召开攻打海南岛的作战会议。会议决定于 5 月底准备完毕，6 月实现登岛作战。从党中央到广东军政委员会，从四野司令部到兵团，四级管理层达成了共识。

韩毅说："在这次会议上，只有我父亲持有不同看法。他认为解放海南岛的时间不仅不能推迟，而且必须提前实现登岛作战。广州会议回来以后，我父亲并没有向下传达会议决定，四十军依然在积极训练，他命令部队一切准备必须在 3 月份完成。因为如果错过了 4 月的谷雨季风，帆船根本无法渡海，有人劝我父亲不要一意孤行。"

而海南岛成功解放后，可以看出一意孤行是韩先楚最可贵的地方。他从不看上级脸色行事，能在胜败的关键时刻坚持自己的主见。服从命令，听党指挥是人民解放军铁的纪律，在命令面前，再大的困难也要执行。但这一次，韩先楚却没有执行党中央的命令，反而一意孤行，自下而上全力推动海南岛战役的提前。在他的坚持下，邓华司令员、广东军政委员会叶剑英主任、四野前委委员罗荣桓等人再三斟酌，最终将他的意见上报党中央，很快便得到毛泽东主席的批准。

韩毅告诉记者："看到我父亲提出的登岛作战理由和作战方案时，毛泽东主席正在苏联访问。或许这正是他心中最希望看到的作战方案，毛泽东主席同意提前解放海南岛的意见，称我父亲是中国的'波罗的海舰队司令'。周恩来总理紧急接见了叶剑英，当面转达了毛泽东主席的指示。"周恩来强调登岛作战机不可失，必须带上足够的粮食，登岛后立即建立滩头阵地，随即向海口发起进攻。

韩毅继续说："在我父亲的坚持下，邓华司令员下达了提前渡海作战的命令，要求部队于 4 月 10 日之前做好登岛准备工作，四十军、四十三军于 4 月 16 日进行大规模渡海作战。但是，渡海作战的准备工作出现了新的阻力。"

看到韩先楚如此急于推动海南岛战斗的打响，有人找到他说："先楚啊，我们跟着你从长白山打到海南岛，这回真要革命到底了，革命到海底了！"也有人毫不客气地说："韩副司令，你在兵团当副司令当得好好的，还兼任四十军军长做什么呀？"

"我父亲很理解大家的情绪，受金门惨剧的影响，部队出现了一些厌战情绪。都是出生入死的战友，没有人愿意倒在黎明之前，但海南岛必须解放。"

韩先楚顶住压力，用事实证明中国人民解放军既是陆地猛虎，也是海上蛟龙。4 月 16 日四十军、四十三军将士登船，趁着谷雨的季风浩浩荡荡出海作战，5 月 1 日党中央接到了海南岛解放的捷报。

如今，我们可以清楚地知道，正是韩先楚的"一意孤行"，才让党中央下定了提前解决海南岛问题的决心。海南岛解放一个多月后，朝鲜与美国的战争开始了，渡海作战主力部队之一的四十军是首批入朝参加战斗的部队之一。

如果不是韩先楚的"一意孤行"，今天的海南岛 3.39 万平方公里的面积，200 万平方公里的海域，会是什么样子？如果不是他的"一意孤行"，今天的琼州海峡或许就会成为我国海上出行的巨大障碍。

说得更加实际一点，如果没有韩先楚的"一意孤行"，百姓想站起来就走，去海南购置房产、旅游、疗养根本就不可能。

刘忠之女刘蒨
父亲曾被邓小平称"护驾有功"

王梅梅

由国家图书馆举办的党建系列公开课近期正式开课，开国中将刘忠之女刘蒨作为嘉宾，讲述了长征时期发生在父亲身上扣人心弦的侦察故事，让众意犹未尽。

在刘蒨的讲述中我们得知，原来刘忠将军就是一本"故事宝典"，从年轻的泥瓦匠，到侦察科长、军队院校的功臣，再到离休以后仍心系群众的亲民将军，他的非凡一生值得回味。刘蒨讲述道，抗日战争时期，刘忠曾奉命护送邓小平政委去中条山开辟根据地，其间他们被日军包围，刘忠率领部队在山里辗转 20 多天才冲出重围，最终使邓小平脱险。邓小平当时笑着对刘忠说："你这次护驾有功啊！"

小时候因贫困辍学，当了泥瓦匠学徒

1906 年，刘忠出生在福建省上杭县才溪乡才溪村一个穷苦农民家庭。刘忠的爷爷病故后，家里没钱安葬，借了钱才料理了后事。不久后，刘忠的父亲也得了重病，使家里的情况愈加困难，维持生计的重担落在母亲一人身上。小时候的刘忠常常跟母亲上山挖野菜、砍柴，生活非常辛苦。有一次过年，父亲割了一小块肉准备当年夜饭，刚巧地主来家里收租，一看到肉便拿走了。

最后一家人什么都没吃上，就着野菜和米糠马马虎虎过了年。这些情景刘忠从小看在眼里，他特别痛恨地主老财。

刘忠读过几年私塾。刘蒨说："爸爸有一个特点，看过的书过目不忘，记忆力超群，每次考试都考第一，老师们很喜欢他。"读完两年私塾后，母亲实在借不到钱了，老师让他免费又读了一年。读了三年私塾，刘忠算是有一点文化底子了。

12 岁的时候，辍学的刘忠被母亲送去当泥瓦匠学徒。头三年的工作是为工人做饭，但他年纪太小，连提水都吃力，聪明的刘忠就在土墙上挖了个洞，把水桶吊在棍子上，利用杠杆原理往灶台上抬水。三年间，刘忠受到过很多打骂，三年过后，才真正开始学习做泥瓦匠。他每天跟着师傅去各乡盖房子，倒也长了不少见识，泥瓦匠的工作一直做到了共产党来家乡搞农民暴动。

在农民暴动的热潮下，刘忠曾受地下党派遣去参加帮会的暴动，和帮会的人杀鸡拜把，但那次暴动因不成熟失败了。后来刘忠成为才溪乡农民武装暴动的领导人之一，在共产党的领导和支持下发动了一次暴动，取得了成功。

刘忠加入共产党以后，在党的领导下做了很多工作。古田会议的时候，刘忠带着十几名赤卫队员参加了红军。

漳州战役中打下一架飞机

红军时期，刘忠晋升很快，1932 年就成了团一级干部。刘蒨认为，这跟父亲打仗勇敢，还有点文化有关。

在第三次反"围剿"战斗中，刘忠参加了漳州战役。神奇的是，时任红十一师三十三团政委的刘忠，在漳州的龙山顶上果断指挥部队架上机枪，由副团长陈冬生亲自用机枪打下了敌人第一架敌机。

当时红军的武器很差，基本以大刀长矛为主。对方飞行员飞得很低，似乎在向我军挑衅。刘蒨说："红军一有行动，飞机就在天上跟着飞，我父亲气得要命。"刘忠知道陈冬生原来是国民党机枪连的连长，枪法很好，便把他叫来，架起机枪。没多久，陈东升就把飞行员打伤了，飞机只能迫降到漳州机场。漳州战役胜利以后，刘忠还带人去机场看了那架飞机。

刘蒨强调："这不是什么抗日神剧情节，当时我父亲的部队打伤的是飞行员。"

刘忠当选侦察科长

第五次反"围剿"失败后，中央准备进行战略转移。在这种情况下，一军团决定成立侦察科，刘忠被选为侦察科长。左权参谋长对他说："你当政委的时间长，又兼任团长，打仗很勇敢，我们相信你能胜任这份工作。"

接着，左参谋长叫来管理科长王礼，给刘忠派了一个警卫员和一匹马；又交代教育科长陈士榘给刘忠找来跟侦察工作有关的图书，帮助刘忠建立好侦察科；还叫作战科长聂鹤亭把原属作战科管的侦察资料、侦察参谋人员及便衣侦察队等移交给刘忠，作为成立军团侦察科的基础。侦察参谋有三位，分别是毛教清、苏孝顺和李廷赞，交给侦察科的便衣侦察队有30多人。这些侦察员是经过挑选的，政治素质好，技术本领高。

刘蒨介绍道："侦察工作包括的事情很多，比如部队去某一个地方之前，要知道敌人的兵力部署，这是战略侦察；有时候向敌方打几枪以探测敌情，这是火力侦察；还有捕捉俘虏，那会儿叫'抓舌头'，就是从俘虏嘴里问出来敌方部队的番号，执行什么任务等；有时候还要佯攻，长征时侦察科曾奉命佯攻过昆明、雅安，以迷惑敌人，钳制、分散其注意力。"

长征中，刘忠奉命率领红一军团侦察部队走在中央红军队伍的最前面，是长征先锋中的先锋。他们曾克服种种难以想象的困难，还经常乔装成国民党的部队，深入敌占区，探询前进道路，及时、准确地获取有关情报，引导和保障了中央红军突破四道封锁线、抢渡乌江、巧取遵义、四渡赤水、智过彝民区、强渡大渡河、翻越夹金山、通过大草地、突破腊子口、攻夺吴起镇等，受到党中央和红一军团领导的一致称赞，被誉为长征"尖兵"。

刘蒨表示，侦察是一项非常复杂和辛苦的工作。刘忠的队伍通过哈达铺的时候没有地图，每天要找至少 20 个向导，还要调查前方 150 里的情况，而这些情报对部队的行动方案有决定性作用。

红一军团骑兵团是如何成立的？

1935 年 10 月 7 日，已到了长征末期，陕甘支队过了六盘山，刘忠抓到敌人两个骑兵侦探，得知前面的青石嘴有东北军两个骑兵连在歇马。

正是送上门的肥肉！毛泽东、彭德怀命令部队突袭消灭敌骑兵团。当时对方已经歇下脚，毫无防备，几十分钟就被解决掉了，我军缴获了很多马匹。一军团政委聂荣臻向刘忠提议把侦察连变成骑兵连，这样侦察效率也高。侦察队伍逐渐壮大。1936 年 7 月，中国工农红军第一军团骑兵团特别支队成立，下辖四个骑兵连，中央军委任命刘忠为特别支队（骑兵部队）司令员兼政委。

刘忠率领红军的第一支骑兵部队先后参加了直罗镇战役、山城堡战斗，东渡黄河钳制阎锡山部队，先期与二、四方面军接头会合；西安事变时携带彭德怀给张学良、杨虎城的信南下到西安以北的泾阳与其接头，做张学良、杨虎城起义军的后盾。这支骑兵部队为红军东征、西征的胜利，做出了重要贡献。

延安时期，泥瓦匠出身的刘忠发挥特长

1936 年 12 月，红军三个方面军和陕北红军抽调大批高中级干部到延安抗日军政大学学习，刘忠被选调去参加学习。刘蒨兴奋地讲道："一听说又能学习了，我爸爸高兴坏了！"学习成绩一向优异的刘忠毕业后留校做了领导工作。抗大总校共办了 8 期，刘忠亲历了 5 期。

1937 年，刘忠任抗大二期六队队长时，因学生太多，引发住宿困难的问题。当时担任抗大副校长的罗瑞卿听说刘忠是泥瓦匠出身，便找他帮忙解决

问题。刘忠倾尽全力，发挥自己的特长，带领学员察看地形、做图案，仅用 10 天时间就挖好了 30 个窑洞。罗瑞卿副校长赞不绝口地说："刘忠，你真有两下子。"

1940 年 11 月，刘忠调任抗大六分校校长，在河北涉县、山西武乡地区办校，为部队培养精英做出了重要贡献。

邓小平为何说他"护驾有功"？

到了抗日战争时期，1942 年 2 月，刘忠任一二九师三八六旅副政委，5 月调任豫晋联防军区司令员，奉命护送邓小平政委去中条山开辟根据地。

5 月 9 日晚上，他们开了个小会，吃点东西就睡了。刘忠妻子伍兰英起夜的时候发现周围山上有动静，仔细一看发现他们已经被日军包围了。伍兰英赶紧去叫刘忠，刘忠一骨碌爬起来去找邓小平。刘忠率领部队掩护邓小平在中条山里辗转 20 多天才冲出重围，终使邓政委等领导安全脱险。邓小平政委当时笑着对刘忠说："你这次护驾有功啊！"

1943 年 2 月，刘忠调任三八六旅政委兼太岳第二军分区政委，1944 年 4 月任太岳第二军分区司令员，1947 年 4 月任太岳军区司令员。

夫妻双双登上领奖台

解放战争期间，刘忠率部参加了上党、闻夏、同蒲、临（汾）浮（山）、晋西南、汾孝、临汾、晋中、太原、成都、西昌等战役。

上党战役中刘忠任三八六旅旅长，该旅为上党战役的主力部队之一。在武器弹药匮乏的情况下，刘忠发明了"一瓢水"战法，率部 10 分钟以弱胜强，成功攻克长子城，接着胜利完成了老爷山打援、桃川追敌等战斗，为毛泽东取得重庆谈判的成功起到了重要作用。

临（汾）浮（山）战役中，刘忠任四纵参谋长，亲自在前线指挥所监听敌人的电话，掌握敌人动向，并指挥前线部队作战，成功将国民党军最精锐的嫡系部队"天下第一旅"歼灭，活捉了旅长黄正诚，三战三捷。

1946年10月，四纵在山西沁源县郭道召开了纵队英雄、模范大会，会上通过民意表决，经五个旅一致推举，参谋长刘忠被晋冀鲁豫军区评为战斗英雄。（根据当时规定，旅以上干部评"战斗英雄"需经中央军委批准。）

刘蒨还说："我的母亲伍兰英在四纵干部家属学校任指导员兼党支部书记，由于工作出色，也被评为劳动模范。夫妻双双登上领奖台。"

伍兰英（1916—1982），四川苍溪人。1932年加入中国共产主义青年团，同年参加红军第四方面军，曾任三十一军九十一师宣传队长、苍溪县苏维埃政府内务部长。1934年初，担任川陕工农民主政府财委会司务长。1937年由团转党。1935年参加了长征，曾任红四方面军妇女独立团排长、连长；太岳军区三八六旅卫生处指导员，太岳二分区干属纺织所指导员，太岳四纵干属学校党支部书记等职。1946年被晋冀鲁豫军区四纵评为"劳动模范"。

新中国成立后，伍兰英任南京军事学院军需处管理员，北京高等军事学院家属委员会主任、院务部协理员等职，1960年荣获"三八红旗手"称号。红色题材电影《铭心岁月》就是以刘忠将军的夫人、刘蒨的母亲伍兰英为原型，讲述了抗日战争时期感人肺腑的家国故事。

刘忠是军队院校的功臣

新中国成立后，1950年6月，朝鲜战争爆发，刘忠从西康军区司令员调任川西军区司令员。当时川西军区决定抽调六十军、六十一军、六十二军各一个师组成中国人民志愿军的一个军，由刘忠任军长赴朝作战。正当他整装待发之际，西南军区司令部转来一份中央军委的电报："令调刘忠为陆军大学校务部长，立即到职。"刘蒨透露："父亲当时真希望去朝鲜作战啊，他找过老领导贺龙、邓小平，又飞到北京想找老领导聂荣臻、罗荣桓请求赴朝参战。当他在北京见到军训部长萧克时，才得知这次是刘伯承元帅点的将。"

陆军大学将于次年 1 月 15 日开学。刘忠说，共产党员应该服从组织分配，听从党的召唤。他不敢怠慢，匆匆前往南京报到。刘伯承一见到他，高兴地握着他的手说："刘忠同志，到了好，就差你这一脚了。"至此，刘忠开始了他后半生与中国人民解放军高等院校的缘。

1955 年，南京军事学院成立战役系，刘忠成为被选调入该系学习的 52 名学员之一。半工半读要付出比别人加倍的精力和心血，他只能"三更灯火五更鸡"加班加点地学习。1957 年 10 月，他以优异的成绩毕业。毕业前夕，中央军委任命其为成都军区副司令员，后又改为兰州军区副司令员。

正当刘忠准备赴任之际，突然接到通知，让他暂时不要动。原来又是刘伯承向军委提出要他随同前往北京筹建军队的最高学府"北京高等军事学院"。刘伯承说："搞剧团要有梅兰芳那样的名演员，办院校要有一支高水平的领导干部和教员队伍，刘忠同志该留给我筹建高等军事学院。"刘忠接到周恩来签署的新任命："刘忠为北京高等军事学院副教育长兼院务部部长"。当组织上征求他的意见时，刘忠以大局为重，毅然表示："个人服从组织，听从中央决定。"

刘蒨动情地表示："父亲一生在 50 多年的戎马生涯中，有 30 多年从事人民军队的教育工作。其中包括土地革命时期在红军学校学习、抗日战争时期在抗日军政大学学习工作、新中国成立后调任中国人民解放军陆军大学校务部长、南京军事学院副教育长兼物质保障部部长、北京高等军事学院副教育长兼院务部部长、军政大学副校长。为我军院校建设和教育工作呕心沥血，立下汗马功劳。父亲不愧是我军建设院校的功臣。"

"父亲不让我们以将军后代自居"

被问及父亲母亲日常生活中的样子，刘蒨的目光渐渐柔和下来。她说："我爸爸妈妈为人厚道，妈妈是农民出身，她对工农群众有很深厚的感情。院子（北京高等军事学院，今国防大学）里的老职工都是我爸爸亲自招来的，他们去世以后我爸爸都会去家中亲自慰问。"

在刘蒨的记忆中，家里来了剪修树枝的工人，母亲伍兰英都会热情招待：会抽烟的递烟，不会抽烟的喝茶，家里有西瓜就切西瓜……平时生活中对别人的帮助更是家常便饭。有个老职工第二胎生了双胞胎，生活困难，伍兰英每个月给他们家订牛奶，一直到孩子们长到 3 岁。职工家里遭灾来借钱，伍兰英直接给了 50 块钱，并表示不用还。刘蒨说："我妈妈去世的时候没留下什么钱，她都用来帮助别人了。"

一直以来，刘忠、伍兰英夫妇在这个院里的威信都很高。刘蒨也一样，有次把很多老职工叫到一块儿吃了一顿饭，送他们礼物，这些老职工都很感动。

刘蒨表示，在中国共产党取得政权之后，父母依然保持着劳动人民的本色，保持着我党我军密切联系群众的优良传统。他们要求子女不以将军后代自居，不搞歪门邪道，要堂堂正正做人，努力为党和人民工作。在刘蒨的记忆里，父亲教育他们最多的一句话就是："一个人一生不能做坏事，做一个普普通通的人，一个有益于人民的人，就好。"

据了解，刘忠对自己的孩子有着独特的教育方式，笔写（写回忆录）、言传（讲革命故事）、身教（以身作则）是他对子女们进行革命传统教育的"三部曲"。他要求子女生活上不准特殊，学习上要刻苦认真。只要有机会，刘忠总是带上儿孙回老家福建省上杭县才溪乡，还亲自为儿孙讲解才溪人民的革命斗争史；在才溪乡著名的"光荣亭""列宁堂"前合影。

聂鹤亭之女聂秋莎
太过耿直的父亲因这事与毛泽东留下终生遗憾

何　婧

1955 年 9 月，中国人民解放军陆海空三军首次授衔仪式在中南海举行，绝大多数的开国将领都在此次仪式中被授衔，只有四人是在之后补授的，聂鹤亭便是其中之一。

美国著名记者埃德加·斯诺的夫人海伦·斯诺在她的书中把聂鹤亭称作"骑士""最高大最漂亮的红军军官""红军大学三巨头之一"，还将聂鹤亭列入中国共产党的 70 位著名人物中。

开国上将周士第曾说，"聂鹤亭是个太刚烈的人"，开国少将王耀南评价他太耿直。正是这样直率的军人性格，让聂鹤亭在战场上勇往直前，却也给自己留下了许多遗憾。近日，红船编辑部采访了聂鹤亭之女聂秋莎，她说，虽然父亲耿直火爆的性格给他招惹了不少麻烦，但也教会了自己为人要正直的道理。

大学时接触到进步书刊

聂鹤亭 1905 年出生于安徽省阜阳县南乡（今阜南县），7 岁时进入私塾读书，后因家境衰落辍学务农。1921 年，聂鹤亭考入安庆皖江师范专科学校体育系，毕业后任中学体育教员。

在皖江师范期间，聂鹤亭对于学校里流传的进步书刊感到新奇，便废寝忘食地读了起来。不久，聂鹤亭结识了在省立第一甲种工业学校读书的六安人许继慎，他是安庆最早的社会主义青年团团员之一。许继慎比聂鹤亭年长4岁，聂鹤亭常去找他，谈读书心得，谈时事政治，谈理想和人生，两人很是投契，并结下了深厚的友谊。

在1926年的吴山庙起义中，聂鹤亭担任参谋长，在暴动的领导者中，只有聂鹤亭接受过正规的军事训练，所以暴动的军事计划主要由他策划，部队行动也由他组织实施。这次暴动是他第一次带兵、第一次当参谋长，也是第一次上战场打仗，这对他以后的军事生涯产生了重要影响。吴山庙暴动虽然失败了，但这次暴动策应了国民革命军北伐，震慑了安徽的反动军阀，也鼓舞了安徽人民斗争的勇气。

吴山庙起义失败后，聂鹤亭被派往国民革命军第四军独立团工作，他被分配到独立团二营六连担任排长，第二营营长正是聂鹤亭的熟人许继慎。聂秋莎告诉记者，许继慎不仅是聂鹤亭的营长，在1926年底还介绍聂鹤亭加入中国共产党。

和朱德的殊途同归

1927年8月1日，共产党领导的部队在南昌举行了起义。聂鹤亭随七十三团参加了起义，带领全排执行了警戒九江方向敌军突袭的任务。起义军受挫后，在赣南的大庾，朱德、陈毅将仅剩的八九百人整编为第五纵队，纵队之下设3个大队，聂鹤亭任第二大队副大队长。

1927年11月下旬，第五纵队转战到湘南，粮食、弹药的供给更加困难，当时不少战士还穿着短袖短裤。为了将剩余的几百人保存下来，朱德将计就计，同意在"政治上保持独立"的条件下，接受国民党十六军军长范石生的番号，将部队编入十六军，改称四十七师一四〇团。

而向来耿直的聂鹤亭却怎么也不愿意，他觉得自己已经是共产党员了，怎么可以再加入国民党呢？"后来朱德总司令、陈毅元帅好几次跟我爸爸谈话，劝他留下来，他不同意，还要去上海找党中央。"聂秋莎说。朱德和陈毅见无法说服他，便同意了他去上海的申请。

后来聂鹤亭意识到那时候是自己年轻气盛，太冲动了。1930 年到了江西根据地后，他专门去跟朱德道了歉，朱德却一点儿也没生气，笑着说道："没事没事，你这不是又回来了吗，我们是殊途同归，又走到一起啦。"

有人认为聂鹤亭太傲，聂秋莎说，其实是因为父亲想事情太简单了，这与聂鹤亭多年的战争经历有关。作为一个军事干部，指挥作战时考虑战机的时间可能就一小会儿，容不得他去想太多。

欠毛泽东的一句解释

1937 年 12 月，新四军军部在武汉组建。军长叶挺是聂鹤亭的老上级，副参谋长周子昆又是北伐战争时期聂鹤亭的营长、党小组长。新四军初建，急需干部，叶挺等人便向党中央提议：希望调聂鹤亭到新四军工作。

"因为我爸爸脾气和叶挺非常相似，叶挺是真正的军事干部，也是直来直去的人，我爸爸在叶挺手下工作得心应手，就痛快地同意了。"聂秋莎告诉记者。

彼时聂鹤亭正在毛泽东身边工作，毛泽东看他要离开，便提出临走之前让聂鹤亭去他那里一趟，为聂鹤亭饯行。而聂鹤亭却担心毛泽东在饯行时挽留自己，自己不好拒绝，便没有赴约，悄悄离开了延安。

5 个月后聂鹤亭奉调再次回到延安，对上次未赴毛泽东之邀一事，他本想找毛泽东当面解释一下，却因为种种原因最终没有实现，这件事也成了聂鹤亭心中认为办得最不妥当的一件事。

提出攻打锦州，改变东北战局

抗日战争胜利后，聂鹤亭前往东北，先后任东北民主联军松江军区司令员兼哈尔滨卫戍司令部司令员、东北民主联军参谋长、辽吉军区司令员、辽北军区司令员。

辽沈战役是解放战争中扭转全国战局的关键一仗，战役打响前，聂鹤亭经过深思熟虑后提出：东北野战军主力拟可南下攻打锦州，只要攻克锦州，东北战局就会大大改观。但他的建议没有被采纳，后来中央军委几次发来电报，也要求东北野战军南下打锦州。聂鹤亭的提议与军委决策不谋而合，从中可以看出他较高的军事才能。

蒋介石为挽回东北战场的败局，增兵葫芦岛以救援锦州，原在长春外围参加围困战的我第六纵队十八师和十二纵队奉命南下对付锦州救兵，围困长春的任务交给各独立师。聂鹤亭奉东北野战军首长紧急命令，率辽北军区所属的 3 个独立师开赴长春作战。长春国民党守军几次试图突围，均被击退。

锦州被攻克后，陷入绝境的长春国民党守军或起义或投诚，长春和平解放。长春解放的第三天，聂鹤亭接到命令率辽北军区所属的 6 个独立师和 1 个骑兵师南下解放沈阳，并部署了进攻的策略。

总攻发起前，国民党新一军暂编五十三师师长许赓扬派人出城，与辽北军区独立第一师联系起义事宜。聂鹤亭考虑：暂编五十三师虽在解放军兵临城下之际才提出起义，但他们的行动可以使东北最大的工业城市少遭破坏，应该欢迎。他未向东北野战军首长请示，便在接见暂编五十三师代表时同意他们起义。

10 月 31 日夜，暂编五十三师如约让开了通路，聂鹤亭下令各部队开始行动，于 11 月 1 日凌晨攻入了沈阳市区。最终，指挥沈阳城防的国民党军第八兵团司令官周福成，率 300 余名军官、卫队向辽北军区部队投诚。

11 月 2 日，沈阳全城解放。但在接受暂编五十三师起义一事上，罗荣桓因聂鹤亭事前没有请示而批评了他，上级认为：暂编五十三师不应算作起义，而应以投诚对待。聂鹤亭起初想不通，后经罗荣桓做工作，聂鹤亭做了自我批评。

送刘炽学艺术

聂鹤亭还为中国的音乐事业做出过"贡献"，我国著名的电影作曲家和歌唱家刘炽就是被他发现的。刘炽曾写出《我的祖国》《让我们荡起双桨》《英雄赞歌》等脍炙人口的歌曲。

1937年1月，聂鹤亭被任命为中国抗日军政大学第四大队大队长兼第九队队长，15岁的刘炽正在抗日军政大学上学。一次在毛泽东的课堂上，刘炽不小心睡了过去，还呼呼打鼾，聂鹤亭见状便要值班排长叫醒他，毛泽东却阻止了他，说："小家伙昨天晚上估计没睡好，让他睡吧。"结果听课的学员哄堂大笑把刘炽吵醒了。

下课后聂鹤亭跟刘炽开玩笑："你真行，上课睡觉就算了，还那么大声打鼾，生怕人家不知道你睡觉了。"他又摸了摸刘炽的头说："这么大点儿的孩子，让你成天跟着大人听课，也真难为你了，还是到剧团唱歌跳舞去吧。"由于刘炽学过古乐，聂鹤亭就把他送到了红军人民剧社当小演员。刘炽后来进入鲁迅艺术学院音乐系学习，成为著名的音乐家。

拒绝帮家人走后门

1962年9月，聂鹤亭到厦门开工程兵技术革新经验交流会，回去时路过老家安徽阜南，便提出回老家看看。但当时县里条件很差，甚至还有人饿死，当地县长知道他的脾气，担心他生气，就请聂鹤亭的秘书帮忙劝阻。聂鹤亭本就身体不好，已经发生过两次心肌梗死了，秘书就跟聂鹤亭说，老家是山区，道路难走，如果路上出了什么事，附近没有好医院，谁也担待不起。

经过县长和秘书的劝说，聂鹤亭终于放弃了回老家的想法，他留了一点钱托县长带给老家的人。直到 1965 年，阜南的棉花大丰收，聂秋莎的姑妈从老家给聂鹤亭送棉被时，他才知道当时的情况。

聂秋莎在老家的两个表姐，曾提出想去北京上学，希望聂鹤亭帮忙安排。聂鹤亭拒绝后表示，就让她们在本地考学，考上什么学校去什么学校，如果没有钱，自己可以资助，但是托关系、走后门是不行的。

据聂秋莎介绍，家里的亲戚，没有一个是聂鹤亭给安排的工作，连聂秋莎都是在聂鹤亭去世以后，组织上安排她参加的工程兵。

"不好好学习，看你将来拿什么建设祖国"

聂秋莎说："我爸爸的脾气特别大，他说话太直，不像别人会讲方式方法，因此得罪了好多人。"这其中就有聂秋莎的妈妈。聂秋莎的妈妈是聂鹤亭到哈尔滨后经人介绍认识的，聂鹤亭比妻子大二十多岁，妻子身体不好，加上聂鹤亭发起脾气来让人受不住，婚后没几年，聂秋莎的妈妈便带着她回老家了。

1967 年，受社会环境影响，聂秋莎不能去学校上课。父亲只跟她说了一句话："现在不好好学习，看你将来拿什么建设祖国。"

聂鹤亭那时候每天都会读书看报，《人民日报》《解放军报》《参考消息》是他每天上午必看的。他教育聂秋莎也要养成读书的习惯，就算别的书看不下去，至少要看看小说。

常与运动员们一起运动

聂鹤亭是一个很喜欢运动的人。在抗大学习期间，他常跟学员打篮球，朱德闲暇时也经常参加，并与大家合影留下了珍贵的瞬间。

在延安时，聂鹤亭还组建过网球队。新中国成立后，聂鹤亭的身体因为战争年代留下的伤病变得越来越差，他更加意识到锻炼身体的重要性。于是，他开始去国家体育总局跟运动员们一起游泳。

　　"我父亲是个没有架子的人。"聂秋莎说，"跟运动员打乒乓球时，球员总是跟他开玩笑发怪球，他常常开怀大笑，从不生气，总是那么开朗、豪爽、大度。运动员们与父亲建立了深厚的友谊，还赠送给父亲影集作为永久的纪念。"

郑维山之子郑敬
父亲病重后请求停止治疗，节约医疗经费

周晓宇

"他具有坚强的党性。"采访伊始，郑敬用了这样一句话来形容他的父亲郑维山。

"他的党性体现在信仰立命、作风立身、奋斗立业上。"郑敬说。受家庭的影响，郑维山十几岁便投身革命，共产主义必胜与劳苦大众终会获得解放是他始终坚定不移的信念，革命事业是他终身为之奋斗的事情。

郑维山1915年8月出生在湖北省麻城县乘马区第四乡屋脊洼村（今河南省信阳市新县泗店乡泗店村屋脊洼），1927年黄麻起义后，郑维山报名参加了童子团。1930年，年仅15岁的他就加入了中国共产党，同年参加中国工农红军第一师。他先后参加了花园、新集、双桥等战斗和鄂豫皖苏区第一、第二、第三次反"围剿"等战役及抗日战争、解放战争、抗美援朝战争，身经百战，屡立奇功。新中国成立后，他曾担任中国人民志愿军第二十兵团代理司令员、北京军区司令员、兰州军区司令员。1955年被授予中将军衔。

毛泽东曾给予郑维山高度评价："南有许世友，北有郑维山。"这次采访，郑敬从革命生涯到和平年代向红船编辑部记者讲述了关于父亲的五个故事。

令敌人闻风丧胆的 "夜老虎"

"1938 年，父亲从延安抗大毕业，被派往晋察冀抗日前线。"郑敬介绍说，"起初他在军政干校任教员，不久就担任了教导团团长兼政委的职务，他一面组织干部培训，一面率领教导团神出鬼没袭击日伪军，曾创造过一个连队一次战斗歼灭日军一个中队的战例，被当地群众称为'夜老虎部队'，至今仍令人拍手称奇。"

1942 年，日军加紧对晋察冀抗日根据地进行分割、"清剿"、蚕食，唐县、曲阳、行唐、灵寿、平山一线，碉堡林立，"封锁沟""封锁墙"连绵不断。抗日军民作战回旋区域不断缩小，地区间作战配合行动受到很大限制，人力、物力、财力都十分困难。

"当时我父亲担任晋察冀军区第四军分区司令员兼行唐前线指挥部总指挥，根据当时形势，他提出了'夜间游击战'的战法，率领教导团和十七团各一部利用夜暗袭击了日军盘踞的西口头据点，经六小时激战，歼灭日军 170 多人，之后又攻克日军东寺据点，再歼日军 90 余人，迫使敌人放弃附近据点十余处，使形势得到扭转。"

在郑维山的率领下，四分区部队经常利用夜暗袭击日伪军，打得敌人晕头转向。"夜老虎"威名远扬，连战皆捷，让日军华北方面军司令官冈村宁次十分恼怒，调来林芳太郎中将任师团长。

林芳太郎上任后，加深"封锁沟"，加高"封锁墙"，加修碉堡，派遣大量特务潜入抗日根据地收集关于八路军夜战部队的情报，准备集中优势兵力对"夜老虎"围而歼之。

"一天清晨，天还没亮，几发炮弹就如同长了眼睛一般突然落在上北庄操场上，炸点就在父亲每天早晨出操检查部队时的位置。紧接着，日军便向上北庄发起突然袭击。"郑敬接着说道，"说来也巧，头天晚上父亲还在上北庄，可第二天一早就到了离上北庄西南两公里处的东彩庄。"

前面是大军压境，后面是无数百姓。郑维山命令第三十团抽调骨干，在民兵的配合下，以地雷战和游击战消耗日伪军。当夜，军民一起行动，在日伪军可能经过的地方埋上了 3000 多颗地雷。第二天，日伪军到附近村子"清剿"时，地雷接二连三炸响，每前进一步都要付出代价。

日军进攻不利，锐气受挫，"夜老虎"频频反击，不到两个月的时间就毙伤日军数百人，缴获枪支 100 多支，沉重打击了日寇的嚣张气焰。日伪发动的"跃进蚕食"计划处处碰壁，最终宣告破产。

"赫赫猛将出少年，形似疾风势如电；今晚出动夜老虎，明朝定有捷报传。纵横华北称劲旅，金城一战美胆寒；平生视敌如草芥，豪气冲天斗群顽。"这是著名作家魏巍当年为郑维山题写的诗。

"杀头杀我的"：两次临机决断带来奇胜

"我父亲打仗有一个特点，只要是自己认准的仗，就会坚持打下去。"

1948 年 12 月，解放军围攻张家口，北平傅作义派出第三十五军前去救援。三十五军到达张家口后，军长郭景云眼看又有被全歼的危险，立即回撤北平。

第三十五军是傅作义的王牌部队，抓住第三十五军，就抓住了傅作义，也就拖住了平津地区的国民党部队。

解放军各路部队竭力堵截，第三十五军激烈反抗，奋力东逃，直到被我军包围在新保安。兵团急电郑维山，坚决包围第三十五军于现地。

眼见第三十五军有危险，傅作义派出第一○四军从北平前去接应。

郑维山发现傅作义这一图谋后，意识到，如不立即阻击此敌，两军一旦会合，围困第三十五军的计划就要落空。郑敬告诉红船编辑部记者，郑维山当时果断下令分兵东进阻敌，阻断敌两军的会合。

但这不仅要承受两面受敌之险，而且属自作主张、擅自行动，一旦有什么闪失，要担负违令抗命的责任。

郑敬表示，当时形势根本来不及再去想这些，战机稍纵即逝。"我父亲当时就表态，'杀头杀我的！'"郑敬说。

此战，第三十五军最终被死死包围在新保安，其回撤北平的唯一通道被切断，导致全军覆灭。郑维山这一审时度势的决策，后来受到中央军委、华北军区和第二兵团三级嘉奖，对迫使傅作义走向和平道路，起到了重要作用。

多年后，郑维山再一次在战场上说出了"杀头杀我的！"这句话。

那是在1952年7月，抗美援朝出国作战的战场上，彭德怀点将郑维山到二十兵团接替回国养病的杨成武。不久后，在1953年的金城反击战中，郑维山亲自策划指挥3000多人敌前大潜伏，开创了现代战争条件下白天大规模潜伏作战的成功范例。

郑敬说："当时我父亲决定在883.7和949.2高地之间的丛林中埋伏3000多人的兵力，以给敌人突然打击，夺取敌883.7高地。"

然而作战计划上报到志愿军司令部后，上级考虑到风险太大，立即电告郑维山："打'883.7'高地的条件不成熟。我们的意见是不要打。"

郑维山的提议未得到批准，他又说出那句曾经说过的话："杀头杀我的！""错了，我一个脑袋顶着！"事实再一次证明，郑维山是对的。

此战，志愿军第六十军只用70分钟，就攻克了南朝鲜军的883.7和949.2高地，歼灭南朝鲜军第二十七团3个营及师搜索连，创造了志愿军阵地防御作战以来歼敌一个团大部的范例，彻底改变了东线作战态势，为我军夺取整个金城地区的胜利创造了条件。

抗震一线　亲力亲为

"我父亲虽然看起来雷厉风行，脾气很大，但他私下里很平易近人，从没有把自己当作高官，他就是一个普普通通的指挥员，他和普通战士只是分工不同，没有什么特殊的地方。"说到这里，郑敬给记者讲了一件关于父亲的趣事。

1966年3月，河北邢台发生大地震，伤亡巨大。郑维山陪同周总理亲自到灾区指挥救灾，当时他是北京军区副司令员。

到了灾区后，郑维山一边指挥救灾，一边撸起袖子和大家一起清理废墟。当时官兵不分级别，结成对子就一起干活。他临时找了一个年轻战士，说咱们一起干吧。

郑维山正埋头抢险，一位河北军分区的干部来找他。抢险现场的人非常多，见不到郑维山的影子，这位干部找到部队的连长，说："我找郑副司令员有急事。"

"这个连长压根儿就不知道我父亲在这儿，回头问其他战士，也都是一头雾水，最后还是父亲的秘书听到了，才把他找了过来。"

得知这个满身泥土的人竟然是北京军区副司令员郑维山时，所有人都惊呆了。那个跟他一块儿干活的战士更是不知所措。当郑维山离开救灾现场时，大家都拼命鼓掌。

立遗嘱将骨灰撒入大山

郑维山的革命生涯中，打过的仗不计其数，抗日战争、解放战争、抗美援朝……在红军长征途中，三次爬雪山、三次过草地、两次率部迎接兄弟红军。这位 15 岁参军，戎马一生的将军，人生中的最后一仗，是同疾病打的。

1998 年 4 月，83 岁的郑维山被确诊为肺部肿瘤，需要做切除手术。年过八旬的郑维山对生死看得很淡，直到手术前他还谈笑风生。

手术后第三天，他奇迹般地下床了。第五天他出现在走廊里。3 个多月后，他到老部队军史馆的开馆仪式上发表了讲话……

然而，一年后，病情发生变化，他不得不再次住进解放军总医院进行治疗。

"去了解放军总医院后他提出来要回趟家，谁也没想到他是要回去写遗嘱。"郑敬说，父亲一开始写下的遗嘱大意是：死后丧事从简，不开追悼会，不搞遗体告别，不进八宝山，骨灰撒在大别山屋脊洼的山上。

郑敬透露，郑维山后来转到 301 医院接受治疗，觉得之前的遗嘱不行，还重写了一份。

"他认为将骨灰撒在大别山会给兰州军区添麻烦，特意叮嘱我们将他的骨灰撒在老家村后的大山上就行了。并在遗嘱里加了一条：遗体交医院解剖。"

郑敬告诉记者，在生命最后的日子里，郑维山还让秘书写下了给党组织的最后一封信。信中写道：

"人总是要死的，这是自然规律。我郑重请求，在我不行的时候，适时停止对我的治疗，多节约些医疗经费，也算是我对党的最后一次贡献。我一生积蓄不多，请将我最后一个月的工资作为我最后一次党费上交组织。我平时积存下来的图书送给大别山一个学校，供山区的孩子们使用。"

2000 年 5 月 9 日，郑维山永远地闭上了眼睛，享年 85 岁。

在采访的末尾，郑敬告诉红船编辑部记者："我父亲生前对他自己的评价是：一位老共产党员，有一个老战士的名义就足够了。"

李德生长子李和平
父亲曾"三入虎穴"，他用自身品格教育了我们

王　硕

　　李德生，中国共产党第十届中央政治局常委、中央委员会副主席。1955 年被授予少将军衔，1988 年被授予上将军衔。一生中曾三次孤身入"虎穴"，成功歼灭敌人、平息事件。抗美援朝战争中指挥上甘岭战役取得最后胜利。李德生的一生，是革命的一生、战斗的一生，是为党和人民无私奉献的一生。

　　在李和平的记忆中，父亲用自己的品格作风教育他们，对他们最常讲的一句话就是"不准搞特殊！"，这句话让李和平至今受用。

被诬陷开除党籍，仍坚定地随红军三过雪山草地

　　近日，李和平接受了专访，其父李德生于 1916 年出生在河南新县，14 岁参加红军，由班长升至排长，由排长升至连长，直至师长、军长，是一级一级打上来的优秀指挥员。

　　李德生于 1931 年加入中国共产主义青年团，一年后转入中国共产党。土地革命战争时期，历任红四军第十一师三十二团团部传令兵、班长、排长，十二师三十五团供给处政治指导员。参加了鄂豫皖革命根据地的四次反"围剿"战争和历次战役战斗。1932 年随红四方面军主力转战川陕，投入创建川

陕革命根据地的斗争。

1935 年李德生参加长征，任红四方面军第四军十师交通队支部书记，同年 6 月，因受到诬陷被开除党籍。1936 年 12 月，他重新入党，直至 1946 年中共七大后才撤销被开除党籍的错误处分。

据李和平讲述，在被开除党籍的时间里，父亲依然随红军长征，三次爬雪山过草地，坚定不移地跟着党，这说明李德生当时已经确立了为人民解放、为党的利益贡献一切的坚定信仰。

据悉，在抗日战争时期，李德生先后任八路军一二九师三八五旅七六九团通信排长、特务连连长、副营长、营长，太行军区第二军分区三十团团长和七六九团团长，参加了夜袭阳明堡日军机场的战斗、百团大战、响堂铺伏击战、狮垴山歼击战，以及太行山抗日根据地的反"扫荡"斗争。

在反日军于 1942 年集中数万精锐之师的"五一大扫荡"的战役中，李德生更是以一营之众奋力掩护了华北党政首脑机关和八路军总部成功突围（八路军副总参谋长左权即是在此战突围中牺牲的）。

中华人民共和国成立后，李德生于 1951 年 3 月赴朝参加抗美援朝战争，历任志愿军第十二军三十五师师长、十二军副军长兼参谋长，参加了第五次战役和金城防御作战，以及上甘岭战役。

1955 年 9 月，李德生被授予少将军衔，荣获三级八一勋章、二级独立自由勋章、一级解放勋章。1969 年任军委办事组成员、总政治部主任，1971 年 1 月任北京军区司令员，1973 年 12 月任沈阳军区司令员，1985 年 11 月任国防大学政治委员、党委书记。1988 年被授予上将军衔。

李和平说，在父亲长达 80 多年的革命生涯中，让他印象最深的是父亲舍生忘死，三次孤身入"虎穴"的惊险经历。

一、长时间精心乔装扮成菜农潜入日军据点

第一次是他当团长时，在抗日战争中为打马坊，乔装潜入日军据点侦察。马坊位于山西晋中太行山六县交通枢纽处，日军在此修建了一个坚固据点，对根据地威胁很大。我军太行二分区曾两次攻打，企图摘除此"毒瘤"，均以失败告终。李德生调任该分区三十团团长后，提出再打马坊。起初分区不同意，在他坚持下，分区才批准。为掌握据点内敌情，确保攻坚顺利，李德生强烈要求亲自潜入马坊据点侦察，分区领导拗不过，只得勉强同意。

为潜入日军据点内，必须化装，且要乱真。在具体细节的处理上，李德生十分慎重，他脱掉军帽军装，跟农民一起干活，用了数月时间把手磨出茧子，把脸晒黑，把帽檐的痕迹消除，"变成"了十足的农民。

李德生在回忆录里描述称：这一天，我向房东借了身破旧棉袄、棉裤穿上，头上扎条灰不溜秋的羊肚毛巾，脚上穿双破了口的老头鞋，脸上再抹点锅灰，化装成给据点送菜的农民。为了让战斗骨干也能了解据点内的情况，我挑选了一名连长、两名排长、两名班长和一名侦察员与我同去。

当时，在据点内给日军做饭的地下党员，在门外迎接他们。进门时，他对日军哨兵说："慰问皇军的圣战，一点小意思的干活！"接着把装着白面大饼的篮子提了提，弯腰向哨兵示意。哨兵一见白面大饼，伸手抓起就吃，边吃边说："良民，大大的好！"根本没有检查他们，就放行了。

李德生在全团抽调了82名精干灵活的干部战士组成突击队。1945年3月4日下午，天空飘起鹅毛大雪，他立即下令部队以急行军向日军马坊据点进发。当晚10时，在地下人员接应下，突击队分别进入城堡东南面坡下三间废窑洞内隐蔽起来。第二天当日军开早饭时，突击队员分四路迅速冲向大门，很快占领了卫兵室、东南角碉堡及电机房、伙房、马厩等，并冲进士兵宿舍，同正在吃饭的日军展开近战。日军小队长铃木和李德生拼起了战刀，被李德生砍伤后活捉。

对此，李和平称，当时我军的战斗大部分为伏击，且打的是日军的后勤队伍，几乎没有攻坚战的经验。而这个据点我军打了两次均失败了，李德生是第三次攻打。此战一举将日军精心修建的坚固据点和守军歼灭，创造了对日军攻坚战的典范。延安《新华日报》在头版刊发此战消息并发了社论，这次战役也被朱总司令誉为典型攻坚战。

二、爬三层高梯进武斗据点劝降造反派，平息"芜湖事件"

第二次是李德生任军长时，处理"芜湖事件"。1967年，李德生任南京军区第十二军军长，奉中央命令，率部进驻大规模武斗一触即发的安徽省。经坚持"三不（骂不还口、打不还手、不准开枪）""大联合""办学习班"等措施，全省武斗得到平息，社会秩序恢复正常，全面落实了中央关于解决安徽问题的指示。

1968年6月26日，安徽芜湖爆发大规模的两派武斗，震惊全国。其中最猖狂的一派头头将据点设置在武斗核心的芜湖电力学校的一幢三层楼上，在那里指挥全市的武斗，他们封掉了一楼的门窗，把二、三层的窗户均设成射孔，使该楼成为坚固的武斗据点。李德生从省会合肥专程赶到芜湖，由当地领导引到电校内。李德生让警卫员王楚林向楼上喊话："李军长来了，快开门！"造反派将竹梯从三层的窗户放下，叫嚣说："只准李德生一个人上来！"大家都劝阻他不能上去，太危险。李德生说："谅他们不敢把我怎样！如果真把我打死，也就暴露了他们的反动面目，使问题更好处理。"他便爬梯子上到了据点三楼。

李德生的行动出乎造反派的预料，他们顿时被震慑住。李德生对据点内的造反派既批评，又动之以情、晓之以理。该据点的造反派在李德生的威严下纷纷表态："我们听李军长的！"之后，该派的头领带头把枪交给他。李德生又顺势在芜湖和全省大规模地宣传中央政策，批评造反派的错误行为，争取群众，孤立造反派，最终将武斗彻底平息，使震惊全国的"芜湖事件"得到圆满解决。

三、"九一三"事件时单枪匹马入空军司令部，周总理为之捏了把汗

第三次是他任中央政治局候补委员、军委办事组成员、总政治部主任兼北京军区司令员时，协助毛主席、周总理处理"九一三事件"。

1971年9月，毛主席乘坐专列从南昌出发经杭州到上海，林立果及其死

党组织密谋沿途截杀毛主席。毛主席对此阴谋有所警觉，9 月 11 日中午专列突然掉头北上，并于 12 日中午回到北京。至天津时，毛主席命令时任北京军区司令员的李德生及另外三位京城领导在北京丰台车站待命。

得知毛主席已回京的消息后，林彪一伙顿觉大事不好，于是决定铤而走险。12 日下午，林立果私自将林彪专用的 256 号三叉戟飞机调到山海关机场，林彪当时正在北戴河。临离京时，在西郊机场的据点里，林立果对周宇驰、于新野等"林立果小舰队"的核心成员说："我要去向首长（指林彪）报告情况，你们在这里等消息。"林豆豆觉察到林立果和叶群的异常动向，便向周总理打电话报告，说"叶群和林立果要绑架林彪逃跑"。

为了防止意外，经毛主席批准，周总理在全国范围内下达了"禁空令"，任何飞机不准起飞。9 月 12 日晚上，为了控制空军，落实"禁空令"，并掌握 256 号专机的动向，周总理派李德生前往空军司令部坐镇指挥。事后，周总理说："德生同志去空军，我们都捏了一把汗，他是孤身入虎穴。"空军是林彪和林立果控制最严密的单位，空军司令部里有不少林彪和林立果的死党。"深更半夜进空军司令部很危险，对里面情况不清楚，单枪匹马进去，随时有可能被干掉。"李和平说。

当晚，李德生只带了一个警卫参谋进了空军指挥所。他先找到一直受排挤的空军副司令员曹里怀和当晚值班的副参谋长白云，并在曹里怀的帮助下，找到时任空军参谋长的梁璞，在曹、梁等人的协助下，对空军和全国空域实行了严格控制。

尽管有"禁空令"，256 号三叉戟还是在 13 日凌晨强行起飞了。这架飞机没有迫降，更没有被我军击落，因为毛主席说："天要下雨，娘要嫁人，他还是党的副主席，随他去吧。"就这样，在李德生与空军指挥所的监视下，256 号专机乘着夜色从二连浩特上空飞出了国境。

9 月 14 日，外交部送来中华人民共和国驻蒙古大使馆的电报，256 号三叉戟在蒙古温都尔汗机毁人亡。

李和平：直到父亲晚年才知他指挥过上甘岭战役

20 世纪 50 年代初的抗美援朝战争中，李德生指挥了著名的上甘岭战役的后半段。"前半段是十五军打的。美军武器装备好，攻击力很强，经历了一、二次世界大战，都没打过败仗。十五军尽管打得很顽强、很英勇，但伤亡很大。父亲当时是十二军的副军长，王近山是父亲的老领导，很了解父亲。"李和平说。王近山曾评价父亲："打仗很硬，不怕苦，任务交给他，他就像老牛顶架，缩不回来。"

1952 年 10 月 14 日，敌人动用美七师、南朝鲜军二师共七个营的兵力，在 105 毫米以上口径火炮 300 余门、坦克 30 余辆、飞机 40 余架的支援下，分六路向金化北面五圣山前沿我志愿军十五军四十五师一三五团两个连的阵地，发动了空前猛烈的进攻。

这一天，敌人倾泻 30 余万发炮弹，500 余枚炸弹，阵地表面工事全部被摧毁，两个连的干部战士依托坑道，与敌激战，予敌大量杀伤，夜幕降临时又配合反击部队夺回了表面阵地。

这就是上甘岭战斗第一天的情况。敌人攻击的我军阵地是 597.9 高地和 537.7 高地北山。两个阵地当中，有个小村子名叫上甘岭，战役因此得名。

战至 10 月底，美军攻势仍毫无减弱，反而更加凶猛，昼夜连续对我十五军阵地狂轰滥炸。此时，十五军坚守部队已基本消耗殆尽，局势岌岌可危。上甘岭十分重要，如丢失则其后侧之五圣山将不保，美军即可长驱直入，迂回平壤，使我军三年多的抗美援朝的奋战毁于一旦。

在此关键时刻，战役总指挥第三兵团代司令员王近山点将令李德生率领十二军主力增援，并在阵地上的德山砚设立上甘岭前指，统一指挥上甘岭阵地上的十二军和十五军部队，以及配属的各兵种部队。李德生临危受命，率部接替上甘岭防务后，多天未合眼的王近山对兵团代政委杜义德说："李德生上去，我就可以睡一觉了。"

　　李德生指挥十二军和十五军打了近 30 天，成功顶住并粉碎了美军的进攻，不仅把丢掉的阵地重新夺了回来，还扩大了新的阵地，"经过前后 43 天的恶战，美军终于在上甘岭前低头认输了"。

　　上甘岭战役刚结束，尚未撤下阵地的十二军司令部崔参谋一边听广播一边发牢骚："上甘岭也是我们打的，最后全是十五军的功劳，提都没提我们军一个字。"

　　李德生听到后，当场批评了崔参谋："你这个想法不对头，什么你们、我们，都是志愿军打的嘛！"针对这个问题，一贯不争功诿过的李德生在十二军立了一个严格的规矩：关于上甘岭战役的功劳，谁都不准再与十五军争。就这样，这个部队再没有发生过与十五军争上甘岭战役功劳的事情。

　　李和平的兄弟姐妹原先都不知道父亲指挥过上甘岭战役。直到 1999 年，美国轰炸南斯拉夫中国大使馆时，李德生接受采访，他们才知道此事。

　　"父亲当时在住院，《中华英才》的记者就该事件来采访父亲，八十多岁的老人得知这个消息后非常愤怒：'美国佬有什么可怕的，我当年在上甘岭不就把他们打垮了吗？'这时，我们才知道父亲指挥了上甘岭战役。"

儿时零用钱每月只有1元，看电影就要饿肚子

　　李德生对子女要求很严格，最常讲的一句话就是"不准搞特殊！"。李和平说："他用自身的品格作风教育着我们，我对那句话的印象最为深刻，一直以此来约束和鞭策自己。"

　　"我们懂事的时候父亲已经是军长，是高级干部了。三年困难时期，他什么补助都不要。家里粮食不够吃，就带着我们开荒种地。"一家人常以"南瓜饭"充饥。李和平说，那几年，父亲也经常吃豆饼和红薯，因此落下了腹泻的病根。

　　"很多人认为我们这些高干子弟没吃过苦，殊不知，连毛主席的女儿回家都'舔盘子'，何况我们？！当年，我们也一样忍饥挨饿。"李和平说。当年

他在学校住校，早餐是一碗玉米菜糊糊，中午多一个一两重的玉米面窝窝头，晚上也是一碗玉米菜糊糊，"这怎么能吃得饱？"

而令李和平印象最深的是在北京上中学时零花钱的问题，当时他的零花钱是每个月 1 块钱，"父亲本来只给 5 毛钱，是我外婆做工作，才又多给了 5 毛钱。"李和平说，除了学费和衣服，平时在校买洗漱用具、手纸和课外学习用品等日常费用都得从这 1 块钱里出。

在那个年代，"填肚子"是"第一要务"。一般每个月最后一个星期六晚上，李和平都会买一个红糖馅的月饼充饥，除此之外，什么也买不了。有一段时间，儿童电影院正在上映苏联电影《非常事件》，这部电影是上下集，票价正好也是 1 块钱，这就意味着如果看了电影，就没有钱买别的了。李和平在电影院门口经过一个多小时的徘徊，最终还是觉得肚子要紧，只好放弃看电影，拿着钱去买月饼吃。

结婚酒席仅一桌，客人只请了一位

"父亲一直以'艰苦朴素'要求我们。"李和平结婚时的情形至今令他难忘。当时，李和平在军中担任营长，工资很低，每月只有 52.5 元，除去交伙食费及自己抽烟的费用，还剩 20 多块。

"我是带兵的，有一个基本原则就是要爱兵。"李和平回忆称，当时一个营 600 多个兵，主要是农村兵，家中条件都较差，常有战士家里房子失火、家人生老病死等问题发生，我就把每月余下的钱用来贴补家中发生急情的战士。虽解决不了大问题，但也可以救个急。

这让李和平变成了"月光族"，没有钱存。准备结婚时，李和平口袋里没有一个子儿，便想向家里要点钱，于是，他向母亲提出要三五百块钱用于办婚事。父亲得知后给他写了唯一的一封信，在信中李德生把李和平批评了一番，狠狠地给他"刮了一顿胡子"。

最终，李和平没有拿到一分钱，婚礼是在家里办的，只摆了一桌饭，只请了一位客人。这唯一的客人还是父母亲的老战友，他正好在北京开会，便被请来一同吃饭。另外，母亲为李和平做了两床被褥（因他只有一床军被），这就是作为中央领导的儿子李和平的婚礼。

评国际军事比赛：不仅要发展武器装备，还要牢记我军的"传家宝"

李和平称，自己当了几十年兵，父亲的作战理念及军队建设经验，对自己有很大的影响和促进作用。父亲最常教导他的便是"要在基层好好锻炼"，并为此几次"利用职权"卡住他上大学和调机关当参谋的"机会"，使他在连队干了七八年。李德生根据自己的经历认为，通过基层锻炼，可与战士建立深厚的感情，获得扎实的带兵经验，真正提高军人的素质。这使李和平受益匪浅！李和平认为，正是由于父亲的教导和对自己的锻炼，他才能在祖国需要时，主动要求参加对越自卫反击战，战中曾负伤致残并立有两次战功。

如今的李和平早已"解甲归田"，担任中华爱国工程联合会秘书长和北京市于若木慈善基金会理事长，继父母、耿飚、王光英、布赫和于若木等老前辈之志，为爱国报国做些公益工作。当然，由于几十年的军人职业性质，他平时也会关注一些军事方面的消息。

2018年8月12日凌晨1时，"国际军事比赛—2018"总闭幕式在俄罗斯郊外阿拉比诺爱国者公园举行。该赛事由中国、俄罗斯、白俄罗斯、哈萨克斯坦等7国联合举办，历时15天，中国军队共参加了22个项目，获得4个团体第一名、15个团体第二名、2个团体第三名、1个团体第四名。

对此，李和平表示，近年来，我军武器装备的发展非常迅速，各式高科技武器应运而生，部队训练也很严格，作战素质大大提高，俨然成了军事强国，拥有了保卫祖国的坚实力量。不过，在快速的发展中有一样不能忘，就是毛泽东军事思想，这是我军从无到有，从小到大，从弱到强，经过几十年血的洗礼，在毛主席的统率下，老一辈革命军人和广大人民群众打败国内外一切反动派及其武装力量的宝贵结晶，是我军的"传家宝"，是我军的建军之魂、立军之本、制胜之道，是我国国防和军队建设的根本指导思想。这是只属于我国我军独有的优势，决不能丢掉这个"传家宝、建军之魂"！要发挥自身长处，牢牢掌握并加强毛泽东军事思想在现代条件下的运用和深化。

任荣之子任戎征
兄妹六人从不敢借父亲之名做事

张金旭

在 1955 年至 1965 年这十年间，我国共有 1614 名"开国将帅"被授衔。其中就有 1917 年出生的任荣将军。红船编辑部采访了任荣将军的长子任戎征，讲述战火年代的革命传奇。

在整个访谈过程中，已入古稀之年的任戎征始终精神饱满，交谈许久丝毫不见颓困，仍给人一种干练朴实的感觉，谈起父亲时言语间十分敬重。

采访时百岁任荣将军正在医院治疗

任荣，四川省苍溪县人，生于 1917 年。1933 年加入中国共产主义青年团，同年参加中国工农红军。1934 年由共青团转入中国共产党。

他戎马一生，战功卓越，经历了长征、抗日战争、解放战争，还主动请战参加抗美援朝，担任了近 9 年的朝鲜军事停战委员会委员。后来他又请缨西藏，在雪域高原贡献了 16 年的岁月。

到了晚年，任荣仍一心向学，进入老年大学，以"活到老学到老"的态度孜孜不倦地求取新知。

任荣共有 8 个子女，前两个都在战争年代夭折了。作为任荣将军的长子，受访时 72 岁的任戎征介绍了父亲的近况。

"父亲今年已 100 周岁，但按照老家的风俗，家人和朋友去年已经给父亲庆祝了百岁生日。当时，中央军委政治工作部张阳主任及西藏党委、政府等单位及领导人均发了贺电。"任戎征表示，老将军"去年头脑思维都还可以，但是今年不太好，目前在武汉一所医院就医"。

据介绍，晚年的任荣生病前仍对时事非常关注，坚持每天看新闻，特别是军报和新闻联播。

雇农出身的他 16 岁参加红军

"我父亲是雇农出身。雇农是什么意思？上无片瓦，下无寸地，没有自己的房子。"任戎征讲述起父亲的出身，"我们家没有故居，给谁家干活住谁家的房子。"

由于家里几代人都是文盲，曾被地主欺骗签了重税契约，受此欺侮的任荣父母气愤之余决心无论如何也要供任荣读书识字。在父母的坚持和努力下，任荣 11 岁那年勉强读上了小学。可是穷人供孩子上学谈何容易，后来家里实在太过贫穷，无力继续供任荣读书，任荣只好仅在农闲时返回学校旁听。

1933 年，中共苍溪县委成立，16 岁的任荣加入中国共产主义青年团。不久后红军来到任荣的家乡，红军老战士王大奎同志动员年轻人参加红军，任荣决心报名，并得到了父母的支持，几天后家人含泪送别任荣。6 月，任荣随新兵到达部队，自此开始了他戎马一生的战斗历程。

过草地时靠战友帮助大难不死

在参加了营渠、宣达、反"六路围攻"等一系列战役后，1934 年任荣由共青团员转为中国共产党党员。解放仪陇之后，任荣被任命为第八十八师侦察队队长，负责先遣侦察工作。

1935 年 3 月 28 日，红四方面军发动了强渡嘉陵江战役，以策应中央红军实现战略转移。自此，红四方面军离开川陕根据地开始长征。4 月下旬，在锁江桥的一场战役中，任荣被敌人打伤了膝盖骨，简单休整三天后，跟随部队继续向西挺进。

1935 年 7 月，任荣被调到红军大学学习。8 月下旬，"红大"第一次过草地，任荣生病掉队，举步维艰、危在旦夕之际，班长邵明银派杨明臣带两个人来接应，他们牵着任荣的手一步一步拉着任荣走出草地。在战友们的帮助下，任荣大难不死。

三爬雪山、三过草地，经历了万般磨炼。凭着坚定的信念、团结的精神，与大自然斗争，与围追堵截的敌人对抗，任荣所在的红四方面军终于在 10 月 10 日，与红一、红二方面军在甘肃会宁胜利会师。"红大"奉命经武山、通威、华家岭、会宁、甘沟驿，进入靖远县打拉池休整。

"一、四方面军在陕北会师的时候，我父亲在四方面军的红军大学，没有参加西路军渡黄河，他是跟着朱德一起行动的，后来他们的红军大学跟一方面军及陕北的一些红军大学合并，成立了抗日军政大学，我父亲是抗日军政大学的首批教员之一。"任戎征回忆道。

"在 1937 年 8 月 1 日国共合作以后，我父亲离开抗大，被调到警备一旅，主要负责保卫党中央，抗日战争时期大部分时间都是在陕甘宁边区度过的。"

1941 年秋，任荣从延安留守兵团军政研究学习班毕业回到团里。恰逢部队整编，警备第一旅在原有的第三、第八团之外，又增加了警备第四团、特务团（该团 1942 年撤销，关中保安第三团调归旅的建制）。此时部队开展大生产运动，组织上调动任荣所在的团第二营及第四团一个营，前往鄜县（今富县）黑水寺以西的山区办农场。任荣时任政委。

零下 30℃赤峰迎战被敌人流弹穿颈

1945 年，中央军委命令三五九旅留延安的第二梯队和任荣所在的警备第一旅分别组成八路军游击第二、第三支队，南下湘粤边，创建五岭抗日根据地，任荣时任警一旅政治部组织科长。

日本宣布无条件投降后，国民党政府在美帝国主义的支持和援助下，对关内各解放区形成南北夹击，企图抢占东北。在党中央指示和中央军委的命令下，任荣所在的部队急速北上，转赴东北，迎接新的战斗。

1946年2月，在与驻赤峰之敌周旋对抗时，任荣被敌人的冷枪击中颈部，子弹穿过右颈从左颈后下方出来，出口处约核桃大一个洞，血流如注，任荣当即昏迷摔倒在地。在零下30℃的环境下，抢救的同志们忘记给任荣带回摔倒时掉落的帽子和手套。3个小时后，任荣从昏迷中醒来，还没感觉到颈部疼，只是觉得双手疼痛难忍。

这时候救助的同志们才发觉任荣的双手已经被严重冻伤，成了乌色，肿得厉害。同志们只好让任荣先用冷水泡手，等双手结出一层薄冰，继续在水中融化，再改用低温水泡，并逐步加温，然后放到被子里慢慢暖，任荣的手背、手指开始从乌青逐渐变红。经过一周多的护理、治疗后，总算是保住了双手。

逐步恢复知觉后，任荣逐渐感觉到除了手痛之外，颈部也疼起来，不能摇动，不断流血。经诊断，万幸的是大血管未断，治疗一个多星期后任荣便可以坐起来，月余后基本康复，但颈部僵直，不能左右转动。后经任荣数十年的锻炼，头部向右转稍好些，向左转仍旧艰难，低头便觉颈痛。

脚掌被炸断仍在担架上冲向前线

1948年10月辽沈战役，任荣作为八纵一三四师副政委兼政治部主任，代理六十八团政委，带领六十八团及师炮兵营为师的第二梯队，沿海边田野和乡村小道直插台安、盘山之间的辽河渡口。在24日赶到渡口附近的黄家窝铺地区时与敌遭遇，在阻击敌人的过程中，任荣被敌方炮弹掀出几米远，左脚前掌被炸掉一半，血流如注。战情紧张之下，任荣只做了简单处理，用急救包包扎伤口，再用绷带扎紧小腿，以期减缓流血。随即令战士把自己抬到前线，继续指挥战斗，并命令部队死死堵住辽河渡口，以断敌人后路。

敌人得知退路已断，乱成一团，任荣在担架上连续指挥部队与三批敌人迎战。在我军勇猛奋战之下，敌人最终溃败北逃，这是迅速全歼东北地区所有敌人的关键一役。

26日，趁部队打扫战场搜捕俘虏的间隙，任荣才有时间让医生检查伤势。医生清洗伤口后剪去被炸烂的肌肉和皮肤，由于没有麻药，实在是疼痛难忍，医生当即决定送任荣到附近的野战医院做进一步处理，路上因失血过多，任荣一直处于昏迷状态。

在野战医院，医护人员为任荣开刀截骨，将伤口周边的腐肉割去。由于脚掌的肌肉被炸烂，甚至流脓，不易恢复，需要长期换药治疗。任荣最担心左脚残疾，不能走路，影响到以后继续在军队的工作。万幸的是，经过医护人员精心治疗之后，伤势逐渐好转。

1949年春，任荣可以挂着双拐到处走动了。同年5月，他终于丢掉了挂了近7个月的双拐，虽然左脚被炸伤的伤疤尚未脱落，但他已经能慢慢地踮起脚行走了。

不顾伤残主动请战参加"抗美援朝"

在"抗美援朝、保家卫国"的战略决策推出后，任荣不顾左脚伤残，主动请求参战，先后担任志愿军政治部组织部部长（当时组织部兼管干部工作）、政治部副主任，1955年后担任了9年的朝鲜军事停战委员会中方委员。

"1958年志愿军回国后，在担任停战委员会中方委员期间，父亲还兼任三十八军政委、五十军政委，且野战军作战地点多在山沟，三十八军军部在通化，五十军军部当时在丹东。他工作非常忙，过年过节基本上没有在家待过。"任戎征回忆道。

任荣征又说起父亲曾经提到的一个小细节。1950年10月23日，任荣跟总部机关奉命入朝。当天上午出发，由丹东沿鸭绿江北岸，向长甸河口前进，任荣的车里被安排了一名年轻翻译。谈话中，任荣得知这位年轻英俊的俄文翻译员的名字是"毛岸英"，在苏联学的俄语，回国后务农、做工，当过工厂党总支书记，而且刚结婚不久。

任荣很意外，问他："你是新郎，离家打仗她乐意吗？"

"乐意！可支持我啦！"停顿了一下，他继续说道，"我父亲叫我参加志愿军抗美援朝、保家卫国。"

"你父亲思想挺进步的。你在工厂多好，参军打仗多苦、多危险！"

"我不怕，战争能锻炼人。"

任荣没有问及他那思想挺进步的父亲叫什么名字，当时也没想到要问。

到达长甸河口后，大家在一起吃午饭，任荣和毛岸英又边吃边谈起来，任荣问他既然是留洋归来有学问的人，怎么还去务农呢？

"我父亲叫我去的。"

"你是在哪里务的农呢？"

"在吴满有那里。"

他说到吴满有，任荣才恍然大悟。吴满有是抗日战争时期陕甘宁边区出了名的农民劳动英雄，毛泽东亲密的农民朋友。

任荣对毛岸英说："啊！你的父亲不是毛主席吗？"

毛岸英回答说："是的。"语气仍然是自然平静的。

任戎征称这件事情让父亲内心久久不能平静，像是一股无形的力量，激励鼓舞了他战胜敌人的信心。

后来听到毛岸英牺牲的消息后，任荣非常悲痛，后来还主持了包括毛岸英在内的志愿军烈士陵园的修建工作，并根据毛主席的指示于 1959 年 2 月受中央军委秘书长、总参谋长罗瑞卿委派，带领毛岸英夫人刘思齐及邵华等人赴朝秘密为毛岸英扫墓，较好地完成了毛主席及刘思齐的心愿。

1958 年 10 月，志愿军全军撤军回国，任荣在驻辽宁丹东市的第五十军任政治委员，仍担任着朝鲜军事停战委员会的中方委员，这期间经常在中朝两国往返。

西藏高原 16 年曾任党政军一把手

1964 年 5 月，任荣主动要求去西藏工作。同年 8 月 21 日，任荣被任命为西藏军区副政治委员。10 月，任荣告别家人，同王诚汉、郭瑞乐结伴，乘飞机经西宁、格尔木，第二天抵达西藏的当雄机场，开始了雪域高原十六载的历程。

"父亲对西藏感情非常深厚。前些年在思维还比较清晰的时候，他一直密切关注西藏的情况，对各种相关信息都留意着。"任戎征说，"只要是西藏来的客人，父亲都会热情接待，也非常愿意听他们介绍西藏的情况。"

1971 年，任荣任西藏自治区党委第一书记，区党委集中全力抓党的各项政策落实，先后到拉萨、那曲、山南、日喀则和昌都地区的绝大部分县，包括一些位于险山恶水的偏远县、区、乡、村，直接对群众做调查。

任戎征介绍说："有大约十年时间，我父亲都在西藏任党政军一把手，这种情况是非常少见的。"

开发羊八井地热田、建立热电站、建桥修路、建设农田草场、治理"一江两河"的楚河、引导民众破除迷信、改变旧的生产方式、推广科学种植、科学养畜……任荣在担任西藏自治区党委第一书记的十年里，马不停蹄地开展并落实着一项项措施，将广大农牧民组织起来，从靠天吃饭、靠"神"生活的旧观念里解放出来。

"如果将 1950 年到 1990 年这四十年每十年划为一个阶段的话，可以说我父亲所在的 1971 年到 1980 年这十年，是西藏的经济和社会发展两方面指标最好的十年。"任戎征谈道。

他继续说道："经济指标大体上是按照 GDP 来衡量的，父亲在西藏的时候，按照现在的 GDP 的指标来衡量，平均下来，每年都是六点多的增长率，持续了十年。在那个时代，这是很不容易的。"

"过去，我们大多叫工农业总产值，后来又改为国民经济总产值，工农业总产值和国民经济总产值是两个不同的概念，而国民经济总产值和 GDP 也不是同一个概念。但是这三个指标大体上可以正向对比。1980 年父亲离开西藏，此后十年当地的发展确实都不如 1971 年到 1980 年这个阶段的经济指标好。"

任戎征表示："而教育发展怎么样，文盲消除了多少，适龄儿童就学率是多少，医疗人员比例是多少，公路通车里程是多少，公交车或邮政车辆是多少，这些体现了社会发展，是另一个不同的指标。"

兄妹六人从不敢借父亲名字做事

在交谈中，任戎征回忆起父亲的生活点滴，"记忆中的父亲过年过节基本上没有在家待过，新中国成立后，他担任了近 9 年的朝鲜军事停战委员会委员。后来父亲去西藏工作 16 年，只休过一次探亲假。同级别干部的家属，有些住在部队里，还会有警卫或炊事员等，而我母亲在北京一个人住，既没有警卫人员，也没有工作人员等"。

谈及自己的童年，任戎征回忆称，年幼一起上学的同学中有很多都是将门之后，"比如，陈锡联上将的儿子陈再强，赖传珠上将的儿子赖克游，周恩来总理的侄女周秉宜，王平上将的儿子范晓光（随母姓）中将，都是我的同学。那时候，我们都穿着洗得发白的旧军装。父母穿完了儿子接着穿，哥哥穿完了弟弟再穿，但大家从不会谈论父亲的官职大小"。

在教育子女时，任戎征也秉承了父辈的传统，"我们兄弟姐妹六人，没有一个是会去借父亲的光升官发财的。而我们的子女也会觉得谈论父亲官职大小是非常低俗的事情"。

"比如我，1963 年当兵，1988 年任武警黄金第三总队政治部副主任，授武警上校警衔，是很普通的。我可以无愧地说，从我当战士，到当指导员，大家后来都会说，没有想到我还是一个高级干部的孩子。"

"父亲在西藏任职时，中央曾给过西藏很多优惠政策，当时确实也有一些西藏的干部子女利用关系，做了一些生意。但我们家的孩子没有一个这么做。因为我们根本不敢，如果做了，父亲肯定要发火。我们一说要到西藏去，老爸马上就把耳朵竖起来，生怕借他的名义去做违法乱纪的事情。"

左齐之女左凌
领导干部不脱离群众就不会腐败

王梅梅

　　贺炳炎、彭清云，这两位革命前辈都是开国独臂将军，发生在他们身上的故事堪称传奇。这次，给红船编辑部记者"讲故事"的也是一位开国独臂将军的后代，她叫左凌。令人称奇的是，她的独臂父亲是一位书法家，还独创了"左齐左笔书法"。

　　在采访中，左凌讲述了发生在父亲身上的传奇故事，包括用步枪打飞机、白求恩亲自为他做截肢手术、参加南泥湾开荒、建设新疆、左手练字等经典故事。父亲的人生对她影响深远，左凌表示，当年毛泽东夸父亲"不脱离群众"，这些教导永不过时，如果领导干部都能时刻与群众在一起，也不会有那么多腐败问题。

出身贫苦，早年加入农民运动

　　左齐出生在江西省永新县泉塘村一个贫苦的农民家庭，祖祖辈辈以种地为生。左齐是家里的独生子，他的父亲平时做点竹器拿到集市上卖，再养养鸭子，以供他去学校读书。左齐从小就爱读书写字，最后读了三年私塾和三年国民小学。

　　左齐的家乡是革命根据地。1928年，左齐参加了农民暴动、年关暴动和赤卫队，后来村里成立了农会。1929年，左齐正式加入共青团。因为他有文化，被任命为永新县老居区政府文化部部长，管教育。当时各个村子、区里的小学改名叫列宁小学，左齐负责编教材，孩子们可以在他这儿免费领教材学习。1932年，正值"扩红"运动，左齐带领青年农民和赤卫队员参加红军。到了部队，左齐开始做文书工作，很快又当了指导员。

这不是神剧！左齐用步枪打飞机

至今，左齐用步枪打飞机的故事依然在军中为人津津乐道，左凌解释称："那架飞机不如现在的喷气式飞机先进，只是架单螺旋桨双'翅膀'飞机，飞得很低，地上的人还能看见飞行员呢；而且，飞机并不是我父亲一个人打的，是他组织战士们一起战斗的结果。"

那是1934年，奉中央命令，红六军团需率先突围西征，为中央红军打前站，去湖南湘西与贺龙同志领导的红二军团会合。当年7月，部队浩浩荡荡地出发了，一路上几乎每天都遭遇敌人的围追堵截，战士们一边行军，一边打仗。

1934年9月，部队来到广西资源县，以李宗仁、白崇禧为首的国民党军队频繁轰炸我军。当地山区植被茂盛，每遇敌机俯飞扫射，部队就得赶紧躲起来，行军日程一再被耽误。一天，时任四十九团总支书记的左齐和六连连长杨七朵走在一起，便商量："敌人欺负我们拿他没办法，咱们干他一家伙！"于是，左齐将战士们召集起来，等飞机来的时候一起射击。没想到飞机竟然被打中了，着火后直接坠落在地。战士们一哄而上，消灭了两个飞行员，随后七手八脚地拆下两挺机枪。

"父亲只是觉得长征路上能打下敌人的飞机还是挺高兴的，没想到这么多年以后，会被人当作创举。很多人觉得这是抗日神剧里才会出现的场景，其实是有现实依据的。因为那时候的飞机是双翼单螺旋桨飞行，速度并不快，加上飞得很低，被枪打落是很有可能的。"左凌讲道，"这架飞机的型号是

1932 年英国生产的 AVR0637。1934 年 4 月，广西军阀在柳州成立航校，从英国购买了 8 架这种机型，没想到被我们击落了一架。"

白求恩因左齐的伤口大发脾气，并为其做了截肢手术

1937 年，八路军三五九旅（前身是红六军团）东渡黄河在山西抗日前线打鬼子。1938 年底，七一七团接到命令在山西省灵丘县和张家口蔚县的交界地带打伏击战。这个地方叫飞狐峪，地势险要。涞源县城已被八路军包围，这里日军不多，几天后就会弹尽粮绝，其大本营蔚县县城的日军一定会来增援，七一七团的任务就是在通往涞源的蔚涞公路上伏击对方。王震任三五九旅旅长，左齐任七一七团参谋长。

天寒地冻，战士们等了两三天，日军终于来了。30 多辆满载日军和军火物资的大卡车由蔚县县城开来。敌方进入伏击圈以后，左齐指挥部队向敌人猛烈开火！作战时，左齐离机枪很近，机枪突然卡壳，他焦急地大喊："机枪！机枪怎么不响了？！"他急忙跑过去排除故障，然后自己操枪打起来。

激战中左齐右臂中弹了，他听到有人喊："参谋长负伤了！参谋长！"有战士救他、拉他，他根本不理会，继续指挥战斗。他发现有日军掉头逃跑，便立即命令二连插下公路，堵住敌人的退路，一个都不放过！战士们如猛虎般冲下去，与敌人展开了肉搏战。这时左齐才发现自己右手抓不住枪，到处是血！鲜血打湿衣袖，染红了脚下的土地，他眼前发黑，失去了知觉。

当他慢慢醒来时已躺在老百姓炕上了，这是在明铺村，一位老乡弯腰给他喂鸡蛋汤，他看到自己浸透鲜血的右臂被紧紧扎着止血带，才知道"哦，是这里挂了花！"此时战斗已经结束，团长刘转连赶来告诉左齐，这一仗我们全歼了田原运输大队，消灭了将近 200 个鬼子，击毁了 35 辆汽车，缴获了大量武器、物资，日军田原大队长剖腹自杀，我们的战士把他的指挥刀缴获了。但是左齐知道，我军也伤亡惨重，比如冲下公路堵住敌人退路的二连只剩了八个人！

当大部队迅速转移后，担架队、卫生队和老乡们帮忙抬着伤员们向西南方向——山西灵丘县转移，因为白天不敢走大路，夜里又伸手不见五指，经过艰难的三天三夜，直到第三天半夜才抬到了山西灵丘县下石矶村——这里是三五九旅旅部所在地，此时的左齐已是奄奄一息了。

王震旅长和白求恩大夫等，早已在此焦急地等候伤员们。三天过去了，左齐的伤口严重恶化，过度止血导致整个右臂发黑坏死，白求恩为此大发脾气，如不立即切除右臂将发生败血症而危及生命！就这样白求恩连夜为左齐做了手术，从右肩关节处彻底离断，切除了右臂，留下碗口大的疤痕。

手术后不知过了多久，左齐慢慢从麻醉中醒来，感到右肩部疼痛，周围都是白布，马灯明晃晃地照着。伸出左手，还能动；想伸出右手，低头一看右边空空的，永远没有了……

为了节省药品，左齐坚持不打麻醉忍痛换药

刚满 27 岁的左齐失去右臂后，并没有脱离危险，他高烧不退，朦胧中听到白求恩夜以继日地守护着他。那时军中医疗条件简陋，药品奇缺。白求恩带来的药品有限，他拿出最后一瓶磺胺药片，每天给左齐吃，左齐这才活下来。左齐说，他以前从没有吃过药，更别说这么精致的白药片，这叫西药啊，从没见过！第一次吃就很管用，所以他常说"是白求恩给了我第二次生命"！

每次换药，白求恩都要给他打一剂吗啡麻醉止疼。有一天，左齐在床上躺着，听见外面有人嘀咕："咱们的吗啡不多了，还有好多伤员，只剩下最后两支了，这可怎么办啊？！"左齐听后就记在心里。白求恩再来给他换药的时候，他坚决不打吗啡，用嘴咬住被子角疼出一身汗。白求恩给他擦汗的时候连竖大拇指，夸他是好样的！

一个月后，左齐伤情稳定了，被转移到灵丘县河浙村养伤。这是一个太行山深处的小山村，有许多伤员战友在这里养伤。打完仗，部队领导都来看望大家，送来战利品——缴获的罐头、奶粉、金属饭盒等，当地抗日民主政

府和群众也送来粮食等物资慰问抗日英雄们，每天有伤员战友们陪在左齐身边，说着前线的消息、战斗的情况，还代他写战斗总结、写受伤日记，医务人员的照料，战友们的陪伴、安慰和鼓励，房东和乡亲们的熬汤喂粥，让左齐在这里感受到了无微不至的关怀！这些温暖和关怀减轻了他的痛苦，也让他慢慢从消沉、伤痛中恢复过来。左凌说，她看到父亲当年的日记里这样写道："天天读战友们热情洋溢的来信，兄弟般的友爱温暖着我，使我感到巨大的鼓励，眼前有了光明。伤痛减轻后，我就学着左手写字。残废？不，我决心做一个残而不废的人！"他还写道："是山西人民极富营养的小米土豆粥使我逐渐恢复，我将永远铭记河浙村人民的深情厚谊！"

但是，每当夜深人静时他便流着泪忍痛思索：自己才27岁啊！今后还怎么办、怎么打仗？还能留在部队吗？正如他在日记里写的一样："夜夜炕上闻鸡鸣！"左凌感慨道："坚强的父亲靠着革命必胜的信念走出了这种伤痛的阴影，坚强地学习用左手生活，左手拿笔写字，左手使枪，左手骑马，伤好了以后返回部队，照样南征北战打天下！"

严冬慢慢过去，1939年的春天来了，养好伤的左齐回到部队，被任命为教导营的政委。回到部队的第九天，他就参加了一场大战，那是在山西五台山的"上下细腰涧"战斗。这场战役，尽管敌人武器装备精良，左齐还是带领教导营配合主力部队紧紧防守，消灭了日寇的"宫崎联队"，相当于一个旅！这场战斗打了七天七夜，也是三五九旅在战斗中取得的最大胜利。

左齐参加了南泥湾大生产，得到毛泽东点名表扬

1939年9月，三五九旅奉命西渡黄河返回延安，担任保卫黄河的重任。黄河以东是山西，大部分被日本人占领，守住黄河，就是守住延安的东大门。旅部驻在绥德，部队驻在吴堡。此时抗日战争进入相持阶段，面对日军的疯狂进攻，面对国民党反动派对解放区的经济封锁，八路军遇到前所未有的困难，没有粮吃，没有衣穿。

　　1941 年 3 月，三五九旅奉命开进南泥湾，开始执行轰轰烈烈的生产戍边任务。第一批进去的就是七一八团。1942 年，左齐调任七一八团政委，他和团长陈宗尧率领全团艰苦奋斗，三年以后终于把南泥湾变成了"陕北的好江南"，成绩显著，被贺龙师长授予"文武双全团"光荣称号。七一八团在陕甘宁边区闻名遐迩，毛泽东主席、朱德总司令曾多次来南泥湾视察，看到一派生机勃勃的景象，非常感动。毛泽东在 1943 年 5 月召开的延安干部大会上特别表扬了陈宗尧和左齐，高度赞扬三五九旅为抗战做出的伟大贡献。他说："左齐同志是该团的政治委员，他在战争中失去了一只手。开荒时他拿不了锄头，就在营里替战士们做饭，挑上山去给战士们吃，使战士们感动得不可名状。我们全体党的干部，都要学习这两位同志的精神，和广大群众打成一片，克服一切脱离群众的官僚主义。我们共产党人不是要做官，而是要革命，我们人人要有彻底的革命精神，我们不要有一时一刻脱离群众。只要我们不脱离群众，我们就一定会胜利。"

　　1944 年 10 月，三五九旅奉命组成南下支队到江南开辟抗日根据地。行前，毛泽东请南下支队干部吃饭。席间，王震把左齐介绍给毛泽东："这就是你表扬过的左齐同志。"毛泽东握着左齐的手亲切地说："你这样鼎鼎有名的人，我第一次见到，非常高兴。"

　　左凌想起这段故事，不禁谈到自己的见解。她说："其实毛主席说的那些话既通俗又明确，所有人一看就懂，我们年轻的时候人人都会背，不知不觉已深入人心，也没出现过那么多腐败问题。遗憾的是，这么多年过去了，没人听说过这些话了，这是不应该的。这些话我们听着过时吗？我认为不过时，因为这是由我们共产党的性质和宗旨决定的。忘了共产党宗旨的人肯定会腐败！这几年腐败问题触目惊心，这种时候我们更要重温以前的教导，经常读一读，听一听，尤其是领导干部，不要忘记共产党是什么性质的政党。习近平同志说要不忘初心，这就是初心。"

　　几十年来，郭兰英唱的《南泥湾》经久不衰，这是左齐和妻子最喜欢听的歌。因为他们参加了南泥湾大生产，他们感到自豪。

左齐进疆做的这件事，把当地老乡感动得痛哭流涕

1949 年，三五九旅整编为中国人民解放军第一野战军二军，相继解放了陕、甘、宁、青四个省，一路西进，势如破竹。此时，国民党驻新疆的警备司令陶峙岳和国民党省主席包尔汉表示接受共产党提出的八项和平条件，欢迎共产党进疆。新疆和平解放后，第一野战军奉中央军委的命令，一兵团两个军进驻新疆。左齐任二军副政委兼政治部主任。

在进驻新疆的 10 万大军中，二军奉命进军南疆，走的路最远，吃的苦也最多。他们不顾天寒地冻，穿戈壁，越荒野，风餐露宿，徒步跋涉 3000 公里，于 1949 年 12 月进驻边陲重镇——喀什。5 万人的部队面临的头号问题就是吃和住。部队征程未洗，就立即投入备耕开荒的劳动中。左齐常常探访当地农民，踏勘荒地，选点定点，亲自到田间地头、修渠工地检查生产，宣传、执行党中央和彭德怀、王震开展大生产的指示，将三五九旅的光荣传统和南泥湾精神发扬光大到屯垦戍边事业中。

1952 年，左齐任南疆军区政委，他与郭鹏司令员一起担负起统管南疆军政大事的重任。左齐走遍了南疆 5 个地区 30 个县，经常在老乡家里吃着馕与他们促膝而谈，了解群众疾苦，进行社会调查，熟悉当地风俗民情。他最早提出举办翻译培训班和少数民族干部培训班，消除语言障碍，提高少数民族干部的觉悟水平，依靠他们开展工作。这些措施有力地推动了南疆减租反霸、建党建政、民主改革运动。他待人诚恳，和蔼可亲，许多民族干部都愿意亲近他。在他的率先垂范下，各民族干部互相尊重、团结友爱，同心同德搞工作。

1951 年初秋，在疏勒县塔孜洪乡召开的贫雇农座谈会上，一位老人生气地说："共产党解放军亚克西（'亚克西'是维吾尔语的汉语音译，意为好、优秀），但有一个排长（新疆解放前当地群众把军人统称为排长）到我家，对我不好。我准备了许多东西请他吃，他说，解放军不拿群众东西，谢谢。我

觉得他这是看不起我，他走后我气得自己打自己嘴巴。"问及此人是谁时，老人说那人只有一只胳膊。左齐得知此事后，连连检讨说："我对维吾尔族的风俗习惯还了解得不全面，伤害了老人的感情，这是一件事关群众关系的大事，我应该检讨。"第二天，他就带着砖茶和方糖来到老人家中赔礼道歉。老人感动得痛哭流涕，拉着左齐的手久久不放。从此，这个老人成为左齐家的常客，这个故事也流传开来，左齐被维吾尔族老乡亲切地称为"左齐·阿吉阿洪"。

左齐用左手练字，还独创"左齐左笔书法"

开国将帅中，喜欢练字的人不少，可是用左手写书法，还独创了"左笔书法"的，只有左齐一人。

20世纪50年代末60年代初，左齐开始正式写字。其实他小时候右手就会写毛笔字，并且写得很漂亮。失去右手以后，他开始用左手写字，一开始很不熟练。在延安马列学院学习的那一年，他每天用左手抄别人的笔记，慢慢就练出来了。

新中国成立以后，环境安定下来，看到别人写毛笔记，左齐就找些纸，买毛笔买砚台，自己练起字来。"一方面是兴趣，一方面是意志坚强、执着。从小就看他在家写毛笔字，退休以后也每天都写。他还让我们描红。"左凌回忆道。

谢振华之女谢海巢
百万大裁军时，父亲曾主动让位

张喜斌

谢振华，原名谢振伴，1916 年出生于江西省崇义县上堡乡甲子村；1955 年被授予少将军衔；原中顾委委员、昆明军区政治委员；曾获二级八一勋章、二级独立自由勋章、一级解放勋章和一级红星功勋荣誉章；2011 年 8 月 3 日在北京逝世，享年 95 岁。

在上海解放 70 周年前夕，红船编辑部专访了开国少将谢振华之女谢海巢。1949 年 2 月初，谢振华任中国人民解放军第三十军首任军长，当时，33 岁的他是全军整编后最年轻的军长之一。此后，谢振华率第三十军参加渡江战役、上海战役等，为人民解放军取得全国胜利做出了重要贡献。谢海巢说："父亲 14 岁参加红军，作为一个军人，他把他的一生都献给了部队。""今年是新中国成立 70 周年，我们能拥有现在的生活，真的要感谢为我们付出生命的先烈们。""我们一定要珍惜来之不易的生活。"

14 岁参加红军，18 岁成团政委

谢海巢说：我父亲谢振华，1916 年出生在江西省崇义县上堡乡甲子村一个贫农家庭。他 1929 年参加革命，1930 年参加红军，同年 7 月加入共青团，

1932 年 7 月转入中国共产党。

我爷爷叫谢世骙。1927 年，朱德、陈毅带领南昌起义余部来到上堡进行休憩整训时，爷爷结识了朱德、陈毅，并积极帮助他们筹粮筹款，发动群众。在安远县天心圩整顿、大余县整编、崇义县上堡乡整训，这在我军历史上重要的意义，被称为"赣南三整"。

当时，爷爷秘密参加了中国共产党，并组织农民配合朱德带领的第五纵队行动。爷爷是上堡暴动队队长，率领农友们成立了农民协会，开展了打土豪分田地、消灭反动民团、焚烧毒害人民群众的鸦片烟等革命活动。

组织农民暴动的时候，爷爷他们因为有叛徒出卖，被反动派抓走了，投入大牢。敌人想要斩草除根，杀害我父亲，父亲就连夜逃跑了，翻山越岭去找红军，那时候他还不到 14 岁。

参加红军以后，经过艰苦战斗的锻炼，父亲养成了勤劳、勇敢、能干、好学的作风，红军首长们都很喜欢他，觉得他是一个好苗子，为了培养他，还把他送到了红军大学学习。

到了 1934 年，父亲 18 岁，已经在红三军团（彭德怀任军团长）下面的红五师（李天佑任师长）十四团当团政委了。

担任十四团政委没多久，就赶上了第五次反"围剿"斗争。十四团奉命坚守红色首都瑞金北面的重要屏障高虎脑、万年亭，我父亲在红五师师长李天佑的指挥下，率部血战，坚守阵地。

父亲跟我们讲：湘江战役打得非常惨烈，用"非常惨烈"都不能表达出当时血染成河的情形。部队激战三天三夜，战士们的鲜血把湘江都染红了。后来，中央红军战略转移进行长征，四渡赤水，两渡乌江，佯攻贵阳，巧渡金沙江，飞渡大渡河，翻越夹金山，穿越沼泽草地，完成了二万五千里长征，到达陕北。

因在作战中表现优异，父亲被调任到红军政治保卫局工作，担任科长一职。1936 年初，中央正式创办红军大学，父亲又被调去担任学员二队政委。开学典礼时，毛泽东来到学员二队看望，对既是二队政委又是学员的我父亲说："你这个科长又变成了政委，可见我们红军都是文武全能啊。"

后来，红军大学改称抗日军政大学。当时，父亲的同学有陈赓、罗炳辉、何长工、杨得志、张震、韩先楚、萧望东、余秋里、陈正湘、曾国华、詹才芳、吴克华、刘转连、王宗槐、陈锦绣、曹广化、胡立教等，还有康克清等女同学。

父亲是解放军第三十军首任军长

谢海巢说：抗日战争时期，父亲一直在黄克诚师长的领导下工作，从八路军第五纵队组织部部长兼敌工部部长到新四军第三师二十四团团长兼政委，参加了苏北地区历次反"扫荡"斗争，如火攻八滩镇，突袭响水口，攻击陈家港，解放阜宁城等。

解放战争时期，父亲一直在华东地区。1947年2月，华东野战军成立，所属部队整编为12个纵队。父亲升任纵队副政委兼第三十五旅政委。他率部围盐东，下苏中，占丁集，克李拼，击盐南，五个月打了五仗，一仗比一仗打得漂亮。

1948年3月，32岁的父亲升任华东野战军第十二纵队司令员，随后带领部队参加了著名的淮海战役。父亲和兄弟部队一道完成分割黄百韬兵团的任务，并取得围歼杜聿明集团的最后胜利。

1949年2月初，中央军委发布了全军统一整编的命令，十二纵队改编成中国人民解放军第三十军，父亲为首任军长。当时，33岁的父亲是全军整编后最年轻的军长之一。此后，父亲率第三十军参加渡江战役、上海战役等。

1949年4月21日，在人民解放军百万雄师强渡长江的伟大战役中，三十军经芜湖抢攻对岸的东西梁山制高点，在没有任何侧翼部队掩护的情况下，突破长江天险，强渡成功，并控制了渡口，为大部队横渡长江天险扫除了障碍。

1949年5月上旬，《第三野战军淞沪战役作战命令》中说：第三十军应沿嘉兴、金山卫以北、黄浦江右岸向奉贤、南汇、川沙攻击前进，攻歼该地区之敌，切实控制该线阵地，截断上海之敌海上一切逃生之路，其先头部队力求于 16 日晚占领川沙。

这就是说，三十军此次作战为兵团先锋军，首先要拿下川沙、白龙港，以截断敌人往海上逃生之路。为了抢时间，父亲率部队日夜奔袭，边走边打，强渡急行军一天一夜走了 400 多里路程，提前一天到达川沙，为后续战斗赢得了宝贵时间。

三十军全体官兵在这次战役中打得非常漂亮，以一个军的兵力，活捉美式装备精锐部队王牌军的敌五十一军中将军长王秉钺，缴获各种枪支弹药，光小汽车、卡车就有 50 多辆，还有各种先进的迫击炮等等。

三十军全部歼灭了敌五十一军和敌暂编第八师，俘捉敌人 8000 多人。攻下白龙港，截断了上海守敌经白龙港向海上逃跑的退路。三十军兵贵神速，奇袭浦东一仗，谱写了人民解放军战史上的经典战役战例，受到了第三野战军的通令嘉奖。

父亲曾参加对越自卫反击战

谢海巢说：1951 年 1 月，中共中央以华东军政大学为基础，在南京组建了解放军军事学院，父亲调任以刘伯承元帅为院长的军事学院基本系主任兼党委书记。1954 年 8 月，父亲进入军事学院战役系学习。在学习期间，他被授予少将军衔。

1957 年 7 月毕业后，父亲入朝担任志愿军第二十一军军长。1958 年 7 月回国，父亲继续担任解放军第二十一军军长。1967 年初春，父亲率第六十九军从河北进驻山西，主持山西省全面工作长达八年，曾任山西省委第一书记、省军区司令员等职。

此后，父亲曾任北京军区副司令员、沈阳军区副司令员。1982 年至 1985 年，任昆明军区政委兼军区党委书记。

1984 年，父亲还参加了对越自卫反击战，当时他是昆明军区政委，打了好几个漂亮仗，最后直接指挥了收复者阴山、老山的战斗。

百万大裁军时，父亲主动让位

谢海巢说：1984年11月1日，中央军委座谈会在京西宾馆召开。军委主席邓小平阐述了一个高瞻远瞩的战略决策：裁减员额100万。中央军委座谈会后，大规模的体制改革、精简整编方案立即开始酝酿、商榷和论证。

1985年5月23日至6月6日，中央军委扩大会议在北京召开。会议最后决定保留北京、沈阳、济南、南京、广州、兰州、成都军区，撤并乌鲁木齐、武汉、福州、昆明军区。

宣布决定之前，中央军委常务副主席兼秘书长杨尚昆分别找昆明军区和成都军区的军政主官谈话，时任昆明军区司令员张铚秀、政委谢振华立即表示服从组织决定。对两大军区合并整编后主要领导的任用，杨尚昆也征求过父亲的意见。对父亲的安排，杨尚昆还征询父亲是否愿意去军事科学院工作。

从父亲的经历来看，红军时期就是主力部队的团政治委员，解放战争时期是纵队司令员、军长，曾分别在红军大学、抗日军政大学、华东军政大学、南京军事学院学习和任职。

因此，除了能够带兵打仗，父亲对办教育、搞科研既有实践经验又有理论基础，年龄也不算太大，去军事科学院任职应该是个较合适的安排。

从当时的情况看，军队精简整编后，一两年内将恢复军衔制，只要是留任大军区正职岗位的开国将军，应该都会被授予上将军衔。而退离一线的，不论是老少将还是老中将，将一律不再授予军衔。

对于这些，父亲都非常清楚。去军事科学院留在第一线工作，还有可能被授予上将军衔。这对一个军人来说是多么荣耀的事情啊，但是，父亲想得更多的是回到昆明把精简整编工作搞好，把数以万计的干部安排好。作为昆明军区的党委书记、政治委员，那是自己义不容辞的责任。

因此，父亲向中央军委领导表态："我愿意把位子让给较年轻的同志，对这份工作就不再考虑了。从昆明军区精简下来了大批干部，我有责任把他们安排好。我愿回去与大家共同努力，完成昆明军区最后一段光荣的历史使命。"

父亲的意见得到中央军委领导的赞许。1985 年 8 月 14 日，中央军委主席邓小平正式发布命令：昆明军区与成都军区合并整编为成都军区，机关设在成都市。按中央军委通知，昆明军区领导机关和领导班子于 1985 年 8 月 30 日停止办公。

与此同时，在成都军区协调小组的任务完成后，中央军委又委托父亲协助成都军区做好原昆明军区的善后工作，并设立了一个临时性办事机构，名称为"昆明军区善后办公室"。

1985 年 9 月 1 日，"昆明军区善后办公室"正式挂牌办公。对于原昆明军区的善后工作，父亲向中央军委提议："为了能够顺利开展工作，希望挂个副书记的名，便于参加党委会，在党委集体领导下工作。"

于是，中央军委决定，任命父亲为整编后的成都军区党委副书记，负责原昆明军区善后工作。"昆明军区善后办公室"在父亲的带领下，经过全体同志的共同努力和有关单位的大力支持，圆满完成了所担负的历史使命，并于 1986 年 6 月正式撤销。

父亲把他的一生都献给了部队

谢海巢说：我父亲 14 岁参加红军，作为一个军人，他把他的一生都献给了部队，献给了组织。

父亲对我们非常严格。有一次哥哥回家探亲，当时哥哥是连级干部，按理说有半个月的假，加上又是春节，本就该与家人团聚。可是，回来还没到一个礼拜，父亲就撵哥哥走，说：部队才是你的家，你要回去好好地跟连队战士们一起过年，做个好大哥、好榜样啊。

父亲也从来不让我们用他的车，他说：车是国家配给他工作用的，你们不能坐。对父亲他们那一代革命家来说，做什么事情都是以国家为重，以军队为重，以组织为重，他们骨子里就是全心全意为人民。

父亲原来的单位，每年都会给他装修房子的费用，但他从来没用过，全都退回去了。父亲的老部下拿着东西来看他，他也都不要。父亲说：你们来看我，我十分高兴、十分欢迎，但是不要拿东西。如果再拿东西来，就要受到批评了。

父亲非常关心家乡。他省吃俭用，捐钱给家乡改建希望小学，向学校捐赠图书、学习用品和电脑。他还给全村80岁以上的老人捐物，南方冬季天气寒冷，给每位老人买一条电褥子，冬天就好过多了。父亲每次回家，都会到学校给孩子们讲述红军的英雄故事。

谢海巢说：父亲作为一名军人，自参加红军以来，经历了数以百计的战役战斗。在68岁高龄的时候，他还指挥了对越自卫反击战，并亲自登上老山主峰视察指挥，部署作战方案。

2019年是新中国成立70周年，我们能拥有现在的生活，真的要感谢为我们付出生命的先烈们。没有先辈们的付出，就不会有今天的美好生活。现在的生活非常舒心，我们一定要牢记过去的不容易，珍惜来之不易的生活。

成少甫之子成健
不当关系兵，父亲送我上战场

郝　佳

成少甫少将 12 岁参军，15 岁参加了鄂豫皖第四次反"围剿"的战斗。红军主力四方面军撤离鄂豫皖以后，他又加入红二十五军。在抗日战争时期，他跟随聂荣臻同志深入五台山，创立了晋察冀革命根据地。其间，他还参加了平型关战役、百团大战、晋察冀的反"扫荡"斗争等。1955 年 9 月，他被授予少将军衔。曾任北京军区副参谋长、济南军区副司令员。1979 年 12 月 31 日，成少甫逝世，终年 62 岁。

成少甫少将之子成健接受了专访，他讲述了父亲"誓将革命干到底"的英勇精神，以及和平年代被父亲送上援越战场，经受战火淬炼的经历。

大别山的穷苦孩子，12 岁参军"闹革命"

成少甫，1917 年 10 月出生在大别山河南省商城县一个贫苦的农民家庭。在他 9 岁那年，他的母亲和两个弟弟因无钱医病，过早离世。最小的弟弟才 1 岁多，被迫送给了别人，只剩成少甫与父亲两人背井离乡到县城去打工。饱尝欺辱和压迫的成少甫曾在自传中写道，他"已恨透了为富不仁的有钱人"！

1929 年 5 月，一场农民起义在河南商城爆发。当时正在店铺当学徒的成少甫得知家乡"闹红"的消息，也听说共产党是解放穷苦大众的，立刻决心投奔红军。参军那年，他还不满 12 岁。

刚加入红军时，领导看成少甫年纪虽小，但识字，就选他做宣传队长。他带领一群与自己年纪差不多的"红小鬼"，贴标语、搞宣传、发动群众，为扩充红军和筹集粮款贡献力量。由于工作积极认真，他半年后就入了团，不久又入了党。

成健说他的父亲曾说过，其当时参加革命的动机，就是"为了打土豪、分田地，让全天下的穷人有饭吃"。他入团、入党的动机，就是"要革命到底"！

成健表示，父亲曾骄傲地讲述往事。1929 年底，在红军攻打商城县城的时候，父亲曾用搞宣传时用的空手枪套，活捉了一个白匪兵，还缴获了一支汉阳造步枪。

不过，长途跋涉的行军生涯对于一个 12 岁的孩子来说，还是非常艰苦的。成健说，父亲在行军过程中有一次脚都走烂了，落在了队尾。他的班长很严厉地批评道："成少甫你经常掉队，是不是想做逃兵？"成少甫感到很委屈，但他依然高唱着革命歌曲，紧跟队伍。这时正好徐海东师长策马经过，就把他扶上了自己的战马。

成少甫当过徐海东的司号员。成健曾听父亲说，他一吹冲锋号，整连的红军战士就勇猛地冲向敌阵，但每仗下来，一个连一百多人往往只剩下二三十人。当时的战况是非常惨烈的。

"活着干，死了算"，誓将革命干到底！

对于成少甫来说，革命的道路伴随着伤痛与曲折。1932 年 6 月，15 岁的成少甫当时在红军第四独立师，参加了鄂豫皖第四次反"围剿"的战斗，在英勇作战中不幸腿部负伤。成健表示，那时队里医疗条件很差，由于父亲腿部伤情重、流血多，不适合转移，领导就把他安排在老乡家里养伤。老乡对他很好，到山上采草药为他疗伤，还拿出仅有的粮食给他吃。不到一个月，成少甫身体便基本恢复了，这时他得知红军主力七十三师转战到新集，立刻决定赶过去与部队会合。老乡劝他说："外面很危险，不如你留下来给我做儿子吧，咱们在一起过。"成少甫十分感激对方，但他想到自己"要将革命干到底"的参军誓言，还是义无反顾地走了。

成少甫刚加入红军第七十三师，就参加了新集以北的阻击战斗。在战斗中他又一次身负重伤，子弹从他右肩穿过，血流不止，他坚持战斗直到昏迷过去。因伤情过重，他再一次被部队安排到当地老乡家里养伤。

在成少甫休养期间，红四方面军主力被迫撤离了鄂豫皖苏区。为躲避敌人的"清剿"，乡亲们把他和其他几名受伤的战士藏在山洞中。其中有一个轻伤员去老乡家取食物，不幸被反动民团发现，堵在了老乡家里。房东大娘为了掩护战士，竟将自己唯一的儿子交了出去，白匪兵带走后将其杀害了。

成健讲到这里不禁眼眶泛红，十分动情。他说，父亲把这位无私的大娘深深记在了心间，而当年老区人民对红军战士的深厚情谊，也令父亲常怀感激。

看到敌人对苏区群众的残暴行为，更加深了成少甫对国民党反动派的仇恨。成健表示，父亲曾说，自己唯一的出路，便是将革命干到底，随时准备牺牲。他坚信：干革命就是"活着干，死了算"。

粉碎日寇"大扫荡"，获封"神仙山的保卫者"

1943 年秋，日军出动总兵力达 4 万余人，历时 3 个月，对我晋察冀抗日根据地发动了"大扫荡"。成少甫时任四十二团团长，接到上级指令留在神仙山山区，控制"制高点"，以内线作战配合外线各部的打击，粉碎日军的"扫荡"。

成健从父亲那里得知，当时敌我力量悬殊，我四十二团仅有 4 个连 800

人，却要与上万日军交火。成少甫率队利用神仙山险要的地形，有力地阻击了敌人的进攻。他指挥4个连和民兵组成多个战斗组，不断地袭击露营的日军，打得敌人狼狈不堪。而后四十二团大摆"地雷阵"，在日军进山的路上埋设大量地雷，日军再次进攻时，被地雷炸得人仰马翻，灰溜溜地撤退了。

当时打了胜仗的战士们高兴地哼起了歌谣：手榴弹手榴弹，打起仗来真实战，炸得鬼子哇哇叫，打得鬼子滚下山。手榴弹手榴弹，你是我的好伙伴！

然而，日军围攻神仙山失败后不甘心，同年11月初又调集4000余人，用闪击方式第二次突袭神仙山。军区急令四十二团赶赴神仙山，掩护后方人员分头突围。

"鬼子过来了！"只见日本旗在山下忽隐忽现，足有500多个鬼子。成少甫立即命令二连一排进入阵地准备抗击。一排战士以一当十，非常英勇，击退了敌人的多次进攻。成少甫指挥各连顽强战斗，又一次打退了日寇对神仙山的围攻。

这次伏击战毙伤日军200余名，而我军不但无一伤亡，还缴获了大批武器和物资。此次战斗后来被誉为反"扫荡"中一次典范的战例。

四十二团历经大小战斗46次，毙伤鬼子800余名。在庆祝反"扫荡"胜利的大会上，父亲接过了边区首长颁发给四十二团的锦旗，上面印着"神仙山的保卫者"七个金闪闪的大字。

"首功、首创、首登、首批"战绩

据成健讲述，其父成少甫作为一名军事指挥员，在历次战役战斗中克敌制胜，率部取得"四首"战绩。

首功。石家庄是解放战争中我军在战略反攻时期攻克的第一座大城市。成少甫身为旅长率独立第二旅配合华北四纵打助攻。他在实地勘察时敏锐地发现有一块开阔地带不利于作战，于是命令部队乘夜挖壕沟，用炸药炸出一条冲锋通道，为主攻和后续部队的进攻率先打开了通道。战后，杨得志司令员称赞他为夺取石家庄战役的胜利立下首功。

首创。1948 年在平津战役中的张家口追歼战中，成少甫率独立第二旅长途奔袭，连续作战，勇猛追击，仅以 16 个小时就将向张家口逃窜的国民党军一个师 6000 余人全歼，并活捉了敌师长。首创以一个旅用最短时间全歼敌一个整编师的新战绩，受到兵团的通令嘉奖。

首登。1949 年在会攻山西太原时，成少甫身为一九七师师长，率部勇猛突击，从太原城东北角率先突破敌人防线，将第一面红旗插上太原城头，歼敌 1 万余人。该师获得"首登太原城"的光荣称号。

首批。1950 年 10 月 23 日，成少甫率一九七师紧急入朝、首批出战，参加了志愿军第一次战役。他在朝鲜人地两生和极为艰难的环境下，指挥全师于 10 月 30 日与美二十四师交战，7 天就将其击退到清川江以南。首战告捷后，他又率第一九七师参加了第二、三、四次战役，冒着零下 20 多度严寒，单兵负荷近 30 公斤重，每日以近 50 公里的行军速度翻山越岭，"一把炒面一把雪"，从清川江北一直打到了三八线以南。该师共歼敌 15000 余人。

援越抗美，父亲送儿子当兵上战场

成健说，在和平时期，父亲曾亲自把他送上战场。

那是 1967 年的冬天，父亲从军区机关回到家突然问成健，你想不想当兵？那个时代能当兵是很光荣的事，当时只有 15 岁的成健，凭着一股热情回答，想！父亲又问：你不怕死吗？他答：不怕！父亲高兴地说，好，那就去当兵，援越抗美，到越南去打仗。

办理征兵手续时，父亲的一位老战友建议成健在首都警卫师当兵。他想着，这可是在毛主席的天安门前站岗啊，一下子有些心动。成少甫却严厉地对儿子说，当和平兵没出息，当关系兵更没出息！

就这样，成少甫坚决送儿子上战场。成健加入了北京军区高炮六十八师。1968 年 2 月 8 日，他随军奔赴援越抗美前线，并在广西龙州县进行了战前动员和训练。出征前，部队要求他们每人写一封信留在自己的包裹里。成健当时浑然不觉，后来才意识到，那就是遗书。

部队途经北京时，成健的父亲和其他家人都赶到丰台火车站，想为他送别，最终却错过了。团政治处领导把家人捎给他的信和物品带给他。父亲在信中写道，全家人来为你送行，是希望你上了战场，要发扬一不怕苦二不怕死的革命精神，经受住战场的考验！成健打开包裹，发现是一组他最珍爱的毛主席像章！感受到家人沉甸甸的爱与鼓励，成健暗下决心，决不辜负父亲的期望！

据成健回忆，1968 年 3 月 15 日，他们全师开赴越南北太省太原市，亲眼见到阵地前满目疮痍，一片废墟，炸弹坑有养鱼池那么大，所有人都十分震惊。留舍火车站已被炸毁，铁轨七扭八歪的，但仍有一对铁轨能通火车。晚上不时有火车通过，将我国援越物资不断运到越南。

这群年轻的战士第一次上战场，难免心情紧张，战斗警报一响，站立在炮盘上，腿会不自主地抖，心也怦怦直跳。为了稳定情绪，他们站在炮位上，不约而同齐呼毛主席语录"下定决心，不怕牺牲，排除万难，去争取胜利"！此时，成健才真切地领悟到，父亲在临别题字中引用这段毛主席语录，就是告诉他要战胜内心胆怯，在战场上无畏无惧，不怕牺牲。

1968 年 3 月 31 日，成健作为四炮手，装定好飞机航路和速度，催着方向手和高低手瞄准射击。连长一声令下，只见全师集火近战，大小口径火炮一起打，形成了密集的火力网。眼见一架敌机就像被网住的鱼一样，被我军高炮群一举击落，阵地上一片欢呼！

成健表示，从 1968 年 3 月入越到 1969 年 2 月回国，他与所在部队的战友在美国飞机的狂轰滥炸下，英勇战斗，不怕牺牲，打出了国威军威，用鲜血和生命维护了世界和平。

参与援越抗美作战后，成健亦从一个未经世事的中学生，锤炼成为一名合格的军人。成少甫见儿子凯旋非常高兴。成健也深刻理解了父亲的苦心：让儿子在战火中锻炼成长，这是一名戎马一生的老军人的革命情怀，也是一位红色家庭的老父亲对子女的期望!

"忠诚、刚正、奋斗、本色"家风

成健还深情回忆了与父亲相处的往事。在他眼中，父亲既严厉又慈祥，睿智而不失幽默。

成健表示，父亲非常注重培养六名儿女的劳动观念。他们全家刚回北京时，父亲选的房子带有一块半个球场大的院子，破破烂烂的，但父亲就喜欢这个地方，因为有地，可以种菜、栽果树。虽然成健与兄弟姐妹们平时住校，但每逢周末回来，都要花半天时间到地里劳作。

当时没有肥料，怎么办？父亲就动员他们挑着粪桶到胡同里的公共厕所淘大粪。他还教育儿女要学习时传祥同志的精神：时传祥是一名淘粪工人，虽然他身上是脏的，但他的心是干净的。成健回忆道，在一家人的齐心努力下，那块地变成了绿油油的菜田。

1979年冬，成少甫病危。当成健从外地赶到他面前时，他已经不能说话了，但他尚存一丝意识，紧紧握着儿子的手，用含混不清的声音竭力想表达着什么。成健明白，父亲是要告诉他，在部队好好干!

成健说，父亲成少甫一生为人正直磊落，始终坚持自己的原则。成少甫教育子女不要想着投机取巧走捷径，并表示，他一生中最痛恨两种人：一个是说假话的人；再一个就是搞小圈子，拉拉扯扯、吹吹拍拍的人。他身体力行地告诉孩子们，要靠自己的努力，苦干实干，在实践中锻炼自己。

成健表示，父亲给他们留下了"忠诚、刚正、奋斗、本色"的精神财富。这笔无价的财富，他们将作为家风世世代代传承下去。

曾雍雅之女曾莹

父亲是抗日战争智歼日军中将的"第一人"

郝　佳

曾雍雅，1917 年 7 月生于江西省于都县；1929 年 8 月参加少年儿童团；1930 年 12 月参加游击队，不久被编入中国工农红军；1932 年 2 月加入中国共产主义青年团，同年 8 月转入中国共产党；中国共产党第九届中央委员会候补委员，第五届中国人民政治协商会议全国委员会委员；1955 年被授予少将军衔，荣获三级八一勋章、二级独立自由勋章、一级解放勋章；1988 年被授予中国人民解放军一级红星功勋荣誉章。

提到曾将军，就不能不联想到他在黄土岭战役中舍身做饵，智诱日军"名将之花"阿部规秀的传奇经历。2015 年，以曾雍雅为原型的电影《诱狼》被搬上银幕，其女曾莹担任监制。曾莹表示，拍《诱狼》的意义在于告诉现在的年轻人，要"有血性，敢担当"！

革命的"兵贩子"绰号的由来

1917 年 7 月，曾雍雅出生于江西省于都县一个普通的农民家庭。1930 年末，蒋介石调集 10 万兵力，对中央革命根据地发动第一次大规模"围剿"。当时身为潭头区儿童团团长、年仅 13 岁的曾雍雅毅然加入红军游击队，也成为队伍中年龄最小的成员。

土地革命战争时期，其历任红一军团保卫局指导员、敌工科科长、回民支队政委等职，参加了中央革命根据地第一次至第五次反"围剿"和二万五千里长征及东征、西征战役。1937年初入抗日军政大学学习。

为了尽快补充兵员，以准备第五次反"围剿"的战斗，党中央发出"扩红100万"的号召，在各地掀起一轮招兵买马的高潮。1934年5月，曾雍雅在瑞金县武阳区执行"扩红"任务，他干得相当出色，"单枪匹马进去，把1000人拉出来了"。时任红一军团政治部主任朱瑞高度肯定了曾雍雅在"扩红"运动中取得的成就，评价其"表现了一个共产党员降服坚苦，政工干部勇挑重担的高贵品质"。

1937年，曾雍雅在山西广灵县任县委书记、县长期间，为晋察冀军区一分区二团、王震的三五九旅输送了2000多名八路军战士，组建了3个游击支队，并成功收编数个民间抗日武装，因此得来革命的"兵贩子"的光荣绰号。

1938年10月，曾雍雅受命率晋察冀一分区游击队第三支队在河北易县一带进行游击活动。这支作战灵活的队伍由于队长与政委职务均由曾雍雅一人担任，因此被称为"曾支队"。曾支队运用能打善藏的游击战术，使日伪军不敢轻举妄动，成为敌人的眼中钉、肉中刺。

"狼诱子"智歼"名将之花"

抗日战争时期，曾雍雅先后参加并指挥了大龙华、雁宿崖、黄土岭等战役，并参加了平型关战役及百团大战。其中最广为人知的，当数他在黄土岭"智诱"阿部规秀的辉煌一战。

1939年10月下旬，晋察冀军区得到情报：坐镇张家口的日军中将阿部规秀率部计划对我根据地进行冬季大"扫荡"，派辻村宪吉大佐率日军第一大队和伪军共1000多人进驻涞源城后，将分三路向晋察冀第一分区辖区发起进攻。

当时在聂荣臻、杨成武的部署指挥下，曾雍雅率其领导的曾支队充当"狼诱子"，成功将辻村宪吉的部队牵引至雁宿崖一带的山沟里。正当敌人疲困不堪之时，我军从两侧山崖开火，对敌形成"瓮中捉鳖"之势，歼灭东路日军530余人，并缴获大量武器。

得知辻村宪吉大队全军覆没后，作为指挥官的阿部规秀被深深激怒了，竟不惜亲自出马深入根据地腹地。这一次，首先迎敌的依然是"狼诱子"曾支队。

曾莹描述了当时敌我双方"当家人"的实力对比：时年53岁的阿部规秀，彼时刚被破格提拔为陆军中将，被日本军界捧为"山地战专家""名将之花"；率领第三游击支队的曾雍雅当时年仅22岁，但战地经验丰富，熟读过《孙子兵法》《论持久战》，是红军中少有的"知识分子"，善于诱敌且从未失手。

那么，面对一个以残暴著称的狡猾对手，曾雍雅是如何一步步诱敌深入的？据曾莹介绍，她的父亲在战前特意借来几百套八路军军装，摆出是杨成武部主力的架势。关于曾支队的灵活战术，《开国少将曾雍雅》中有记载：他们动作飘忽，行踪不定，忽而堵击，忽而后撤，若即若离，既巧妙地缠住敌人，又不硬抗，紧紧地黏住敌人，使一千多名日军既无法摆脱，又无法求战。

最厉害的一招是，曾雍雅还在沿途陆续抛出"诱饵"，不但在他最心爱的真皮公文包里塞入有迷惑作用的文件，抛在路上，甚至下令把队中唯一的重机枪扔掉。通过种种周密布局，敌人终于相信自己追击的是八路军主力部队，盲目扑向我军早已设好的埋伏圈。

1939年11月6日晚间，敌人被曾雍雅支队带进黄土岭一带，聂荣臻立即命令杨成武指挥各部队乘着夜色布阵，在敌人毫无察觉的情况下，完成了对敌人的包围。第二天早晨，阿部规秀被八路军一发迫击炮弹命中，命丧太行山。此次战役我军歼灭日军900多名，取得了重大胜利。

这次"诱狼行动"的重大意义还在于，这是中国人民抗战史上第一次击毙日军中将级高官，此壮举大大振奋了我军官兵士气。连《朝日新闻》也黯然承认，"中将级指挥官阵亡，皇军成立以来，未曾有过"。

2015 年，以曾雍雅事迹为原型的电影《诱狼》作为中宣部抗战胜利 70 周年献礼片推出，曾莹担任监制。在第 15 届电影频道百合奖颁奖典礼上，这部影片荣获优秀故事片一等奖，该影片导演荣获最佳导演奖，曾雍雅的饰演者也凭借在影片中的出色表现获得最佳男主角奖。

改造焦庄户"地下堡垒"

"地道战嘿地道战，埋伏下神兵千百万……"电影《地道战》的这段插曲男女老少耳熟能详，但许多人不知道的是，在抗日战争时期发挥重要作用的北京顺义焦庄户"地下堡垒"，是在曾雍雅将军亲自领导下升级改造的。

1944 年 10 月，曾雍雅由冀中军区第一军分区调任冀东军区第十四军分区司令员，管辖平谷、顺义、通州、三河、宝坻、武清、蓟县、香河、大厂等区县。辖区内的焦庄户一带属平原地区，无险可守，面对日伪军的"扫荡"经常处于被动位置，而曾雍雅原来工作的冀中第一军分区的冉庄地道战已经十分成熟。

为了改变被动局面，曾雍雅委派通信参谋徐信及后勤部李助理员到焦庄户开展地道战的试点和改进工作，设计了既能防水又能防毒气的"翻板"，增加了地道的军事科技含量。在众人齐心协力下，全村共挖通 23 里长的地道，村内纵横交错并和邻村相连，建成了"能藏、能打、能走、能防"的四能地道。

地道改造以后，曾雍雅召集 22 个县的武装部长开会，让大家先下地道视察，再上来点着柴草，用扇车往地道里扇烟，再往地道里灌水。最后把翻板一盖，什么问题也没有。曾司令员很满意，号召各县向焦庄户学习，还指示焦庄户再挖几个大洞，敌人来了，连牲口也要下地道，让敌人空手而来，扫兴而归。各县武装部的领导一致称赞：这真是一座"地下长城"啊！之后，焦庄户地道战经验在冀东地区被广泛推广。

据史料记载，焦庄户人民在抗日战争和解放战争年代，利用地道、地雷同敌人进行英勇顽强的斗争，由于战绩卓著，焦庄户被授予"人民第一堡垒"

荣誉称号。

如今，人们走进"北京焦庄户地道战纪念馆"，还能看到这里保留着曾雍雅司令员的抗日战斗指挥部，墙上挂着他的巨幅相片。

"弃小家、为国家"，镇守边疆十年

新中国成立后，曾雍雅先后担任第四野战军四十六军副军长、五十军代军长兼党委书记。抗美援朝战争期间，其参加并指挥了朝鲜三八线西部的防御作战和坪村南山反击战等战役。

抗美援朝回国后，其历任第三十八军军长、第四十军军长、沈阳军区副参谋长、西藏军区司令员、西藏军区党委书记、西藏自治区党委第一书记、西藏自治区主席、成都军区副司令员、沈阳军区副司令员等职。

据曾莹讲述，新中国成立后，她们兄弟姐妹几个原本盼着一家团聚，却等来了父亲的又一次"远行"。原来，在罗荣桓元帅的举荐下，曾雍雅毅然挑起镇守西南边陲的重任，这一去就是十年。

当被问到对曾将军"弃小家、为国家"的决定是否心有埋怨时，曾莹一时红了眼圈。她坦言，如果从子女的角度来说，父亲是不称职的。从 6 岁到 18 岁，在她成长中最重要的时期里，父爱一直是"缺席"的。等到 1971 年父亲从西藏调回沈阳军区，她已经到军医大学深造去了。曾莹表示，同龄伙伴能经常和他们的父亲聊聊学习、生活甚至感情上的烦恼，自己却好几年才能见上父亲一面，她心里非常失落。

但从另一方面看，曾莹坚定地表示，"对国家对党而言，他是中华民族的好儿子"！

曾莹说，在战争时期，父亲冒着被敌人"吃掉"的危险，甘当"诱饵"；步入和平年代，他又牺牲了个人家庭幸福，为维护祖国的和平稳定常年驻守边疆。这种勇于自我牺牲的奉献精神，一直令曾莹深为钦佩、自豪。

她说，当年参与制作电影《诱狼》的初衷，也是向在国难当头、民族危亡之际，千千万万个像父亲一样英勇抗战、流血牺牲的八路军将士、中华好儿女致敬！她说，现代的年轻人，也要学习老一辈革命家的精神，"有血性，敢担当"！

虽然与父亲近距离相处的日子十分有限，但曾莹表示，父亲对家里几个儿女的教导是身教而非言传，"无愧于党，无愧于国，才是无愧于家"，这便是父亲留下的家风！她说，这种红色基因将会在子孙后代中一直延续下去。

周纯麟之子周善平

弟弟考上不错的大学，却被父亲命令下连队

王梅梅

名将彭雪枫有"三件宝"，其中一样就是骑兵团。它是新四军的第一支骑兵团，建立这支骑兵团的功臣之一就是开国少将周纯麟。周纯麟将军的长子周善平，接受红船编辑部采访时已 70 多岁，退休后一直研究父亲的革命史，对父亲的故事如数家珍。

从长征到抗日战争再到解放战争，周纯麟曾三次爬雪山、过草地；组织建立了新四军第一支骑兵团；保护钱塘江大桥，解放杭州……他在战场上经历了艰苦卓绝的斗争。对家人来说，他是孩子们心中的"严父"。身为大军区领导，周纯麟不允许子女走捷径，坚持要求他们在基层好好干。几个孩子都考上了不错的大学，本来可以有很好的发展机会，均在父亲的命令下留在部队直到退休。

父亲参加革命因为一个"穷"字

1913 年 10 月 15 日，周纯麟出生于湖北省陂安南县桃园区周家湾村（今湖北省麻城市歧亭镇王奉咀村周家湾村）。要说为何参加革命，十来岁的小伙子还没有萌发"救国救民"的"远大志向"，参加革命只是因为一个"穷"字。

有句谚语最能形容周家湾人民食不果腹的生活，连周善平都说得上来：

"周家湾周家湾，无田无地石头山，有女莫嫁周家湾。"所以，一个村子里头光童养媳就有十几个，娶不起儿媳妇的人家把别人家的女孩子收养过来，给一口饭吃，长大以后再让她与儿子成亲。

周纯麟家本来有 10 个孩子，最后只有 4 个活了下来，他上有哥哥和姐姐，下有一个弟弟。周纯麟十几岁时，哥哥有点文化，当时是积极分子，姐姐已经嫁人，所以家里的农活都交给他干：种地、打长工、做豆腐、扎纸……时间一长，生性要强的周纯麟干不下去了，他也想参加革命，便在心底暗下决心：我一定要当兵去！

毛泽东曾经说过"穷则思变"，确实，穷，就要想办法争一口饭吃，争点地自己种。鄂豫皖大别山区的穷苦百姓，在八七会议后马上组织起农会，参加暴动。黄麻起义在当地掀起了一股革命浪潮。1930 年，儿童团团长周纯麟和 80 多个人一道当了兵。到新中国成立时，当初的那批人只剩他一个。

1931 年 11 月 7 日，红四方面军在黄安（今红安）县七里坪召开成立大会。周纯麟正式加入了红四方面军，成为数万人队伍里的一员，历任四方面军第三十军军部排长、通信队队长，第八十八师二六三团营政治委员，参加了鄂豫皖、川陕革命根据地反"围剿"战斗和长征。

战士牺牲前为何要求用白布蒙住双眼？

红四方面军的长征经历是最曲折的，过草地的艰苦行程走了三次。第一次是放弃川陕根据地后，和红一方面军会师过草地。当时后勤补给比较充分，仅用了七八天时间，但仍有不少战士因饥渴、中毒、陷入沼泽等原因失去生命。第二次南下再次穿过草地，爬过雪山，用了 20 多天。与川军几次交战后损失巨大，部队北上，第三次穿过草地。

红四方面军第三次过草地时，一路上，到处都可以看到红一方面军和红四方面军过草地时扔下的东西，还可以看到一些红军战士的遗体。当地人烟稀少，筹粮极为困难，吃饭成了大问题。沿途能吃的野菜、树皮、草根早已在大部队来来回回经过草地时被挖光了，最后实在没粮食了，不得不把驮物资用的牦牛杀掉，大家不但把肉吃了，骨头也砸碎了熬汤喝，连牛皮也要分了吃，有的煮烂了吃，没有那么多柴草，就烤一烤吃。牛被吃了，又没有食物了。上级明确规定，收容队的马不能杀，首长就把自己骑的马杀了分给大家。牛和马杀光了，但有的皮鞋底是生牛皮做的，大家便吃皮鞋。皮挎包、皮枪带、皮带，凡是能吃的都拿来吃。

1936 年 10 月，红四方面军两万多人开启西渡黄河的作战征程。在河西走廊，西路军孤军奋战，由于兵力悬殊，最后弹尽粮绝，惨遭失败，几乎全军覆没，在中国革命战争史上写下了悲壮的篇章。周善平说，自己曾几次去河西走廊，重走父辈战斗过的地方，甚至还因为高龄在飞机上晕了过去。但去一次哭一次，实在想象不到当年战士们是怎么活下去的。

在周善平看来，父辈身上有着最可贵的品质，其总结为三点：

第一，坚定的信念。红四方面军有自己的治军方略、口号、要求，以推翻蒋匪军，建立新中国为奋斗目标，立志让广大劳苦大众当家做主。举几个小例子。一个叫李国忠的四川籍排长渡河非常勇敢，他把冒烟的手榴弹径直塞进了敌人的碉堡，并用自己的胸膛拼命堵住枪眼，一声巨响，他和碉堡里的敌人同归于尽，牺牲时年仅 20 岁。在血战河西走廊时，有个叫张如山的连长，尽管耳朵被炸药震聋，眼睛被炸伤，依然不听劝阻要留在阵地。周纯麟问他还有什么要求，他说："教导员，能让我和同志们一块儿与敌人拼杀，我就已经很满足了！谈到要求，别的没有，只有一件事，就是如果我在战场上牺牲了，请给我挖个深坑，把我埋进土里，免得让野狗啃我的尸骨！"最后，他被敌人的一发子弹打中而牺牲了。在石窝山战斗中，汪冯志营长被敌人刺死，他曾向连长请求，如果自己牺牲了，希望连长用白布把他的双眼蒙住，免得眼睛被土堵上，看不见革命事业的胜利！

周善平讲道，父亲的回忆录里写了很多牺牲战士的故事，有通信员、连长、营长、师长……师长熊厚发负伤后在山上被俘，然后被敌人绑到炮上轰死。西路军两万多人打到新疆只剩 400 余人，虽然他们失败了，但是这些战士的精神是永存的。

第二，不怕死。毛泽东说过要有"一不怕苦，二不怕死"的精神，红军战士就是这样。1986 年，周纯麟去世。1987 年，周善平带着母亲、夫人和女儿回到倪家营子，据当地老人讲，倪家营子战斗时他才八九岁，那天晚上光尸体就有四五百（具），但是战士们都知道，怕死不革命，革命不怕死。

第三，服从命令。服从命令是军人的天职，战士们始终相信组织、相信党。

组织建立了新四军第一个骑兵团

1940 年春，党中央为充实新四军，从延安派了 130 余名军政干部到彭雪枫同志领导的新四军第六支队（1941 年 2 月改编为新四军第四师）工作。周纯麟被分配到支队第三团任副团长兼营长，随后参加了多次打击日军、顽军的战斗。

当时新四军没有骑兵，机动作战能力不足，因而遭受了不小的损失。对此，彭雪枫等领导深感忧虑，决心建立自己的骑兵部队。1941 年夏，新四军第四师在仁和集召开团以上干部会议，总结在津浦路西反顽斗争中的经验教训。会后，彭雪枫师长同邓子恢政委等领导在一起研究部队整编的问题。彭雪枫师长严肃地提出："……我们要搞一支快速部队，也就是说，要新建一个骑兵团！"他列举了建骑兵团的必要性：第一，这里是大平原，骑兵能发挥比较大的作用；第二，这里能买到马，洪泽湖边上草多，喂马不困难；第三，我们搞好津浦路东后，还要打回路西。那里的敌人有骑兵，我们也要搞一支精干的骑兵团，来对付敌人的骑兵！大家一致表示同意，彭雪枫师长开始实施骑兵团的建设，淮北军区副司令员饶子健向彭师长推荐，说周纯麟曾在新疆当过骑兵。于是，周纯麟被调到骑兵团当副团长。

事实上，建立骑兵团并没有想象中那么容易。骑兵团的战士大都是从步兵团调来的战斗骨干，没有受过骑兵的训练，上了战场，问题就暴露出来了：

马匹不足，有的战士没有马，而新买的马上了战场又跟不上队；马装具也很差，有的战士甚至用破棉被当马鞍，走不多远就会连带人滚下马；骑兵战士必备的马刀也很缺……这些问题经周纯麟反映，彭雪枫等领导决定拿出3万淮北币解决骑兵团的问题，提高其作战能力，这可是相当于全师半年的菜金。

买马、饲养、调理、战术训练……周纯麟依靠丰富的经验，一手"调教"出一支优秀的骑兵队伍，大显迂回、包抄、追踪身手，此外，其还设计了雪峰刀，机动作战能力得到有效提高。1941年8月1日，新四军第一个骑兵团成立。年底老团长被调走，周纯麟成了团长。直到1945年日军投降后，周纯麟被调到步兵团，才离开了这支骑兵队伍。

解放杭州，保护了钱塘江大桥

解放战争时期，周纯麟历任华中野战军第九纵队七十三团团长兼政治委员，华东野战军第二纵队五师副师长、师长，第三野战军二十一军六十二师师长。参加了孟良崮、淮海、渡江、杭州、舟山等战役。

1949年4月26日，部队接到了进军浙江，直插杭州，迅速抢占钱塘江大桥，截断上海和杭嘉湖敌军退路的命令。5月2日夜里12时，六十二师指挥所在城里宿营，忽然接到杭州地下党派人送来的情报，说杭州城里敌人兵力空虚，正规军都在向南逃跑，只剩一些地方部队和警察，钱塘江大桥上的车马和人员络绎不绝，城内也是人心惶惶，混乱不堪，敌人准备炸掉钱塘江大桥和发电厂，阻止我军南进，并使杭州变成黑暗的城市，地下党正发动群众做护厂护桥的斗争，希望我军尽快去解放杭州。

周纯麟向各团布置了作战任务和进军路线，决定一八五团翻越天竺山，直插钱塘江大桥；一八四团向南迂回，沿杭富公路向钱塘江大桥前进，行动要迅速，动作要隐蔽，谁先到达目的地，就由谁先发动进攻，占领大桥后，要立即占领和保护好发电厂，以保证解放杭州后全城通明。

六和塔首先开火，桥面上的敌人顿时乱成一团，纷纷向桥两头跑，他们身后忽然腾起一股烟雾，接着传来一声闷响，以为敌人炸桥了，再仔细一看，大桥却安然无恙。原来敌人在慌乱中燃爆的炸药威力太小，只把桥面炸了一个洞。他们本来另外装满一汽油桶的黄色炸药，还没来得及炸，电线便被我军攻到桥头堡下的战士剪断。北桥头堡被我军胜利占领，守敌全部做了俘虏。南桥头堡的敌人，仓皇弃桥向南逃去。雄伟的钱塘江大桥，终于安全地回到了人民的手中。

占领钱塘江大桥后，一八五团的先头连乘胜进入桥东面的发电厂并解决了城里的敌人，又朝凤凰山上的 500 多个敌人进攻；一八四团接防钱塘江大桥后，派出部队沿西湖方向挺进市区。兄弟师六十一师从西湖北面的宁杭古道攻进市区，和六十二师胜利会师。军指挥机关率领六十三师也随后赶到。杭州解放了，上海方面的敌军向南逃跑的交通要道被截断，国民党汤恩伯部队成为解放军的瓮中之鳖。

母亲邓文秀也是一个兵

周善平的母亲邓文秀比周纯麟将军小 12 岁，山东郯城人。郯城位于沂蒙山一带，是一个出"红嫂"的地方。邓文秀的父亲是小业主，做小学生的本子、笔等文具生意。周善平说，自己的姥爷非常慷慨，往往好不容易收几个铜板，如果路上遇到要饭的，就都给了人家；姥姥是个很贤惠很能干的小脚老太太。

日军全面进攻以后，在台儿庄打得很厉害，到了郯城烧杀奸淫，无恶不作。邓文秀的母亲带着 6 个孩子逃反到乡下，父亲没有走，守着院子，最后被日军杀害。邓文秀知道后决心要为父亲报仇。一一五师黄克诚的旅就在临沂、郯城这一带，邓文秀毅然决然地参加了八路军。周善平说："二姨、大舅相继也走了，家里就剩外婆带了两个小姨、一个小舅，到处逃反。"

1938 年，邓文秀开始参加地下党活动，主要负责宣传等工作。1939 年上半年，她正式参军。到了盐城，八路军的卫校开学，她是第一批学员。两年后，发生了皖南事变，盐城成了新四军的新军部，整个部队改编为八路军第四纵队。没过多久，黄克诚带着部队往北走，向淮南行进，卫校被编到新四军四师，邓文秀便在医院当医生，从 1941 年直到 1944 年。

有一次，彭雪枫命令后勤部长在全师女同志中找一个能配得上骑兵团团长周纯麟的。邓文秀被"看中"了，但刚开始和她谈的时候，她没有同意，因为 1944 年她才 19 岁，刚毕业，还要工作。后勤部长没办法，就找到原来骑兵团的团长帮忙做思想工作。在两个老红军的劝说下，周纯麟和邓文秀终于喜结连理。1947 年，周善平已经 1 岁多了，周纯麟在华东野战区任副师长，正好在临沂附近。邓文秀和部队请了个假，抽空回到老家，没想到母亲已经不认识她了。可不是嘛，当年 14 岁走的，现在都抱上娃娃了。娘儿俩相认以后抱在一起痛哭。邓文秀当下决定把母亲和兄弟姐妹全都带到部队去，大一点的哥哥和姐姐当了兵，还有个妹妹去打游击了。

国民党要重点进攻山东，根据部队规定，团以上干部可以带直系亲属坐船到大连，邓文秀只能抱孩子走，母亲走不了。邓文秀说："让我娘和我妹走，我就不去了，我父亲已经被日本人杀了，我不能让我母亲再让国民党给杀了，要死死在一起！"最后邓文秀带着母亲、儿子和妹妹都留下了，一家人在一起，谁也没去大连，他们在部队后方的留守处，在山东敌后和敌人周旋打游击，直到山东解放。

1955 年，彭德怀要求军队所有女性都要复员转业，邓文秀也到地方工作去了。没多久，炮兵又把她叫回去，让她去幼儿园当主任。1970 年，她又去了上海，在延安饭店当副主任。"我母亲一直在工作，是外婆一手把我们 7 个孩子带大的。"周善平称。

父亲对家人严格要求

关于父亲的家风家教，周善平从小看在眼里，记在心里。他的弟弟妹妹们，也受到了潜移默化的影响。

周善平 1946 年 3 月 19 日出生，父亲为他起这个名字还颇有一番来历。

其一，抗战胜利，内战尚未爆发，全国人民盼望社会和平、生活安定；其二，按照家族的辈分；其三，跟着周纯麟南征北战的两个贴身警卫员，分别叫皇甫善、张太平，取了他们的名字，组成了周善平的名字。可见周纯麟将军与战友们生死之交、情同手足的情谊！

在周善平的印象中，父亲心里想的从来都是为党、为国家、为人民，没有考虑过自己、妻子和孩子。周纯麟和妻子在一个大院里上班，可妻子从没坐过他的"顺风车"。孩子们上学两周回家一次，整整20里路，来来回回都是坐马车或者公共汽车，有时候甚至是步行，也没享受过父亲的专车待遇。生活中，周善平的衣服穿小了，再给妹妹穿；妹妹的衣服小了，又改成男孩儿的给弟弟穿。孩子们都穿打补丁的衣服。周善平打趣道："就我这个老大享福，能穿件新衣服。"

周纯麟对家人的教育不是唠叨，也没有厚厚的文字书信，而是重在身教。不过，"在我们成长的关键时刻，在我们遇到难以处理的重大问题时，父亲总能给我们寓意深刻、简明扼要的点拨和启示，就像一个指挥员站在高处，拿着望远镜仔细观察敌情、观测天候、排兵布阵，时刻关注着我们的成长；就像园艺师精心修剪小树的枯枝乱杈，纠正我们的不良行为，指明我们发展的方向"。周善平心中的父子情让人泪目。

周善平的大弟弟在部队得了急性肝炎，父亲很着急，想方设法让他得到及时治疗。妹妹从医大毕业，父亲没让她到离家很近的中心医院工作，而是到了较远、条件又比较艰苦，且是主要医治传染病的一〇九医院，长住集体宿舍。二弟和小弟分别被部队推荐到安徽大学和解放军国际关系学院学习，可父亲坚持让他们留在基层锻炼。两个双胞胎弟弟14岁就当了坦克兵驾驶员，一开始连操纵杆都拉不动，父亲叫他们咬牙坚持，向老战士、老坦克兵学习，加强锻炼，后来两个弟弟都能熟练地开着水陆坦克渡江过湖了。

周纯麟将军对几个孩子要求严，对妻子邓文秀更严。新中国成立后，邓文秀在炮兵幼儿园工作近20年，在上海延安饭店和南京华东饭店工作13年。这几十年中，其实有多次机会可以重新穿上军装，连组织上都批准了，就是丈夫这一关难过。因此邓文秀是按小教级别离休的，也就是个打引号的副处级，工资很低。不过邓文秀对丈夫的做法给予了理解和支持，她严格要求自己，兢兢业业工作，一辈子相夫教子。周纯麟临终前在他的遗嘱中说："最对不起、最挂念的是你们妈妈。"两千元稿费是他留下的全部积蓄，被他安排请保姆照顾妻子。

　　周善平动情地说："我深切地感谢父母的养育之恩，为有这样慈祥而伟大的父母而感到自豪。是父母的教育让我们拥有和谐美满的家庭，让我们第二代、第三代，以及第四代能够健康成长。"父亲去世以后，作为孩子中的大哥，周善平和弟弟妹妹们"约法三章"：第一，成家不能找外国人、非华人；第二，找华侨可以，但是要爱国；第三，学成必须先报效两个家——祖国和大家，也要爱自己的小家。现在看来，7个孩子家庭美满，在部队的全都干到退休，没有买官卖官的；下海做生意的，没有投机倒把，没有偷税漏税的。家里也没有大官，周善平职务最高，退休前是北京卫戍区预备役高炮师政委，但是也没有动用过权力帮自己的孩子。

家风严谨　以身作则

周恩来侄女周秉德
不忘总理初心，至今仍住单位宿舍楼

纪 欣

自 1927 年八一南昌起义建军以来，中国人民解放军中涌现出许多身经百战、战功卓著的高级将领。新中国成立后，在 1955 年至 1965 年新中国首次实行军衔制期间，共有 1614 位开国元勋被授予少将以上军衔。

但在众多将领中，享有"军事家"称号的却只有 36 人。其中，排在第二位的军事家，就是中国人民解放军主要创建人和领导人、军事家周恩来。

朴素的家风代代相传

周秉德是周恩来三弟最大的女儿，自 12 岁住进中南海西花厅，在周恩来身边生活了十余年。周恩来夫妇无嗣，周秉德因此成为与周恩来关系最密切的晚辈。

作为周家第二辈中的大姐，周秉德俨然已将传承老一辈革命家精神作为己任。虽已年逾八旬，她仍坚持参加各种社会活动，自己的大部分时间都用在参加论坛、演讲，以及接受各种媒体的邀约采访上。

"年纪大了，最近确实感觉有些累。但坚持做这些，也算是我的不忘初心吧，希望能通过我，让更多人真正了解老一辈人的过往。"接受采访前，周秉德刚刚参加了北京卫视一档真人秀节目。周总理的故事，经过她的娓娓道来，不由得让现场观众潸然泪下。

对她来说，周恩来不仅是新中国的首任总理，更是自己的伯父，"大伯性格平和，但对家人非常严格。他要求周家的每一个孩子从小就要做个普通人，任何事情都要靠自己的努力争取，不能因为他职位高而产生任何特权思想"。

朴素的家风教育体现在周秉德生活的方方面面。采访当天，红船编辑部记者走进了周秉德的家中，那是北京西城一栋三层老楼中。

谈起为什么住在这里，她笑道："这栋楼已经 60 多岁了，曾经是我公公工作单位的宿舍楼。当年国家给公职人员分配住房时，我本来是有申请条件的，但是看到周边的同事似乎更需要住房，我就一直没申请。所以，这么多年来，我都没有自己的房子，就一直住在这里。"

在周秉德看来，如果一个人对物质生活条件的期待不太高，那他就很容易得到满足；如果一个人追求超出自己能力、不切实际的奢侈生活，那他永远不会满足，而心里不满足，行为上不免会做些事情满足自己的需求，就容易走邪路。"没有天生的贪官，都是这么一点点地、逐渐走上了不归路。"

新中国位列第二的军事家

说起周总理在军事方面取得的成绩，周秉德回忆道："大伯在家中时不像人们想象中的军人那样威严，也根本不会跟家里人讲述自己指挥战争的往事。但作为位列第二的军事家，他是当之无愧的。"

1924 年，周恩来从欧洲回国后，先后任中共广东区委委员长、常务委员兼军事部部长，是中国共产党最早从事军事工作的领导人之一。当时正值国共两党合作，他参加了平定商团叛乱的临时军事指挥部工作，此后历任黄埔军校政治部主任、国民革命军第一军政治部主任兼第一师党代表、第一军副党代表、东征军总政治部主任等职。

1925 年 2 月和 9 月，周恩来先后参与领导和指挥了两次讨伐军阀陈炯明的东征，东征主力为黄埔军校学生军。在东征军攻克惠州城的那场战役中，年仅 27 岁的周恩来，已经展现出他卓越的军事才华。在那场战役中，东征军经过 30 个小时的浴血奋战，攻克了号称"固若金汤"的惠州城，取得了国共两党第一次合作时期的首次辉煌胜利。

"在惠州鹅岭山山头上有个东征军的指挥部，可以鸟瞰整个惠州城，我曾上去过两次。"周秉德说。当时军队攻打惠州，几天打不下来，蒋介石提议改攻海陆丰。但周恩来主张继续攻打惠州城，并提出三面打击，留一出口让敌人出逃的战术。蒋介石被说服，同意了周恩来提出的方案。最终，东征军攻进惠州城，为第二次东征的全面胜利奠定了坚实的基础。

100 年前周恩来的初心

周秉德 20 岁出头的时候，大伯周恩来给她讲了自己的恋爱故事。在北京卫视《我是演说家》节目中，周秉德与大家分享了伯父周恩来的爱情故事。

1920 年，周恩来去法国留学，他当时的女友和他一样，都是天津五四运动的领导者，他们到了法国也一起加入了旅欧中国少年共产党。

但是，不久之后，那位女士的思想发生了变化：她只想研究学问，却不大想过问政治了。那时候，周恩来已经是一个坚定的共产主义者，他认为自己要找的终身伴侣，应该是一个能够共同在革命征程中，克服一切艰难险阻的人。

因此，他与那位女士分了手。后来，他开始写信给在天津五四运动中担任讲演队队长的邓颖超。他给邓颖超寄了很多信和明信片，其中一张明信片上印的是德国的两位革命家情侣：李卜克内西和卢森堡。

在这张明信片的背后，周恩来给邓颖超写的是："愿我们两个人，和他们两个人一样，将来共同走向断头台。"

回忆起这段往事，周秉德曾这样说道："这是情书啊，孩子们！大伯在他年轻的时候，就是这样献身于自己所追求的共产主义事业的。"

对于党的十九大提出的"不忘初心、牢记使命"理念，周秉德也表达了自己的观点，"我们党已经成立快 100 年了，最初党成立是为了什么？为了国家的兴旺，为了人民的幸福，为了民族的繁荣。我想，这应该是所有共产党人最重要的初心"。

"我大伯在他 13 岁的时候讲，要为中华之崛起而读书；他 19 岁的时候，从南开中学毕业去日本留学，在跟同学告别时写了一句话，'愿相会于中华腾飞世界时——弟翔宇临别预言'。这句话就是周总理的初心，就是他的百年中国梦。"周秉德感动地说，大伯说这句话是在 1917 年，距今（2017 年）整整是 100 年。当时他就预见到中国势必有腾飞的这一天，而现在的中国就正在走向崛起，走向腾飞。

谢觉哉之子谢飞
应允许喜厌观点同在

王　硕

　　"延安五老"之一谢觉哉是横跨三个时代的人，21 岁中举成为末代秀才，41 岁加入中国共产党。比毛泽东大 9 岁的他，1933 年至 1934 年期间担任毛泽东秘书，主持起草了中国最早的《劳动法》《土地法》《婚姻条例》等一系列法例。新中国成立后，他成为首任内务部长、第三任最高人民法院院长。

　　谢觉哉之子、著名导演谢飞在采访中回忆道，他与父亲相差 58 岁，可谓"忘年父子"，但令他印象最深的便是父亲教导他要把语文学到"顶好"，成为对社会有用的人。据悉，谢飞在北京电影学院先后任导演系主任、副院长等职。对于当下流行的社交软件抖音及其自媒体内容，他认为，要允许批判与喜欢的观点同时存在，但如果涉嫌违法，就要按法律予以制裁。

谢觉哉辨别后选择共产主义道路

　　1884 年，谢觉哉出生于湖南省宁乡县的一个农民家庭。参加革命前，他就读于私塾，参加过科举考试，1905 年中举成了末代秀才。谢飞讲道，20 世纪 20 年代初，谢觉哉在其私塾同学何叔衡的邀请下，来到长沙担任《湖南通俗报》主编。在那里，谢觉哉结识了比自己小 9 岁的毛泽东。随后，他在朋友与同事的影响下，于 1921 年参加了毛泽东与何叔衡组织建立的"新民学会"，与很多年轻的知识分子一同了解世界形势。

谢飞认为，父亲那代人的思想非常解放，愿意接受新的事物，并且通过辨别，认为共产主义更适合中国的国情。1925 年，41 岁的谢觉哉加入了中国共产党。在谢觉哉的自传中他写道，自己虽接受的是传统思想文化教育，但对穷人受苦而一些官僚及地主资本家为富不仁的不公平的社会现实充满了厌恶。

父亲曾告诉谢飞他们，他是由于不满于当时社会的不公平现象而参加了中国共产党，也是通过自己的学习和辨别，根据自身的体验和对中国社会的观察选择了共产主义道路。

据悉，谢觉哉于 1933 年 4 月到中央苏区工作，先后担任中华苏维埃共和国中央政府秘书长、内务部长等职，主持和参加起草中国红色革命政权最早的《劳动法》《土地法》《婚姻条例》等一系列法令和条例。

抗日战争爆发后，谢觉哉担任陕甘宁边区高等法院院长不到两个月，即被派往兰州第十八集团军驻甘办事处，任中共中央代表，出色地开展了抗日民族统一战线工作。

1938 年 9 月，他回延安出席中共六届六中全会，1939 年 2 月任中共中央党校副校长。

为了克服经济困难，他在发动学员、职工开荒种地的同时，还自己动手参加修建大礼堂的工作。1943 年，延安中央党校大礼堂落成时，毛泽东亲笔题写了"实事求是"的大幅匾额。

新中国成立后，谢觉哉成为中央人民政府首任内务部长。1959 年，在第二届全国人大一次会议上，他又当选为最高人民法院院长。

教育儿女学好中国的语言文化

"在网上，对父亲的解释一般是'老一辈无产阶级革命家''延安五老'‘中国法制奠基人’等，所以我从小就被称为‘高干子弟’。"谢飞称，在他的印象中，父亲是一位很慈祥的老人，而且他是个高级干部。当时父亲有很多公务活动，但他正在上学，所以感觉父子距离比较遥远。他对父亲的了解主要是通过阅读父亲留下的日记与文章等。

"父亲大我母亲 29 岁，母亲王定国 29 岁时生的我，所以父亲与我的年龄差是 58 岁，我们可谓‘忘年父子’。"谢飞称，如果以二十或二十五年算一代人的话，他和父亲生活的人生岁月，有着两代多的巨大时代差距。

1942 年 8 月，谢飞出生在陕西延安，当时处于抗战时期。6 岁时他来到北京，1949 年开始上小学。"我的父亲虽然是红军，但他是政府干部，所以并没有按照军队的标准要求过我们。"谢飞讲述称，父亲健在的时候，他们兄弟姐妹七人（五男二女）还多是学龄儿童、少年或青年，他是老三，父亲对不同年龄的孩子，教育态度是不一样的，但有一条总要求，对所有人都一样，那就是好好学习，要掌握真本事。

在父亲眼中，真本事就是学好中国的语言文化，把中国字学好、写好。谢觉哉曾在湖南省立第一师范学校任教，当过多年教师。据谢飞回忆，他们兄妹与父亲主要通过信件进行交流，父亲会指出他们书信中存在的文理不通或语句不生动等问题。

谢飞说，父亲曾在一封信里提到，让他们把语文学到"顶好"，即非常好。父亲对待中文的学习态度，体现了老人家对儿女的教育就是学真本事，将来做有意义的工作。

在谢飞眼中，谢觉哉不仅是一位革命家，也是一位教育家。在他们年幼时，谢觉哉会在信中写道谁聪明一些，谁没那么聪明。但是，谢觉哉认为，聪不聪明是天生的，但有没有作为是后天的。谢飞说："他不希望我们太有心机，而是希望我们做有用的人，这一点对我的影响很大。"

右手瘫痪的"顽强文人"用左手写诗

据谢飞讲述，1954 年，父亲过七十大寿时，他还在上小学。1964 年，父亲 80 岁时，他已在北京电影学院上学。1963 年 4 月 5 日，父亲突发中风，直至去世，一直在跟中风引起的瘫痪等病状抗争。

谢觉哉中风后，在医院住了很长时间，渐渐恢复后才慢慢开始走路。对于写的问题，他很顽强，右手不能写便开始用左手写字，下雪或开花时还会写诗，这是老年知识分子的最爱。

谢飞是艺术创作者，他认为写诗也是有趣的，因为这需要对生活和对自然有所感触，同时发挥自己的艺术想象。所以父亲生病后，写诗也成为他可以静心疗养身体的重要方式之一。

直到 1971 年 6 月，当谢飞兴冲冲地从保定白洋淀农村干校返回北京准备结婚的时候，却遭遇了父亲的去世。在"横扫一切陋习"的"革命气氛"下，谢飞同家人在北京医院的太平间里进行了简单的遗体告别仪式。当时正在医院养病的"延安五老"之一董必武，在儿子的搀扶下也赶来见老友最后一面。他儿子手里的董老手书挽联，让谢飞至今记忆犹新："长征老战士，文革病诗人"。

百岁母亲是位出色的社会活动家

2017 年，谢飞的母亲王定国在春晚现场度过了自己 104 岁的生日。1933 年 12 月，王定国加入中国共产党。1934 年 10 月，她随红四方面军参加三过雪山草地的艰苦长征。新中国成立后，她任中央人民政府内务部机要秘书、最高人民法院党委办公室副主任等职，是第五届至第七届全国政协委员。

接受采访时谈起母亲的生活状态，谢飞称，母亲自 2017 年 11 月开始住院，她已是百岁高寿老人，所以近半年的身体不如以前硬朗。

关于长寿，谢飞认为主要原因是母亲从不吃药。谢飞总结道，人要靠自身的生命力来克服由于身体问题带来的困难，不要完全靠指标与药物来干扰自己的生命状态。谢飞表示："目前，母亲的心脏、血压等身体状态一直很健康，但由于年纪确实太大，所以近 5 年已经不能再写字画画了。但她一直保持着良好的心态，同时也不愿在医院久待，在伺候病重的父亲时，她就经常讲不要对医院产生依赖。"

谢飞说，母亲与父亲有着不一样的经历，母亲是在四川山区的穷苦家庭长大的。1937 年，时年 53 岁的谢觉哉已离乡十多年，被派到八路军驻甘办事处，作为党中央和毛泽东的代表到兰州开展统战工作。时年 24 岁的王定国也在此工作。

1937 年 10 月，经彭加伦介绍、毛泽东批准，王定国与谢觉哉结婚。此后，王定国与谢觉哉一起生活了 34 年。

谢飞称，母亲在与父亲见面时，实际上是个文盲，而父亲是位末代秀才。由于对革命战争形势的看法与选择的道路相同，且能够相互理解，他们才走到了一起。谢觉哉曾让她去办公室拿《西北日报》，拿了三次都没拿对，就奇怪地问："怎么回事？"王定国才难堪地说："我不识字。"谢觉哉听后说："不用怕，我教你。"

在父亲去世后，母亲获得领导支持将父亲的事迹与诗集整理出版，同时她自己也参与并发起保护长城、教育下一代等社会活动，建立文物协会等组织。谢飞认为，他的母亲是一位很出色的社会活动家。

提高影视销售标准，"抗日神剧"自会减少

据了解，谢飞于 1965 年毕业于北京电影学院导演系并留校任教，先后担任导演系主任、副院长、教授、博士生导师，同时担任中国电影协会理事，中国电影评论学会理事。

2018 年 5 月 2 日，《人民日报》发文批判了近几年"抗日神剧"雷人的

桥段：发射出去的子弹能拐弯并轻易击中敌人；背景明明是 1937 年，却已经开始用红外线激光检查入侵者，用蓝光认证活体……类似的雷人桥段不仅不合常理、不合史实，还解构了严肃的抗战记忆。

对此，谢飞认为，电视连续剧在中国的商业机制及销售方式属于播放集数越多越卖钱，由此造成了为凑集数而内容不精练的现象。"手撕鬼子"等剧情的出现，主要是为了博取眼球，将剧情拉长，从而获得更多收益。

此外，除了创作者、编导的审美外，解决这类问题的根本点在于经济方式。像美国、韩国等国外电视剧的总集数普遍偏短，内容也更精练，原因在于其销售方式不一样，美剧如果收视率不高，很可能还没播完就停播了。所以中国的编导并非不知道将无聊、啰唆的内容剪掉比较好，而是有投资方要求的因素存在。

谢飞建议，应当将销售标准提高，如只让内容更严谨、有质量、有深度的电视剧盈利，那么无聊、浮夸的剧情自然就会减少。

评抖音：应允许喜厌观点同在

对于近日一些自媒体发布侮辱英烈一事，谢飞认为，触犯到法律的就应当按照相关法律进行制裁。他看过少许现今流行的抖音、快手等平台的短视频，但并没有引起他的兴趣。新技术必然会带来新事物、新思想，不能全部称之为低俗，因为有人认为低俗的内容，在有些人眼中并非如此。

谢飞还称，他上学时，对武侠小说很感兴趣，当时老师会批评他，叫他不要看这些小说。后来他才知道邓小平也爱看武侠小说。我们不能称之为不高雅，因为每个人都有自己的喜好。

今天亦是如此，既要允许大众对某些内容进行批判，也要允许有人喜欢这些内容。而如果某些内容涉嫌违法，就应该按照法律进行制裁。

吴玉章孙女吴本立
共同生活16年，"不懂生活"的他教会我们成为有用之人

王　硕

"延安五老"之一吴玉章是我国杰出的无产阶级革命家、教育家、历史学家、语言文字学家，也是中国人民大学的首任校长。他的一生经历了旧民主主义革命、新民主主义革命和社会主义建设三个历史时期。他一生坚持革命，坚持办教育，获得了党和国家领导人的高度评价，得到了人民的爱戴。此外，毛泽东在1940年中共中央为吴玉章补办的六十岁寿辰庆祝会上提到："一个人做好事不难，难的是一辈子做好事，不做坏事，一贯地有益于广大群众，一贯地有益于青年，一贯地有益于革命。"这正是吴玉章一生的写照。

吴玉章孙女、中国人民大学教授吴本立回忆道："公公是位非常严格的人，在他面前不禁要正襟危坐。从不沾烟酒茶的他深深地影响了我们，在共同生活的16年里，近乎完美的他虽'不懂生活'，却教育我们成为对国家有用的人。"

赴日留学不忘国家荣辱，险成黄花岗起义第七十三位烈士

"我们把爷爷叫公公，因为我们的祖辈是福建人。"据她讲述，吴玉章于

1878 年出生在四川省荣县双石镇蔡家堰。1903 年，25 岁的吴玉章为谋强国之策东渡日本，在东京选择了学风严谨的成城学校自费学习，这段经历影响了他一生的教育观念。据悉，当时成城学校刚刚停止招收留学生，经吴玉章等人不懈努力，成城学校对中国留学生破格成立了中国留学生文科班，并将学制由 5 年压缩至两年半，吴玉章还成了一班班长。

1904 年元旦，日本人根据传统习俗在这一天悬挂万国旗，成城学校固然不例外。然而，吴玉章在成城学校悬挂的万国旗中，没有找到中国的旗帜，于是他带领自愿跟随的学生们向学校表示抗议，要求学校道歉。校长找他谈话问："学校从不催促你学费的问题，让你正常学习，对你这么好，为什么还要反对学校？"吴玉章对此答道："我知道学校对我很照顾，但在国家荣辱的问题上，我不得不站出来。"最终，学校为此事进行了道歉，并将中国国旗也挂了起来。

1905 年，早已熟悉日本留学环境的吴玉章与孙中山等人共同组织了中国同盟会，吴玉章任评议部评议员。1911 年，中国同盟会在中国广东发动了黄花岗起义。起义前夕，组织让身在日本的吴玉章运送武器到国内。"公公的身体一直不好"，吴本立称，有一次他为了将武器秘密送达，便把沉重的枪支和手榴弹绑在和服里。当时天降小雨，脚穿木屐的他走起路来相当笨重，而就在途中，他还碰到了日本警察。当时吴玉章的内心十分紧张，但还要装出正常的走路姿势，并时刻告诫自己保持镇定。那次的经历使吴玉章印象颇为深刻，吴本立称，公公在跟她描述这段故事时还记得当时是如何走路的。

遗憾的是，当吴玉章将武器送到目标地点时，起义已经失败。黄兴负伤撤回香港，喻培伦、方声洞、林觉民等革命志士牺牲，牺牲的中国同盟会会员有名可考者 86 人，其中 72 人的遗体由潘达微寻获并安葬于广州红花岗（后改为黄花岗）。而吴玉章险些成为第七十三位烈士。

留法深造培养人才，义不容辞入党并解散自立组织

民国初建时，吴玉章应孙中山先生邀请，代表蜀军政府赴南京，出任大

总统府秘书，助其建政。

　　二次革命失败后，吴玉章于 1913 年底乘日本船只前往法国，在船上恰逢 1914 年元旦，船上挂满了万国旗，但中国的旗帜仍不见踪影，不禁令人想起了 10 年前的成城学校……这次，吴玉章的身边没有同学，没有相识的人。令吴本立敬佩的是，公公在船上虽然谁也不认识，但看到有损国家名誉的事情，他还是选择站出来，孤身说动船上的中国人向船长抗议，最终让船长承认了错误，她不知道能有多少人在当时的情况下还有胆量站出来并这么做。

　　只是，这次经历让吴玉章非常痛苦，他感慨："10 年了，我们为了祖国奉献了那么多，但如今我们仍被别人看不起。"

　　此后，来到法国的吴玉章同蔡元培、李石曾组建了华法教育会，为祖国培养人才。在自传中，他将自己定位为"职业革命家"，走上了职业革命道路。1916 年，吴玉章回国后，在北京创办留法俭学预备学校，选送留法学生近两千人，其中，周恩来、邓小平、王若飞、陈毅、聂荣臻、赵世炎、蔡和森、张申府等人都成了中国革命的栋梁。

　　吴本立认为，公公将包括道德品质在内的中国文化同世界文化结合在一起，他在日本、法国、苏联等多个国家生活、学习了 20 多年，因此对民主自由、封建主义、资本主义都有着清晰的看法和理解。

　　1924 年，吴玉章同杨闇公等人在成都创建了中国青年共产党，这是他对中国革命探索的结果，也是他革命道路上的新起点。此时，吴玉章并不知道中国共产党已经建立。

　　1925 年 1 月，吴玉章来到北京，见到了在北京任要职的赵世炎，得知中国共产党已于 1921 年建立。1925 年 4 月，经赵世炎、童庸生和李国暄介绍，吴玉章以个人名义加入中国共产党。随后，他感到中国青年共产党已无必要继续存在，便告知杨闇公中国共产党已经成立，经商议二人解散了中国青年共产党，不少成员先后加入了中国共产党。

在家严格要求平等和礼节，晚年住在破旧的院子里

吴本立于 1941 年出生于四川，1949 年其父因病在医院去世。1950 年 4 月，吴本立的母亲在炮火声中带着她和三个弟弟乘解放军的卡车从四川来到北京，跟着时年 72 岁的吴玉章一同生活。此后，吴玉章一直抚养他们直至 1966 年去世。

吴本立的公公及父亲都是理工科出身，在这样的家庭环境以及科技振兴的国家背景下，她成了中国科学技术大学的第三届学生，受业于钱学森，学习工程热物理、近代力学等。

吴本立入党时间很晚，问及原因，她提到了公公。大学时期，吴本立看到很多同学、朋友都先后入了党，便向公公提出自己也想入党的意愿。令吴本立没有想到的是，吴玉章并没有立即同意她入党，而是提了一个问题——"你对党有多少认识？"他还说："战争时期人们入党会有牺牲的危险，然而现在很多人当党员是为了升官，为了利益。"当时吴本立只是单纯觉得公公是党的元老，她也想入党，成为像公公那样好的人。吴玉章听后告诉吴本立，等你对党有了多一些的认识时再说。

据吴本立回忆，公公对自身的要求很高，他屋内的所有工作材料都是收好的，工作的内容、材料也决不允许其他人过问及翻看，更不会随意对他人透露。

公公是一位教育家，在吴本立印象中，她没有听公公谈论过一句"张三长，李四短"，而是听他讲历史、讲他的经历及经验教训。在公公对自己的教育中，名与利是绝不能入列的，所以吴本立也从未对名利有过概念和想法。她对人只有辈分上的观念，没有职务上的观念，认为所有人都值得尊重。

同时，在公公家中，每个人都是绝对平等的，包括秘书、厨师、司机等工作人员。吴本立举例称，她平时不能使用公公的汽车，只有在生病时才可以使用，家中其他亲属和工作人员都是如此。"公公曾告诉我们，家不是旅馆，

到家后须先到他屋内报到，见到工作人员要喊'叔叔/阿姨好'。"吴本立称，这些都是规矩，处处体现了人与人之间的平等和礼节。

"我不喜欢那个四合院。"吴本立回忆起与公公共同居住的日子，住宿环境给她留下了深刻印象。她描述称，公公住的房屋很破旧，虽然是正房，但支撑房体的柱子都仿佛快要倒了，下水道散发的气味臭到屋里点香都掩盖不住，正厅的一张方桌子同时用来办公和吃饭，阳光照不进卧室，所以连白天也要开灯。

吴本立同母亲和三个弟弟早先住在后院，挤在一张床上，最小的弟弟由保姆照顾睡左边，其他人睡右边。冬天，他们的房间冷到窗户结厚冰，用手在窗上按一下，点五个点就可以画出一个"小脚丫"。而洗澡也只能用一个小盆来泼，直到后来才能到公公屋内的浴室排队洗澡，她至今还记得那个洗澡用的铝盆破了又补、补了又破。

1950 年至 1968 年，吴本立在这个她又留恋又"讨厌"的四合院里生活了 18 年。

吴本立：公公唯一的"缺点"是"不懂生活"

吴本立透露称："我儿时性格叛逆，当时公公的威望很高，便想他真的有那么好吗？没有缺点吗？结果闹了笑话，不过我还是找到了公公的一个'缺点'，就是'不懂生活'。"

在接受专访时，吴本立以茶待客，然而她自己受公公的影响从不喝茶。公公不沾烟酒茶，没有任何嗜好，刚在一起生活时，他会喝一点醪糟，到了晚年连醪糟都不喝了，去中央开会都会带个盛着白开水的暖瓶。

公公也不会玩，开车出去郊游，却到庄稼地问农民庄稼的情况。她与弟弟拉着公公打扑克牌，但他不会，只能现教。公公唯一的爱好是看京剧和川剧，有一次看《白蛇传》，看完便把吴本立叫去，向她讲《白蛇传》的知识和表达的意义。吴本立称，任何事物在公公眼里都不是单纯的娱乐，而是有着不同的意义。

在吴本立心目中，公公是位在品德上挑不出任何毛病的人。近年来，吴本立一直在追寻公公的足迹，了解他从前的生活经历，希望可以与不同时期的他"对话"。最后，吴本立认为自己生在这样的家庭里很幸运，也很光荣。

徐向前外孙徐陆宁
徐帅对腐败深恶痛绝，从不许家人沾他的光

张喜斌

　　徐向前，1901 年出生于山西省五台县永安村。他是中国共产党的优秀党员，久经考验的无产阶级革命家、军事家，忠诚的共产主义战士，中国人民解放军的缔造者之一，中华人民共和国元帅，党和国家卓越的领导人。新中国成立后，曾任中国人民解放军总参谋长、中共中央军委副主席、国务院副总理、国防部部长、中华人民共和国中央军委副主席。1990 年 9 月 21 日，徐向前在北京逝世，享年 89 岁。

　　徐向前元帅的外孙徐陆宁（原名熊陆宁）接受红船编辑部专访，他说："外祖父自称'布衣元帅'，一生艰苦朴素，我们深受影响。""徐帅对腐败现象深恶痛绝，从不许家人沾他的光。"

徐帅在十大元帅里边算一名儒将

　　徐陆宁介绍称：其母亲徐松枝（后改名徐志明）是徐帅的大女儿。徐陆宁称，外祖父徐帅在十大元帅里边算一名儒将。

　　徐向前少年时读了 3 年多的私塾，因家境不济，后来曾在河北省阜平县的书店当过店员。在此期间，他阅读了大量中国古典小说，萌生了为国捐躯的雄心壮志。

徐陆宁说："徐帅吃饭的时候曾跟我们聊天，讲他怎样产生的革命思想。徐帅告诉我们，他那时候在书店里看书，比如《三国演义》《水浒传》等。这些传统读物成了他反抗腐朽思想的最早启蒙。"

1919 年 3 月，徐向前考入山西国民师范第一期速成班。徐陆宁说："他在国民师范里很用功，看了很多进步刊物，受到了新思想、新思维的影响。后来他当教员，还把这些进步思想传授给学生，但他后来被开除了。"

1924 年，徐向前成为孙中山创办的黄埔军校的第一批优秀学生。1925 年，徐向前告别黄埔军校，开启他的军旅生涯。1927 年 3 月，在国共合作面临分裂的严重关头，徐向前加入了中国共产党。

徐陆宁说："徐帅是五台县永安村人，他对农民的疾苦感受非常深。徐帅跟我们讲，他知道共产党是为劳苦大众的，所以他在 1927 年最残酷的时候、最严峻的情况下加入共产党，走向革命。"

克服困难，以打代训，解放山西

抗日战争胜利不久，蒋介石就发动了内战。根据中央军委的命令，徐向前调任晋冀鲁豫军区副司令员，不久又任华北军区副司令员。

据了解，在此期间，他克服刘邓大军挺进中原后晋冀鲁豫军区兵力不足的困难，一面与太岳军区司令员王新亭一道组建新的兵团，一面指挥部队参战，借此训练部队的作战能力。

为了更好地完成解放山西的任务，徐向前率部先攻破运城，拔除了阎锡山的晋南屏障，又对素有"卧牛城"之称的临汾发起了进攻。临汾战役虽然付出了较大的伤亡代价，但取得了宝贵的攻城经验。

徐向前当时以"伤亡大、胜利大、锻炼大"之语评价临汾战役。最后是晋中决战，徐向前成功地运用灵活机动的战略战术，创造了以寡敌众、以少胜多的范例，该战也是运动战的典范之作。

1949 年 4 月，时任华北野战军第一兵团司令员的徐向前率部向太原发动总攻，此役共消灭敌人 13.8 万余人，盘踞山西达 38 年之久的阎锡山政权宣告灭亡。徐向前从太原走出，又回到太原，为家乡人民的解放事业立下了不朽的功勋。

徐陆宁表示："解放战争，徐帅是在山西打的。当时，刘邓把山西的主要正规军都拉走了，留给他的都是地方武装。但是当时没有时间训练，只能以打代训。一开始三打运城才把运城攻下来，非常不容易。徐帅说是'费了牛劲了'！"

"打临汾时，老百姓都说临汾是'卧牛城'，城墙厚，工事坚固，敌人的兵力集中。为了减少伤亡，徐帅派人进行坑道作业，挖地道，把城墙炸塌后突进去，大大提高了作战效率。"

徐陆宁说："徐帅带领的部队非常有战斗力，部队的战斗力也都是从打仗中一点点积累、一点点磨炼起来的"。

临终留遗愿把骨灰撒在四座山上

新中国成立后，徐向前被任命为中国人民解放军总参谋长。1954 年，他被任命为中央军委副主席。1955 年 9 月 27 日，在北京中南海怀仁堂，其被授予中华人民共和国元帅军衔和一级八一勋章、一级独立自由勋章、一级解放勋章。

1965 年起，徐向前任第三、第四届全国人大常委会副委员长；1966 年至1987 年，任中共中央军委副主席；1978 年至 1980 年，任国务院副总理兼国防部部长；1990 年 9 月 21 日在北京逝世，享年 89 岁。

徐陆宁说："新中国成立后，徐帅是第一任总参谋长。徐帅曾经带领兵工代表团到苏联访问，同苏联谈判军工合作问题。徐帅曾任国防部部长，参与决策对越自卫反击。后来为了积极响应党中央提出的'干部年轻化'倡导，徐帅主动辞去了军委副主席的职务。"

"在临终前，徐帅留了遗愿，要把自己的骨灰撒在大别山、大巴山、祁连山、太行山四座山上，把骨灰撒在他生前战斗过的地方。"

徐帅自己打的毛背心穿了 30 年

徐陆宁说："徐帅有很多特点，我可以讲几个生活当中的小例子。"

比如，上中学时徐陆宁想去当兵。有一次招飞行员，徐陆宁身体不错，一体检就通过了。回家后告诉徐帅，徐帅却说："一个小屁孩儿这么早当兵干什么？又不是形势所迫，你老老实实地学文化，当兵有的是时间。"

徐帅认为学文化比马上去当兵要强得多，学好文化再去当兵也未尝不可。所以说，徐帅很重视文化学习和素质的提高，他不赞成年纪很小就去当兵，以免耽误了学习文化的时间。

徐陆宁小的时候，徐帅会在家里给他布置作业，每天要写五张毛笔字。写完以后交给他，他要进行批阅。哪个字写得好，他就用红笔画一个圈。哪个字写得很差，他就用毛笔在底下打一个叉。写得好有奖励，写得不好要重写，直到他满意为止。

再一个，男孩子吃饭快，有时候米粒掉在桌子上了。徐陆宁那时候小，也不太注重什么节约。"徐帅呢，他也不说你，他就笑嘻嘻地走到你跟前，把你碗底下掉的米粒捏起来，放到嘴里吃。我一看，说您怎么能吃我掉的米粒呢，我就赶快自己捡起来吃了。"就这样，徐陆宁深受外祖父影响，从小就形成了艰苦朴素的作风。

再比如说，徐帅有一件在延安大生产的时候打的毛背心，他穿了 30 年，生活条件好了他也没有扔掉。在家里，徐帅经常穿原先部队的绿军装，他说："衣服很结实，扔了可惜。"他还说："绸子缎子我穿不惯，我这个比绸子、缎子都好。"

徐陆宁说："徐帅一生艰苦朴素、生活俭朴，我们深受他影响。"徐帅也说自己是"布衣元帅"。他有很多爱好，会打仗，会织毛衣，会唱戏，会拉二胡，会拍照。他还喜欢种菜，和战士们一起翻地、浇水，收获的时候和战士们一块儿吃。

对腐败深恶痛绝，不许家人沾光

徐陆宁说："徐帅在生活中的作风如此，他在工作中也是一丝不苟，而且对一些原则性的问题，看得很重，绝不退让。徐帅对腐败现象深恶痛绝，决不准许家人打着他的名号去为自己谋利。"

在徐陆宁面临挫折的时候，徐帅曾对他说："人生有的时候是顺利的，有时候是处在逆境的。在逆境的时候你要反省自己的问题，当然有则改之，无则加勉，也不要垂头丧气。"

徐陆宁说："今年（2019 年）是新中国成立 70 周年，我们要把革命精神代代传承下去。咱们的传家宝不是什么金银珠宝，主要就是革命的精神。不能光嘴上说，还要身体力行，这样才能真正地传承下去。虽然物质方面很重要，但是精神方面也不可或缺。"

谈及自己的身份，徐陆宁称："要做自己，就做个普普通通的人。能把'人'写好就非常好，这一撇一捺可没有那么容易写。"

我父亲熊家林，是徐帅的警卫员

熊家林（1917—1950），江西九江县港口区刘家巷村人；1927 年 11 月参加中国工农革命军；1933 年 4 月加入中国共产党；新中国成立后，任湖北省军区独立团团长；1950 年 6 月 28 日在北京逝世。

徐陆宁说："我父亲叫熊家林，我实际上应该姓熊，叫熊陆宁。我是 1950年 2 月出生的，我父亲同年 6 月就去世了。所以我母亲就让我跟着她姓徐了。"

据徐陆宁介绍，父亲是江西九江的农村人，家里赤贫，地无一垄，房无一间。为了求生存，有衣穿、有饭吃、有地方住，熊家林 10 岁时，也就是1927 年，就参加了革命。

有一次，徐帅下部队看到熊家林，问怎么会有这么小的红军？后来徐帅觉得他年龄小、很聪明，所以就把他带到身边当警卫员，后来当通信员。徐帅还手把手地教他认字、打仗，最后还把自己的大女儿嫁给了他。

陈士榘之子陈人康
父亲曾掌管全军工程，离世时两袖清风

刘姝蓉

　　2018 年 4 月 14 日是开国上将陈士榘诞辰 109 周年纪念日，此前红船编辑部对陈士渠之子陈人康进行了专访。陈士榘 1927 年 9 月参加秋收起义，随部队到达井冈山，10 月加入中国共产党。先后参加了中央苏区历次反"围剿"、红一方面军长征、直罗镇战役、平型关战役、广阳战斗、攻克赣榆县城战斗、宿北战役、鲁南战役、孟良崮战役、豫东战役、淮海战役、渡江战役等。新中国成立后，陈士榘任南京军事学院训练部部长、教育长；1952 年任中国人民解放军工程兵司令员兼人民革命军事委员会军事建筑部部长；1958 年兼任工程兵特种工程指挥部司令员兼政治委员，完成"两弹"基地工程任务，为中国导弹、原子弹事业的发展奠定了坚实基础；1969 年任中共中央军委委员，1975 年至 1978 年任中共中央军委顾问。

父亲入党是"为了让老百姓过上好日子"

　　陈士榘 1927 年 9 月参加秋收起义，随后加入中国共产党。"跟毛泽东参加秋收起义，选择走上革命的道路，可以说是我父亲一生最重要的时刻。"陈人康回忆称，"可以说我父亲从一开始就参与了人民军队的创建。"

1927 年 10 月 15 日，湖南省酃县（今湖南省炎陵县）水口镇秘密举行了一场新党员的入党宣誓仪式。陈人康称，这是毛泽东唯一一次亲自主持的入党仪式，他的父亲陈士榘正是六名新党员中的一位。"这个入党宣誓仪式对我父亲意义重大，可以说是影响了他的一生。当时毛泽东问父亲为什么要入党，他回答说'为了让老百姓过上好日子'。"

后来，陈士榘曾在第五次反"围剿"战斗中，参与指挥温坊战斗，歼敌4000 余人，取得红军在此次反"围剿"战斗中的唯一一次重要胜利。1934 年10 月，陈士榘随红一方面军参加长征。抗日战争爆发后，陈士榘率部在平型关战役中担任主力，取得八路军抗战中的第一个胜利。在广阳战斗中，他率部巧妙设伏，首次抓获日军战俘。抗日战争胜利后，他协助陈毅、粟裕一举歼灭国民党王牌军整编第七十四师，导致蒋介石"要在 3 个月内解决华东战事"的梦想破灭，重点进攻山东的计划破产。

建"两弹"基地，陈人康"觉得父亲很神秘"

从 1958 年 8 月到 1964 年 9 月，有近 10 万特种工程兵的部队在了无人烟的西北戈壁滩白手起家，建起了我国的导弹发射基地和核试验基地。由于当时严格的保密制度，这支队伍并不为人所熟知。陈士榘作为这支部队的司令员兼政委，参与了"两弹"工程的建设。陈人康说，这段经历一直让父亲引以为豪。

"父亲常说自己的一生有两大艰苦创业。第一个是革命，他从井冈山一路打到南京总统府，见证了人民军队的从无到有。第二个是'两弹一星'基地工程的建设，当时他任工程兵特种工程指挥部司令员兼政委，也见证了'两弹'基地的从无到有。"

不许通信、不许打电话、不许探亲，切断与外界的一切联系，这样的生活陈士榘和他的 10 万工程兵持续了整整 6 年。"小时候觉得父亲很神秘，有很长一段时间是见不到他的。那段时间，只有父亲来北京汇报工作时，才会顺路在家中停留一会儿。"陈人康说。直到1964年我国第一颗原子弹爆炸成功，陈士榘也完成了他的使命，才回到北京。"父亲为新中国的国防建设付出了毕生精力，了解他越多故事，我内心越钦佩。"

陈士榘曾掌管全军工程，离世时两袖清风

提起现在的官员腐败问题，陈人康直言是"制度的缺失"。他说，新中国成立之后，在物质资源极度匮乏的时候，父亲这代人经受住了权力和物质对人的考验。他们打下了一片新天地，建设了一个新中国。对于军队腐败的问题，陈人康也表示"深恶痛绝"，"千千万万的烈士流血牺牲，付出了多少生命的代价，才换来现在的新中国？父亲身上就有九处负伤，他当了23年的工程兵司令员，掌管全军工程，最后离世的时候还是两袖清风"。

在一篇自述文章中，陈人康曾写道："我的其他兄妹也没有利用父亲的职权去谋官经商，他们都是普通人。父亲让我们明白，他的光荣历史和手中的权力，我们子女只有继承发扬的权利，而没有享受、滥用的资格。"

陈人康曾在回忆父亲的书中写过"一坛清水祝华诞"的故事。文中称，父亲86岁生日时，已预感到这将是他最后一个生日。他的心脏病几次复发，身上已经出现浮肿。因此，不少老同志想为他多摆几桌宴席，搞得隆重一些，有关部门也同意这样搞，说父亲为国家的建立立下赫赫战功，花点钱是应该的，只需要工作人员做个预算，由父亲签个字就行了。预算做完，工作人员说："陈司令，给您做寿，您看看需要改进什么？"

父亲支撑起虚弱的身体，戴上老花镜一项一项地看，一边看一边皱眉头，他很不高兴地说："谁让这样搞的？"工作人员说："这是大家的心意。"父亲生气地说："我陈士榘什么时候这样干过？不要因为过个生日把我一生的作风改变了！你们应该知道，我们党历来有纪律，不能用公款请客吃饭，我一辈子都是这样遵守的。明知有纪律，还写报告要钱，这是给军委领导出难题啊。"工作人员笑了，还跟他解释。父亲说："我听说全国公款请客一年就要花去上

千亿元，这还了得？共产党人抛头颅、洒热血，可绝不是为自己享受。"父亲决定，要发扬长征路上一碗野菜互相让着吃的精神，只让工作人员送来一坛清水，算是过了个生日。这个生日被誉为"一坛清水祝华诞"。

当兵时父亲规定：不许给家里打电话

陈人康家里三代都是工程兵，他笑称他们是"穿着军装的建筑工"。陈人康的爷爷陈荣钟和弟弟陈荣镜均在湖北清军中当兵，都当过大清国湖北新军第十六协工兵营的管带（相当于营长）。父亲陈士榘是工程兵司令员。陈人康16岁时也被父亲送到了工程兵部队，在基层做最辛苦、最繁重的工作。

1970年1月5日，云南南部发生7.8级大地震，震中距陈人康的部队驻地仅90里，部队奉命抗震救灾。"救灾持续了整整半个月，我和战友们在废墟中徒手挖尸体。这个经历对我来说是意志力的磨砺。"陈人康说，"不能给父亲丢脸啊！"

陈人康当兵的时候，陈士渠曾严格规定：不许向家里要钱，也不许给家里打电话。"当年电话是稀缺品，父亲作为首长，家里是有电话的，但他不允许我占用公家资源打电话。"而陈人康当兵后第一次见到父亲，是作为"五好战士"代表到北京出席表彰大会的时候。

退休后的陈人康生活"很丰富"。他给党员干部做培训，参与党史和军史的研究。"来听我讲课的有各级干部，也有企业家，甚至还有大学生和社区基层群众。我们有一个红军后代授课团，像黄克诚大将的女儿黄楠、邓华上将的女儿邓英等都是其中的成员。不管听众多大年龄，我都希望将老一辈革命家的精神传达给每一个人。"陈人康说。

此外，陈人康还参加了中国转业军人合唱团，他们为中央芭蕾舞团伴唱，在人民大会堂和保利剧院等场合演出。"我退休后的生活虽然忙碌，但十分丰富，我乐在其中。这样的生活让我更有成就感。发挥余热，为传播父辈的精神尽自己的一份力，也让我对我的家庭、我的父亲有了更深刻的了解。"

吕正操之子吕彤羽

父亲说别在意当多大官，要紧的是为人民做多少事！

王梅梅

2009 年 10 月 13 日下午 14 时 45 分，中华人民共和国开国上将吕正操逝世。这是 57 位开国上将中最后一个离开人世的老将军。1941 年，毛泽东为吕正操领导创建的冀中抗日根据地题词："坚持平原游击战争的模范，坚持人民武装斗争的模范"。

吕正操之子吕彤羽接受了采访。年过七旬的吕彤羽深得父亲"真传"，当天上午 10 点钟见面时，其已经从外面游泳回来了，气色极佳。说起父亲对自己的影响，吕彤羽提到，父亲常常跟他说："别在意当多大官，最要紧的是为人民做多少事。"

吕正操对平原游击战具有开创性作用

"我一辈子，就是打日军、管铁路、打网球三件事。"这是吕正操将军对自己的总结。吕彤羽认为，父亲晚年与几百位冀中老同志编写了完整的冀中抗战资料，并在此基础上出版了《吕正操回忆录》，这是他做的第四件事。冀中抗战是中国抗日战争中重要的一部分，这套回忆录资料翔实，可作为研究中共抗战历史非常珍贵的史料。

1904 年 1 月，吕正操出生于辽宁省海城县唐王山后村，南满铁路就在村后经过。日俄战争后南满铁路被日本霸占，少年时代的吕正操，目睹和经历了日本侵略者对家乡人民的压榨与杀害，从小立誓当兵，把原来老师给他起的名字"吕正言"改为"吕正操"，意为好好操练，将来上阵抗日。

1922 年春，在远亲的介绍下，吕正操加入张学良部队。因其比较聪明，经张学良推荐考进东北讲武堂。从 1922 年到 1937 年抗日战争全面爆发之前，吕正操都隶属于东北军。中原大战时期，张学良主力部队驻守关内，吕正操所在的六四七团驻防北平，吕担任城防司令。1935 年 6 月，汉奸的铁甲车队勾结日军企图里应外合侵占北平。吕正操指挥部队炮击铁甲车，叛军即行后退。然后，吕正操又派出部队在丰台断其后路、夹击围歼，使对方全部覆灭。此战还受到美国驻北平领事馆的关注和称赞。在年底的"一二·九"学生运动中，他的部队还保护了学生队伍。

保卫永定河、激战梅花镇是吕正操指挥的比较有名的战役。从 1933 年起，吕正操已和共产党有了密切联系。1937 年，卢沟桥事变爆发，国民党军从华北前线南撤，让东北军殿后掩护，吕正操部队在永定河设防阻击乘橡皮筏子渡河的日军。据吕正操战友李长宽著文回忆，永定河一战，消灭的日军比之后的梅花镇一战还多，大大增强了部队的抗战信心。

另一场战役就是在梅花镇了。石家庄市藁城区的梅花镇有一座梅花惨案纪念馆，就和此次战役有关。1937 年 10 月 9 日，吕正操南撤至藁城梅花镇一带，组织了一次阻击战。当时日军未做准备，吕正操所在部队有相当一部分共产党员骨干。双方经过激战，我军歼敌 800 多人。战后，部分当地老百姓没有跟着部队撤退，日军展开四天三夜的报复性大屠杀，五分之三的百姓无辜惨死。这次战役激发了冀中老百姓的抗战激情，加上冀中党的基础好，李大钊建立的第一个党支部就在此……这些先决条件为冀中根据地的大发展奠定了基础。

梅花镇战役后，吕正操率领的六九一团脱离东北军，改编成共产党领导的"人民自卫军"，继续向冀中腹地高阳一带进发，他们沿途宣传抗日救国的主张，并且和地方军联系起来，迅速发展壮大，成为冀中抗战的主力。

在吕正操的领导下，冀中抗日军民面对极端险恶的环境，机智勇敢地坚持敌后武装斗争，创造了"地道战""地雷战""雁翎队"等平原游击战战法，为我党建立敌后抗日根据地立下了不朽的功勋。吕彤羽说："为什么搞得这么好？因为有人民的积极参与。这种作战方式不同于国民党的正规战，我父亲有句话叫'人民永远是靠山'，聂荣臻也说过，'有人民做靠山，比大山都可靠'。"

虽然梅花镇战役只打了一夜，事实上吕正操做了 6 年准备工作。在此期间，他逐渐意识到，只有跟着共产党才能真正打日军。从 1937 年 5 月吕正操秘密加入中国共产党开始，直到 1942 年冈村宁次"五一"大"扫荡"之前，这段时间是日军进攻最猖狂的时候，吕正操驻守冀中，坚持抗战，对平原游击战起到了开创性作用。

吕正操夫妻伉俪情深

据吕彤羽介绍，自己的父亲与母亲是通过组织工作走到一块儿的。

吕彤羽表示，之前父亲的第一任妻子高崇德曾负责管理东北军六四七团留守处，暗中为共产党提供资源，诸如电台、武器等。1939 年，留守处遭到蒋介石破坏，高崇德身受重伤，吕正操曾直接打电报质问蒋介石。身份暴露后，高崇德成为日、伪、国三方势力追杀的对象，从此不得不隐姓埋名，"人间蒸发"。

吕正操恢复单身后，其家庭关系成为组织关心的大问题，组织为吕正操介绍了一位爱人——刘沙，区委书记黄敬做了很多工作。

据刘沙回忆，一天，黄敬托人捎给刘沙一个纸条，上写："老吕想追你，望你找他谈一谈。"刘沙惶惑不解，冲口而出："怎么可能呢？"心想自己和吕司令怎么能谈到一块儿去呢？

后来，黄敬找到刘沙，说："不可能也得谈谈嘛。连这点面子都不给呀？"

刘沙是个开朗大方的人，去就去吧。带着"不可能"的想法去了。吕正操对她说："我们交换交换意见，谈谈彼此的观点，谁也不能勉强谁嘛。"刘沙开门见山地说："我认为我们不可能。我受不了拘束，跟大人物在一起，距离太大，我不习惯，恐怕合不来……""什么大人物、小人物的？都是共产党员，能有多大距离？"他打断刘沙的话，"说来说去，还是要摆开自己的观点、想清再下结论嘛。"

两人开始讲些大道理，从马克思主义的恋爱婚姻观，谈到马克思和燕妮的爱情生活。两人取得共识：双方必须平等相待，互相尊重，互相信任，夫妻间应坦率、真诚，来不得半点勉强。此后，他们敞开思想，多次深谈。刘沙还去找黄敬了解吕正操的婚史、生活作风等。

慢慢地，刘沙固执而矜持的爱情防线终于被突破。由相知到相爱，最终结为伴侣，风雨相伴，他们的爱情大树始终根深叶茂。

结缘铁路，吕正操一家与苏联专家成世交

新中国成立后，吕正操任铁道部部长、铁道兵政委、全国政协副主席等职。

1958 年，吕正操受命担任铁道部代部长。早在 1946 年解放战争初期，他就开始主管铁路运输。

1946 年四平战役时，吕正操是松花江保卫战的司令员，撤退时接到炸掉松花江大桥的命令。1947 年我军反攻，又要修桥。我们没有专业的铁路建设专家，只好请求苏联给予支持，斯大林马上派交通部长带专家西林等协助我们修复了松花江大桥。1948 年，吕正操和陈云一起参加了通车典礼。

据吕彤羽介绍，武汉长江大桥也是西林参与修建的。"西林和我们一家人关系非常好，他的孩子和我妹也是好朋友。"吕彤羽展示了两家人一块儿游玩的合照。

20 世纪末，有人认为发展高速公路才是最重要的，铁路已经过时了。对

此，经过调研后，吕正操给中央打报告说：铁路适应中国国情，不过时，还需要进一步加强。江泽民批复给国务院说：老领导的话还是要认真听一听的。吕彤羽说，自己父亲直到去世，一直关心着铁路的发展。如今中国高铁的发展以及"一带一路"大好形势都与铁路建设有密不可分的关系。

吕彤羽曾婉拒提升机会，一心搞研究

大学毕业后，吕彤羽从事军事科学研究。父亲鼓励他一心一意搞技术工作。吕彤羽说："我曾担任过防空武器研制的指挥，如今这个武器列装部队，已达到世界级水平，并荣获 2007 年度国家科学技术进步奖特等奖。"

吕彤羽现在是国家副局级干部。曾经有院领导找他谈话，建议他去其他所当所长，职称能再升一级。吕彤羽将此事告诉父亲，父亲说："人，不在当多大官，最要紧的是给国家做多少事。在历史上站得住脚的是为国家和人民所做的贡献，而不是个人能当多大官。"吕彤羽听了父亲的话，婉拒领导建议，一直在原所当副所长，直到研制任务完成后退休。

退休之后，吕彤羽和诸多革命后代进行革命历史研究。他认为，中国共产党的成功是中国历史上的一个大课题，革命后代知道的一些生动的历史故事能丰富现有的历史资料。学习革命历史对广大党员干部也起到很好的教育作用。

许世友孙女许道江
开国上将的武将柔情

王瑞文

　　开国上将许世友的孙女许道江在北京西山一部队大院里接受了专访。许道江同爷爷一样，也是一名军人，现任火箭军后勤部卫生局局长。在许道江的办公室里，她从自己的保险柜中拿出一沓信件，这些信件是父亲许光与爷爷许世友在通信匮乏的年代里沟通的凭证。血溶于墨，祖孙三代的亲情也连着字字牵挂，被一同印在泛黄的纸张上。

　　1955 年，许世友被授予上将军衔，并担任中国人民解放军副总参谋长、南京军区司令员、广州军区司令员、国防部副部长、中共中央军委常委等。

毛主席要求 15 天攻下的战役，爷爷只用了八天八夜

　　"我爷爷在战争年代，可谓身经百战，爷爷辉煌的时期之一便是在济南战役、莱芜战役和孟良崮战役期间，在孟良崮战役中更是歼灭了国民党王牌师——七十四师，击毙了张灵甫。"许道江说。

　　解放战争时期，许世友在陈赓和粟裕的领导下，参加了著名的孟良崮战役。孟良崮战役使国民党"王牌"军被毁，沉重打击了国民党的嚣张气焰，鼓舞了人民解放军的士气，使我军由弱转强，使全国的军事、政治形势发生

了重大变化，是解放战争由战略防御转为战略反攻的重要转折点，也为刘邓大军挺进中原奠定了基础。

"在1948年9月的济南战役中，毛主席亲自点将，我爷爷和谭震林、王建安一道，在陈毅、粟裕的指挥下，按照中央军委和华东野战军指挥部的部署，指挥部队经八昼夜激战，攻克了山东省会济南城，歼灭国民党军10万余人，基本上解放了山东省，使华东、华北两大解放区完全连成一片。那时候毛主席说，15天攻下济南城就行，但我爷爷只用了八天八夜。这一战毛主席非常满意，也是我爷爷这辈子最自豪的大战役。"许道江说。

"写传记可以，但名字不要叫《许将军传》"

许光有一次给父亲写信，提到《河南日报》要为其写传记一事。对于该书的名字，许世友特意让秘书回信。

信中说道："对于《河南日报》提出写一个《许将军传》的本子，首长说，写一个本子可以，但名字不要叫《许将军传》，叫其他什么名字都可以。你可以告诉他们，如果他们提出来要到广州，找首长采访，首长也同意给他们谈一谈，请酌办。"

采访时，许道江特意念了这封信，"这些信件，都是我们家风的体现，爷爷自始至终都是个很低调的人"。

想去南京准备高考，被爷爷拒绝

翻阅信件时，许道江拿起一封信，回忆起一段关于高考的往事。"我记得当年高考，我想让爷爷把我的户口迁到南京，因为南京分数低。我跟父亲一说，父亲想都没想就拒绝了，说你爷爷不会同意的。我就继续缠着父亲，可能他觉得我学习成绩不错，终于答应给爷爷写信。结果爷爷回信说：'告诉毛毛，就在本地复习，考不上就和老百姓的孩子一样，到农村广大天地去劳动！'"

就这样，许道江跟其他考生一样，在高考中没有任何特殊待遇，最终考上了北京军医学院。后来，许道江又相继取得了硕士、博士学位，还成为原二炮首位军事学女博士，却从未提及爷爷许世友的名字。

谈起爷爷对子孙的教育，许道江说："小时候我们去爷爷家玩，住宿都是住在客房。作为爷爷的亲孙女，我们都没有自己的房间。爷爷对我们的要求一直很严格，但他也很疼爱我们，名字都是爷爷亲自起的。我们四个兄弟姐妹，分别叫许道昆、许道仑、许道江、许道海，寓意我们要像'昆仑'一样高大，像'江海'一样宽广。"

父亲是《闪闪的红星》中潘冬子的原型

新中国成立后，许光和许世友将军终于团聚，其过程就如同大别山的山脉一般，绵长婉转，充满波折。对此，许道江回忆道："爷爷 1926 年 9 月加入中国共产主义青年团，1927 年 8 月转入中国共产党，同年 11 月参加黄麻起义，一直在家乡的大别山区战斗。我的奶奶朱锡民是大别山当年的妇救会主席，她与爷爷一起参加革命，文武双全，智慧过人，与爷爷感情深厚。她与爷爷共同生育了三个儿子，前两个都夭折了，只留下父亲许光。许光自 1929 年出生后，在祖奶奶、奶奶和姑奶奶的保护下，才得以生存下来。

"1932 年，爷爷随红四方面军转战川陕，离开了家乡大别山和父母妻儿。他在之后的革命战斗中，英勇杀敌，威震四方。直到 1948 年，爷爷再次写信到老家寻找自己的母亲和妻儿，经过多方周转，被老家的一位读书识字的长老看到，将信交给祖奶奶。祖奶奶和奶奶、姑奶奶带着我父亲找到当时在麻城土改的王树声大将，王树声看了信后，确认是许世友的信，就收留了我父亲许光。"

许道江说："当时我父亲只有十七八岁，又黑又瘦的，王树声怕和我父亲再次失去联系，便让我父亲住在自己家里，等安排好了再送到爷爷那里去。

于是祖奶奶就和奶奶、姑奶奶一起回到了老家。

"半年后，王树声亲自派人将父亲许光送到已经是山东军区司令员的爷爷许世友那里。看到年轻稚气却一字不识的儿子，爷爷十分激动，把我父亲先后送进了第五航空兵学校和大连海军舰艇学院。父亲从 1951 年一直学习到 1958 年，成了共和国第一批本科学历的海军军官、优秀艇长。"

《闪闪的红星》中潘冬子的角色，便是以许光寻父的特殊经历为原型塑造的。很多人都以为《闪闪的红星》是描写江西井冈山革命根据地的一个感人故事，其实《闪闪的红星》是描写鄂豫皖大别山革命根据地麻城的故事。

许道江说："黄麻起义之后，爷爷参加坚守在大别山地区的红四方面军。1932 年，爷爷随红四方面军转战川陕，与不足 3 岁的我父亲分别，生死难测。曾祖母与我父亲相依为命，作为红军家属，饱尝人世间的冷暖。我父亲从小便加入了儿童团，为山里的游击队送信、送盐，参与打土豪的斗争，多次躲过还乡团的残害。直到我父亲 19 岁，才与爷爷团聚。后来，爷爷把我父亲送进抗日军政大学山东分校学习，他的经历引起了班主任李心田的注意。他根据我父亲以及其他几位红军后代的经历，塑造出了电影的主人公——潘冬子。这部电影教育、影响了几代人，但作为主要原型的我父亲生前却从未跟我们提及此事。李心田老师也曾说过，许世友的儿子和鲍先志的儿子是《闪闪的红星》中的两个原型人物，其中我父亲是主要原型。我父亲是全国道德模范，在他的模范事迹中，也有关于此事的描述。"

爷爷生平唯一一次"开后门"是为儿媳治病

在许道江的记忆中，爷爷许世友一直是铁面无私的，从不用自己的权力给家里人行方便、谋便利。自己高考时想托爷爷帮忙转去南京，被拒绝便是其中之一。但在许道江的记忆中，有一件事，让许世友破了例。

1958 年，许世友在儿子许光的陪同下回家看望他的母亲时，第一次见到儿媳杨定春。那时，杨定春是一名人民教师，许世友当场就称赞道：有文化，当人民教师好！！！

许道江称："后来，父亲又回到部队，母亲为了替爷爷和父亲照料祖奶奶，专门把工作调到乡里。母亲的这种孝顺，受到了爷爷的尊重和认可。"

70年代中期，许道江的母亲突然患病，不能吃饭。当地医疗水平落后、无法诊治，从未向许世友开口提任何要求的许光，专程向他说明了妻子的情况。

"而从未对自己家人开过任何后门的爷爷，也是平生唯一一次立刻同意母亲来他当时工作的广州治疗，并亲自给广州军区总医院下指示，要求用最好的医生和技术。后来母亲很快康复，爷爷用自己两个月的工资共500元给母亲付了医疗费。多年来，母亲对爷爷的救命之恩一直难以忘怀，常常给我们讲起这段历史。当我成为一名医务工作者后，常常想起母亲对我讲，当医生就要当一名技术精湛、品德高尚的医生。而现在的我则更深地体会到，爷爷这样的将军，能在自己亲人身上破例，是因为母亲的品德、奉献深深感动了他。两代人、两代共产党员，爷爷、父亲与母亲，各自对党、对国家有不同的奉献，共同奏起了亲情、道德、奉献的动人诗篇。"许道江说道。

棺材要做得比一般老百姓差些才好

1979年10月，许世友将军腿疾复发。疼痛难忍的他意识到自己老了，于是，他给长子许光写了一封亲笔信："许光：邮去现金伍拾元整。这伍拾元钱是为我准备后事用的，用这笔钱给我买一口棺材。我死后不火化，要埋到家乡去，埋到父母身边。活着精忠报国，死了要孝敬父母。我今年74岁了，身体很好，活到八九十岁，也只有十多年了。你们可以先做准备。"

收到这封信后，许光便开始为父亲准备棺材。对此，许世友将军还特意叮嘱："棺材不能做得太好，一定要比一般老百姓差一些才行，防止人家提意见。做得太好了，老百姓看到会讲闲话的。"

遗憾的是，许光自己补贴钱为父亲做的这副棺材，许世友去世前由于病症导致身体浮肿，未能用上，这口棺材就被放在了许世友将军纪念馆里。

　　对于许世友的特殊性，邓小平曾亲自批准了其死后土葬的申请，并说道：三个特殊，下不为例。而这三个特殊便是，"许世友同志有特殊性格、特殊经历、特殊贡献"。

李天佑之子李亚明
父亲跨越"死亡之域"回国

张喜斌

李天佑, 1914年1月出生, 广西临桂人; 1928年入桂军当兵, 1929年10月加入中国共产党; 曾任中共中央委员、国防委员会委员、中国人民解放军副总参谋长; 1934年荣获三等红星奖章, 1955年被授予上将军衔, 荣获一级八一勋章、二级独立自由勋章、一级解放勋章。1970年9月因病在北京逝世, 享年56岁。

李天佑之子李亚明接受了专访。他说: "父亲是个纯粹的军人, 有四个特点: 作战勇敢, 升迁升得快; 善于学习; 为人道德品质高尚; 生活作风严谨。"在谈及买官、卖官等现象时, 李亚明称: "简直不可想象。从小父亲就教育我们, 不能找关系、走后门, 自己能干成什么样就是什么样。"

"张云逸同志是我父亲的革命领路人"

李亚明介绍称, 李天佑将军1914年出生, 是广西桂林临桂县(现临桂区)人。"我小的时候父亲对我说, 他们是佃农, 没有一寸瓦、没有一寸土, 家里非常贫困, 一直在给地主打长工。"

李亚明说: "父亲家贫困到什么地步呢? 后来发生了灾荒, 不得不把他的姐姐都卖掉了，才能维持一家人的生活。父亲在参军之前，一直在桂林的一家米粉店打长工。因为受压迫、受欺负，父亲就报名参加了北伐军将领李明瑞的部队。

"后来，父亲因为表现很好，作为优秀士兵被选调到广西南宁一个培养下级军官的教导队学习。巧的是，当时教导队的主要领导是张云逸，他是我们党派到当地去做兵运工作的。"

1929 年，李明瑞反蒋失败，国民党收买了很多桂系部队，造成桂系部队的分裂。李亚明说："在这个混乱时期，张云逸受到党的指令，要把部队拉到百色去起义。在 1929 年 10 月 15 日，张云逸就把教导队的学员都召集起来，说：愿意革命的站这边，不愿意的站那边。

"虽然父亲那时候还不是共产党员，但是他受到过压迫，有强烈的推翻旧社会、为穷人当家做主的愿望，很容易就接受了共产党的思想：翻身闹革命，推翻旧社会。因此，他很自然地站到了革命的那边。"

李亚明说："这是父亲一生中最关键的一次选择，可以说是他人生的转折点，张云逸也成了父亲的革命领路人。"后来，张云逸带着部队到百色举行起义，李天佑也由此正式成为红军，走上革命道路，此后一步步地走过来，成为人民军队的高级将领。

"要说父亲的贡献，我觉得父亲作为一个军人，他的一生都和军事密不可分。父亲身经百战，很多场大仗、恶仗、硬仗，都是一点点打出来的。在军事方面，在部队建设方面，父亲做了他该做的贡献，这是他一生中的亮点。"

带领部队在平型关战役任主攻

抗日战争爆发后，红四师改编为八路军第一一五师三四三旅六八六团，李天佑从红四师师长改任六八六团首任团长。1937 年 9 月 25 日，李天佑率六八六团作为主攻团参加了举世闻名的平型关战役，击毙日军精锐板垣师团二十一旅团 1000 余人。

李亚明说："当时中央决定在平型关打一场伏击战，是想要挫一挫日军的锐气。"果然，平型关大捷打击了侵华日军的嚣张气焰，打破了其所谓"不可战胜"的神话，极大地鼓舞了全国军民的抗战信心，提高了共产党和八路军的威望。

"平型关战役实际上有4个团参与，主战场有3个团，我父亲带领的六八六团在两团中间，负责拦腰切断敌人的进攻路线，担任主攻。"虽然这场战役打得很好，但也很惨烈。李亚明说，那是八路军第一次跟日本鬼子干，没有经验，武器装备也不如人家。

李亚明说："父亲带领六八六团攻打平型关的时候，一个最大的亮点就是他派了一个营冲下山沟，撕开敌人的防御，然后又爬到对面的老爷庙，两面夹击，加快了战斗的进程，这也是取得战斗胜利的一个很重要的因素。"

李亚明介绍称，李天佑一生受过五次（七处）伤。第一次是在1930年，跟随红七军在隆安鏖战中脚部受伤。第二次是在贵州攻打榕江县城时，作为敢死队队员带着部队冲锋，腿部受伤。第三次是在收复百色城时，脚板被打穿。第四次是在中央苏区跟红七军攻打赣州城时，李天佑仍然是敢死队的队长，这次身受重伤。李亚明说："父亲连中三枪：腿部、手臂、肩膀。其中肩膀受伤最严重，这一枪打得他从城墙上摔到了死人堆里。昏迷过去后，被警卫员从阵地上背下来，捡了一条命。"最后一次负伤，是在红军长征之前高虎脑战役的时候，李天佑将军被敌人的炮弹炸伤了左手腕。那时，他已经是红军的师长了。

李亚明说："因为父亲打仗很勇敢，所以在红军时期有很多人都叫他'小老虎'连长。后来，父亲又被大家称为'虎将'。其实，在人民军队里有一批像父亲这样的军事干部，都是从基层、从士兵干起，一步一个脚印，不怕牺牲，最后成为人民军队的高级将领。"

"信仰，贯穿父亲一代整个身心"

李亚明说，有一件事情令他印象十分深刻，甚至比战斗故事给他留下的印象还要深。

"1939年，父亲到苏联莫斯科的伏龙芝军事学院学习。学习还未完成，就赶上了苏德战争爆发，父亲与几名中国同学奉命回国。大家本想一起从蒙古回国到延安去，但是到了乌兰巴托后发现：日军已经把中蒙边界封锁得非常严密了。

"这样，他们就滞留在乌兰巴托，打零工、养兔子、卖电影票……自谋生路。父亲在那里被迫待了将近两年，后来实在待不下去了，再加上当时也已经对中蒙边界的情况有所了解，所以决定冒死也要回国。"

李天佑和战友李士英打听到由乌兰巴托向西，从蒙古西南部，绕过日军控制的蒙中边境，可以进入宁夏，再绕道去延安。但是这条路需越过茫茫的戈壁沙漠和无人地带，以及国统区，迂回曲折，行程长达4000里，异常危险。这片沙漠也被称为"死亡之域"。

他们商量后，打扮成蒙古商人，雇了一位蒙古向导带路，备了几头骆驼，驮上皮货、食品和水，冒着危险闯进了茫茫无垠的沙漠。沙漠天气酷热，他们好不容易翻越了几座土岭，来到一座大山前，四顾苍茫，却再也找不到向前的路了。

无奈只得拉着骆驼绕过大山，深入到一眼望不到尽头的沙漠。他们走得口干舌燥，找水喝时，才发现铜鳖子里的水经历路上的颠簸后早已漏光了。好在他们最后找到了一口废弃的井，才死里逃生。

晚上的沙漠很冷，他们睡不着觉，就坐那里聊天。聊什么？聊家人、聊革命、聊战友。李亚明认为，当时他们更多体现出的是一种坚定的信仰。两个人很孤单的时候，怎么坚持，这是对人意志力的一种考验。

好不容易走出沙漠，又走了几千里地，可是到了黄河边还是过不去。因为国民党把黄河封锁了，不让去延安。最后没办法，他们只好把向导辞退，把带着的一点毛皮卖掉，弄了点盘缠，去西安找八路军办事处。

李亚明称，父亲曾对母亲讲过这段故事，说：等两个人到了八路军办事处的时候，早就成乞丐了，拿着打狗棍沿路要饭才坚持着找到那里。他们看到八路军战士，很激动，终于找到了党、找到了部队，他们的那种心情我们现在是体会不到的。

李亚明说："他们的那种信仰，贯穿了父亲一代的整个身心。他们之所以能坚持到底，走数千里地、讨饭几个月，找回部队，就是因为他们有坚定的信仰。"动情之处，李亚明还流出了激动的泪水。

李亚明谈买官、卖官简直不可想象

李亚明说，他和父亲一起生活了 16 年。他认为："父亲一辈子都是个纯粹的军人，父亲的一生是以军事为主线的。从 14 岁入伍，15 岁参加红军，一直到父亲去世，即便是在和平时期，父亲也一直和军事、作战密不可分。

"父亲有四个特点。第一个是作战勇敢，升迁升得比较快。父亲 20 岁就已经升为红军主力师的师长，在当时是最年轻的红军师长。

"父亲的第二个特点是善于学习。他原来只上过两年私塾，没认识多少字。但是到了部队以后，他不断学习，充实自己。一开始在瑞金上红军学校，后来又到苏联莫斯科伏龙芝军事学院学习，新中国成立以后又到南京军事学院学习。他不断地学习，不断提高自己的文化素质，提高自己的作战指挥能力，因此才一步步地走了上来。

"第三个特点，父亲道德品质高尚。他在道德品质方面给孩子们树立了一个很好的榜样：对上级领导不阿谀奉承，对同级干部不搞帮帮派派，互相尊重，对下级干部很爱护，非常注意礼节。他虽然性格比较内向，不怎么爱说话，但办起事情却总能抓住重点。

"第四个特点，父亲的生活作风非常严谨，没有任何不良嗜好，不抽烟，不喝酒，也不说脏话。"

李亚明说，父亲对家人的影响非常深刻。"我们家谁到部队当兵，都要先去基层锻炼，从士兵做起，绝对不能炫耀自己是高干家庭的子弟。在我们家，没有养尊处优这一说，都是从基层干起来的。"

在谈及前些年买官、卖官等现象时，李亚明称："简直不可想象。从小父亲就教育我们，不能找关系、走后门，自己能干成什么样就是什么样。"

李亚明又聊到，在生活中，父亲的艰苦朴素也给他们留下很深刻的印象。比如，吃饭时米粒掉在桌上要捡起来，碗里的饭必须吃完不许剩，从小都是这么教的。李亚明说："我们小时候的衣服都是大孩子穿小了给小的穿，小的穿破了，补一补再穿。现在生活富裕了，但大家仍然保持着节俭的生活习惯，这可能也是受父母的影响。"

希望大家记住老一辈是怎么过来的

在谈及父亲有哪些精神值得学习时，李亚明表示：在初期，他有一种不怕死的战斗精神；在中期，他有为党、为人民工作的奋斗精神；在后期，他已经疾病缠身，仍然把全部身心都投入到工作中去，没有休息，这是一种无私无畏的奉献精神。

这些精神后面，贯穿着一个支柱，那就是他的信仰。他一直把为穷人打天下这个简单的道理作为自己的信仰，并将其融入自己的血液中、生活中。所以他不管做什么事情，都有信仰的支撑。

李亚明说：我作为革命后代，经常参加一些纪念活动，也会深入到学校、部队、革命老区。而且我们还经常讲课，特别是到学校里，跟学生们交流，给他们讲革命故事。

李亚明还加入了开国将军后代合唱团，到全国各地去唱歌。他说，一个是锻炼自己，充实一下退休生活，另一个是想唱唱军歌，让年轻人听听军歌是什么样子，希望通过歌声能使大家记住老一辈是怎么走过来的。

最后，李亚明表示，希望利用新中国成立70周年的契机，宣传老一辈的丰功伟绩，让更多年轻人了解父辈的革命故事，铭记历史。

萧克之子萧星华

家中危房重修，父亲不让多建一平米、多用一分钱

王向明

萧星华是开国上将萧克与老红军蹇先佛的孩子，曾任武警总部原纪委书记。2020 年 9 月 4 日，红船编辑部就红色家风传承对他进行了专访。

根据约定的时间，记者来到萧星华将军家里采访，进门后见到衣着简朴、年已 81 岁的萧星华，端正地站在客厅门口迎接，让人非常感动，他对年轻人如此的尊重，令我们肃然起敬！专访过程中，萧星华谈到父母和家风时，也多次提到"朴实无华"这个成语。

朴实无华的家风熏陶着第四代人

"美其食、仁其服、乐其俗、高下不相慕，其民故曰朴。"《黄帝内经·素问》一章写道，食物不论粗细吃起来都很香甜，衣服不论新旧穿起来都很舒心，无论在哪里都尊重当地的风俗习惯，即使身处高位，仍然尊重身处低位的人，并且不与地位更高的人攀比享受，这样的人才是真正的朴实无华。而朴实无华的人精神是内敛的，这样的人大多能颐养天年。

新中国开国上将萧克和夫人蹇先佛就是这样的人，萧克活了 102 岁，他

的夫人蹇先佛在萧星华接受采访时也已经 106 岁了。他们的家风和为人一样朴实无华，没有刻意教诲，自然而然地传承给了萧星华和他的孩子们，至今仍然在熏陶着萧家的第四代人。这样的家风在当今崇尚物欲的社会，显得弥足珍贵，它宛如宋朝周敦颐笔下的莲花，中通外直，不蔓不枝，香远益清，亭亭净植。

萧克一生最注重求实存真，生前他曾告诉秘书和家人："我有个留言写在一张纸上，现在不能让你们知道，等我死后，你们才能打开看。"萧克的留言在他去世后被家人打开，是关于墓碑的问题。家人遵照他的遗愿安排了墓碑上的文字，因此，八宝山公墓萧克上将的墓碑上，正面只有萧克的名字，背面是他自己写的四个字——求实存真，这四个字凝聚了他一生的品格，也是他对萧家后世子孙的寄语。

萧克看待党的历史全面客观、实事求是，反对搞个人崇拜。他认为讲党的发展史，一定要从党的创始人李大钊和陈独秀开始讲起；讲中国人民军队的发展史，必须讲周恩来、朱德、贺龙、刘伯承、叶挺等人；讲井冈山斗争和革命根据地的建立，必须讲毛泽东和朱德两个人。对待历史，既要讲成功，也要谈曲折；既要讲胜利的经验，也要讲失败的教训。不论在什么样的环境下都是如此，可以少讲，但不能乱讲。

从新中国成立初期 1952 年进京到 2008 年去世，他一直住在 20 世纪 20 年代修建的平房里，家具全部是六七十年代配发的，一件新的都没有。刚住进去的时候，营房部几次鉴定此房为危房，要求重新修建，他都不同意。受 1976 年唐山大地震影响，屋子的墙体出现了大裂缝，成为严重的危房。在不得已的情况下，他才同意重修，但条件是按照原有面积修建，不允许超出标准一平米，多花一分钱他都不住。

老红军蹇先佛的身世与健康近况

2020 年，老红军蹇先佛的身体已经大不如前，106 岁的她一直在住院治疗。为此，萧星华和家人推掉了一切社会活动，在北京安心照顾母亲。疫情发生后，医院禁止家属入院探望，萧星华只能通过视频掌握母亲的健康情况。疫情缓解后，他自觉遵守院方规定，只能和家人定期前往医院探望母亲。

蹇先佛出生在一个儒商家庭，自幼家境富裕，知书达理。她的父亲蹇承宴是一位开明的爱国志士，在父亲的影响下，姊妹四人都参加了红军。她的大哥蹇先为因叛徒出卖被敌人杀害，16 岁参加红军的小弟蹇先超在长征途中翻越雪山时牺牲，只有大姐蹇先任和她盼到了革命胜利。

2020 年 3 月，萧克原秘书马国文中将在他的《近看萧克》中，描述了他对萧克与蹇先佛夫妇的印象："他们感情融洽，从没有发现过他们闹矛盾或者有吵闹的现象……他们是革命的一生，是战斗的一生，是相知相爱的一生。"

晚年的蹇先佛和萧克在一起，议论更多的是国计民生，从来不谈及别人的私事。可以看到，蹇先佛是一个用实际行动表达爱的人，她关心家人的方式与众不同。按照时下的语言来说，她是丈夫的贤内助，与萧克上将一起克勤于邦、克俭于家，为他们的后代树立了榜样。

战争时期蹇先佛随身背着两件"宝贝"

1935 年初，经贺龙和任弼时夫妇牵线，蹇先佛与萧克结为革命伴侣。抗日战争、解放战争期间，蹇先佛的身上经常背着两件"宝贝"，一件是 1937 年丈夫萧克创作的《罗霄军》书稿；另一件则是 1939 年出生，经历过战争、饥饿幸存下来的儿子萧星华。这两样宝贝都是她的命根子，可每一样都差点与她失之交臂。

蹇先佛理解什么是萧克最在乎的东西，战争年代里这部书稿就像萧克的第二事业，是他对战争现实的客观记录与思考，细心的蹇先佛连一张碎纸片都没有丢下，全部装在皮包里时刻背在身上。解放战争爆发后，她从延安奔赴华北承德，经过长途跋涉走到了河北滦平县，因为太过劳累取下皮包休息，醒来后发现皮包不见了，这下急坏了蹇先佛，她到处寻找也没有找见皮包的踪影。无奈之下，她找到驻地部队说明了情况，驻地部队对此事高度重视，经过警卫人员与驻地部队的同志们仔细的搜查，皮包被幸运地找了回来。否则，大家便看不到1988年出版的《浴血罗霄》这部40万字的战争写实小说了。萧克凭借这本书获得了茅盾文学奖。如果没有蹇先佛的坚持，便没有萧克在第二事业取得的成功。

儿子萧星华出生时，正赶上日军对晋察冀根据地实行封锁"扫荡"。蹇先佛怀着萧星华，艰难躲避炮火，在途中一间废弃的屋子里生下儿子后，虚弱的她不敢久作停留，趁着夜色，一个人抱着孩子蹚过冰冷刺骨的河水回到根据地，为此她落下了病根，失去生育能力。侵华日军的"扫荡"近乎疯狂，20天后，蹇先佛被迫将刚出生不久的萧星华寄养在阜平县一个老乡家里。一年以后，当她再次见到儿子时，她无法想象萧星华是如何在日军的封锁下，在树叶、树皮都被吃光的地方活下来的。1岁多的萧星华看上去骨瘦如柴，体形比出生20多天的时候还要弱小。蹇先佛通过老乡了解到，在极度恶劣的环境里，村里22个孩子，只剩下了两个，其中一个便是萧星华。蹇先佛过草地时曾生下大儿子"堡生"，抗日战争爆发后，为了全身心投入战斗，部队要求不允许带孩子，她便将"堡生"转移到了老家。不幸的是，后来孩子被日军的毒气弹毒死了，这成为蹇先佛一生无法抹去的伤痛。她把萧星华背在身上，形影不离是她给孩子最大的安慰。将门出虎子，长大后的萧星华通过努力考上了北京大学哲学系，再后来做了将军，成为新中国的栋梁。

新中国成立前能吃的东西现在也要能吃

萧星华说："父亲告诫我们，新中国成立前我们能吃的东西，现在也要能吃。"对于父亲的话，萧星华有着深刻的感受。幼年时，生活条件艰苦，他吃的是用树叶和麦糠磨碎后蒸熟做的饼子，味道苦涩，难以下咽。为了减少树叶的苦涩味道，根据地百姓把树叶放在水里浸泡几天才能勉强食用。

萧克上将在世的时候，他的日常饮食很简单，早晚一碗小米粥、一个鸡蛋、一碟子小菜；中午一荤一素，粗粮占多数；赶上家里来客人会加一个菜，他一生杜绝浪费和大吃大喝。经历过苦难生活的萧星华对物质生活的需求，和父亲一样非常平淡，81岁的他常说："我现在一张床、一碗饭就很满足了。"

70年代末期，萧星华的家里还经常吃窝窝头。他的小儿子萧云松上小学的时候，有一次学校组织春游，孩子们都带着丰盛的盒餐，萧云松带的却是家里常吃的窝窝头。有同学开玩笑说："都什么时代了，你们家还吃窝窝头？"对此，萧云松并没有觉得有何不妥，爷爷和父亲在日常生活中时刻影响着他，在外面，他也从未因爷爷是开国上将而产生优越感。大学毕业后，他没有让爷爷和父亲帮忙安排工作，而是选择在北京某中学做了一名普通的人民教师。红船编辑部了解到，萧星华将军的大儿子萧云志的女儿已经是一名高三学生，她和父辈、祖辈一样与人为善，生活朴素。

刘金轩之女刘顺宁
父亲身上有一颗子弹去世时还在

张喜斌

开国中将刘金轩（1908—1984），曾任第十九军首任军长兼陕南军区司令员、陕西军区司令员、石家庄高级步兵学校校长、第六十四军军长、中国人民解放军铁道兵副司令员等职。1955年，其被授予中将军衔和二级八一勋章、二级独立自由勋章、一级解放勋章。

2018年，在刘金轩将军诞辰110周年之际，刘金轩之女刘顺宁、女婿李田海接受红船编辑部专访。刘顺宁和李田海说，"父亲对我们的一生，影响非常深远"，"公家的东西哪怕一根针都不能要"，"长征中，一块西瓜皮曾救了父亲一条命"。

"长征中，一块西瓜皮曾救了父亲一条命"

刘顺宁表示，她是刘将军的第六个孩子。"我们家一共有七个孩子，老大、老二、老三、老四全都是女孩，老五是男孩，我是老六，也是最小的女儿，我下面还有个弟弟，就是老七。"

据了解，他们兄弟姐妹的名字是按地名来排的。刘顺宁介绍称，"我父亲打仗，孩子在哪儿生的，就以哪儿的地名来取名"。

"我大姐叫沁生，因为她生在山西沁县；二姐叫郧荣，当时是在湖北郧阳出生的；三姐叫安荣，在西安出生；四姐叫苏英，在江苏出生；哥哥叫南宁，在南京出生；我和弟弟出生的时候，父亲在旅顺六十四军当军长，所以我叫顺宁，弟弟叫东宁。"

刘顺宁说："我从小就和父亲在一起生活。从旅大（后称大连）离开以后，父亲被调到北京任铁道兵副司令员，全家也就一块儿搬到了北京。一直到 1975 年高中毕业后我下乡，才离开了父亲。

"当时我在北京近郊插队待了一年多，然后便一直同父亲生活在一起，直到他 1984 年去世。所以就陪伴父亲生活的时间来说，我是兄弟姐妹中最久的。"

在刘顺宁的印象里，刘金轩对孩子们很严厉，说一不二。令她印象最深的，便是周末孩子们回来想睡个懒觉，但刘金轩决不允许，并要求孩子们早上 7 点之前全部下楼吃饭。

"那时候只要我们睡懒觉，父亲就非常生气地跑到楼上，把我们的房门全给敲开，再把我们拽下楼，命令我们以后不准睡懒觉。所以我们也都习惯了，一到时间就全都下去吃饭，在这方面他是非常严厉的。"

"父亲还教育我们绝对不能浪费粮食，就算一粒米掉到桌上也得捡起来吃。我印象最深的是吃西瓜，七个孩子在一块儿，一到分西瓜的时候，大家都凑上来，尤其岁数小的就特想多吃一块，所以刚啃两口就扔了赶紧再拿下一块。"

刘顺宁说："父亲看了特别不高兴，他说他在长征中，一块西瓜皮曾救了他一条命。长征中过草地，什么吃的都没有，野菜、野草全都吃光了，还有马匪不断侵袭，所以他们的条件非常艰苦。

"又因为草地很长，走出来得一个多星期，到后面几天已经一点吃的都没有了，离走到头还差一两天的时候，他看到地上有一两块西瓜皮，是马匪掉在地上的，当时西瓜皮已经蔫了，但他还是赶紧捡起来吃了，所以这个西瓜皮等于是救了他一条命。

"他那次说完以后，我们感触很深，所以以后我们吃西瓜也就特别注意，再也不会吃几口就扔掉了。"

刘顺宁说："父亲对我们的要求非常严格，他希望我们好好学习，上课认真听讲，做一个好学生。他跟我们讲，他年轻的时候想上学也上不了，因为家里非常穷。我父亲从小就没上过学，在他很小的时候，奶奶就去世了，全家人就靠爷爷挑担子维持生计。"

"父亲说公家的东西哪怕一根针都不能要"

刘顺宁说："父亲有两个绝活儿，一个是会出'饿不死'的主意，一个是爱'侃大山'。会出'饿不死'的主意，是因为在他小的时候，我爷爷经常出去挑担子，他得自己生存，所以他就下河抓小鱼等，练就了很多生存的绝技，就有了这么个外号。

"'侃大山'是他在战争年代，特别注重和战士、百姓聊天，来调查研究，了解民情。在战争中，需要了解当地的情况。另外，他和战士一块儿聊天，也能了解战士的想法，跟他们交换意见。"刘顺宁还称，直到新中国成立以后，父亲还保持着"侃大山"的习惯。

据刘顺宁讲述，刘金轩退休以后，有一次带他们去公园，在公园里便和一位老人聊起了天。刘金轩了解到这个老人的孩子要结婚，但办婚礼需要很多花销，老人觉得特别吃力。

"父亲当时是第五届全国政协委员，他就在政协开会的时候写了个提案，倡导营造节俭的社会风气，喜事简办，不大操大办，要不然人民群众是有怨言的。当时这条提案还得到了很多委员的赞同。"

"父亲告诉我们要艰苦朴素，这点对我们来说都是言传身教的。他穿的袜子、衣服，都是打了补丁的。他在这方面对我们的影响非常深刻，我们也不去追时髦，在衣着打扮上没太多讲究。"

刘顺宁说："再有，父亲告诉我们一定要老老实实地做人，这一点特别重要。他在我们找对象这件事上也都是坚持这么一个条件：以老实为第一要素，其他的都排在后面。

"父亲还对我们说，掉在地上的一根针，不是你的都不能捡。公家的东西和别人的东西，都不能要，这给我的印象特别深。所以到现在我们教育自己的孩子也是这样，老老实实做人，踏踏实实工作，要相信组织。"

刘顺宁说，"我觉得父亲有几个方面值得年轻人学习：一个是热爱学习，学习是特别重要的；再有就是艰苦朴素，一个西瓜皮能救父亲一条命；最后是父亲那种坚强的意志，这些都让我们受益终生"。

"父亲带着一挺机枪投奔了红军"

刘顺宁称，刘金轩原名刘发宏，1908年9月18日出生于湖南省祁阳县文明铺乡尚志塘村。"父亲小的时候，我奶奶就去世了，我爷爷只得外出谋生。父亲虽然有一个婶婶照顾着，但还是饥一顿饱一顿的。

"直到10多岁时，族里的一位长者说，发宏这个孩子很聪明，咱们这里太穷了，他要是不学点东西，以后会受人欺负。所以再穷再苦，也得想办法让他上点学。于是，爷爷在当地找了一个私塾，请一位老先生教了他一年书。

"虽然就一年多，但父亲很爱学习，特别珍惜学习的时间。后来要学写字，可家里买不起本和笔，怎么办呢？我们老家祁阳那边的土是红色的，不像北方的土那么干，而是有点黏性，所以他就用水浇土，当'泥书'似的在上面写字。

"写完以后再浇点水，又把原来的字盖上，就那样一点点地练。学了一年多以后，实在交不起学费了，父亲就辍学了。这一年多的学习，令我父亲受益很大。"

1926年6月，北伐军入湘，国民革命军第八军在祁阳县文明铺招兵。刘顺宁称，"生活艰难的父亲原本就想出去闯一闯，当他看见那些标语后，就报名参加了唐生智的部队，开始了他的戎马生涯"。

刘金轩入唐生智部后，先在新兵连训练。他在新兵连吃了不少苦，受了不少罪，但也学到了不少知识，特别是学会了射击、刺杀、投弹等军事技术，其中射击技术最好，出枪快、打得准。

新兵训练结束后，刘金轩被分到连里。长官见他长得高大、射击技术好，就让他当了机枪手，不久提升他为班长、副排长，后来又把他分配到第五十师教导团第二连任副连长，随部队参加北伐战争。

1927年8月1日，中国共产党掌握和影响的国民革命军在南昌举行武装起义，打响了武装反抗国民党反动派的第一枪。南昌起义的一些传闻，不时传进刘金轩的耳朵，并引起他的关注。

1930年秋，第五十师到江西"剿共"。早就听说南昌起义军后来改编为红军的刘金轩，来到江西后，对红军的了解更多也更具体了，他不仅看到红军到处张贴、粉刷的标语，还常听到一些被红军释放回来的士兵悄悄讲"红军官兵平等""红军不打骂士兵""红军是工人农民的队伍，专门打军阀土豪劣绅"。于是，刘金轩开始对国民党军官散布的谣言产生怀疑。

所见所闻，使他逐步认识到，共产党领导的红军是穷人的军队，是解放天下穷苦大众的队伍，加入红军才是他要走的路。有了这种念头，他便思索起投奔红军的办法。

正在这时，国民党军发动了对中央红军的第一次"围剿"。进攻红军的国民党军主力是张辉瓒的第十八师和谭道源的第五十师。12月30日，红军在龙冈地区一举歼灭第十八师，活捉师长张辉瓒，紧接着掉过头来直取谭道源师。

刘金轩见机会来了，在东韶一带与红军接触后，果断地拖了一挺机枪"过来了"，从此走上了为中国人民解放事业而奋斗的漫长征程。刘顺宁称，"父亲当时一听说对面是红军，就马上带着一挺机枪，投奔到彭德怀的红三军团，此后一直跟着彭德怀"。

自从成了红军战士，刘金轩出生入死，冲锋陷阵，得到了上级的肯定和战友的好评。1933年5月，刘金轩加入中国共产党。后来，他又当上了红三军团第五军一师三团排长、连长，第五师十四团三营营长。

1935 年 10 月，刘金轩长征到达陕北。1936 年春，中央红军主力开始东征，中革军委后方办事处留守陕甘苏区，负责保卫陕甘苏区的安全，刘金轩任后方办事处第五战区司令员。1936 年 10 月，红军三大主力长征胜利会师。

同年 12 月，刘金轩调任红四方面军第三十一军九十一师参谋长，协助师长徐深吉、政委桂干生参加了援西军的全过程。1937 年 8 月，红军主力改编为八路军，刘金轩任八路军一二九师三八五旅七六九团参谋长。

1940 年 5 月，平汉抗日游击纵队和晋冀边游击纵队第一、第三团及保安第六团合编为晋冀豫军区新编第十旅，下辖三个团，刘金轩调任新十旅二十八团团长。6 月，中央军委决定撤销晋冀豫军区，成立太行军区，由八路军一二九师师部兼军区机关，下辖五个军分区。

1941 年 9 月，太行军区成立第六军分区，刘金轩调任第六军分区副司令员。1944 年 8 月，刘金轩调任太岳军区第三军分区司令员，先后与刘聚奎、王敬林两任政委一起，组织军分区部队对日伪军作战，直至 1945 年 8 月取得抗日战争的胜利。

刘金轩女婿李田海说："老岳父的这些经历他自己从来都不说，他不愿意跟人家说，为什么呢？他觉得这是在宣传自己，他说他们这些人能够活下来，就很不容易了，因为他的战友死了很多。

"老岳父说，过湘江的时候死了那么多人，他们这些活着的人就应该为那些死难的烈士们多做一些工作。他不想去讲个人怎样怎样。"

"父亲留下遗嘱称要把骨灰撒回湘江，和战友们在一起"

李田海说，"岳父负过好些次伤，身上有 9 个伤疤。其中我知道的，在他肩上有一处，离心脏也不远。那是他在战斗的时候中的弹，子弹一直在他身体里头，直到他去世还在"。

刘顺宁说，"一到夏天我们就能看到父亲的伤疤，他身上都是坑坑洼洼的。天气热的时候，他穿着裤衩、背心，伤疤都会露出来。我们有时候看到他的伤疤，就问这是什么时候的，怎么回事"。

1940 年 8 月，八路军发动了百团大战，刘金轩率第二十八团在正太铁路阳泉、寿阳之间向日军发起攻击。经过激烈战斗，我军于 8 月 23 日收复了平定狼峪车站，并截断了赛鱼至寿阳芹泉段的铁路。

接着，他们在昔阳县沾尚镇附近抗击日军的进攻。日军头目清水亦石大佐被八路军打得蒙头转向，躲在马棚里，弄了一身马粪后狼狈逃脱。刘金轩得知后开心地说："我看清水大佐当个马夫挺合适。"

但是，日军不甘受挫，急忙调兵增援。刘金轩立即部署兵力在沾尚附近的松塔地带设伏，重创日军先头部队。当晚，战斗停息后，刘金轩对警卫参谋说："一定要提高警惕，注意敌人的动向，切不能疏忽大意。"

然后，全团开始休息。谁知到凌晨 2 点，突然响起一声枪声，刘金轩赶紧起来，问警卫参谋："怎么回事？"警卫员说："不要紧，是枪走火。"果然接着就恢复了平静。没隔多久，刘金轩又听见远处再次响起枪声，睡不下去了。

他立即带人爬到附近的山上，举起望远镜一看，临近的几个山包上隐约飘着日军的太阳旗，警卫人员说："赶紧下山撤退！"刘金轩坚持不让，就在他再次举起望远镜时，一颗子弹击中了他的右胳膊，鲜血如注。

这颗子弹是个炸子，击中他之后没在他身上炸开，而是穿过他的身体，又射到站在他身后的警卫员的胳膊上，才炸开，并将警卫员的胳膊炸断。其他人赶紧将刘金轩等人搀扶下山撤退。由于警卫参谋的疏忽，部队遭到敌人围攻，导致多人伤亡，警卫参谋深感内疚。

为此，警卫参谋坚决要求带领一个连，掩护大部队撤退。刘金轩带伤与大部队刚撤离，日军就全部包围了八路军的阵地，最后，警卫参谋和那个连全部阵亡。

李田海说，"印象最深的就是老岳父总给我们讲的湘江战役。他说，当时他旁边的战友不断倒下，在湘江战役中都被打死了。岳父的骨灰也撒在了湘江里，岳父说他要和他的战友们在一起"。

刘顺宁说，"父亲看到他旁边的战友全都倒在湘江里，湘江的水都成了红色，所以他一提起这件事就非常伤心。这也是他为什么在死的时候留下遗嘱，一定要把他的骨灰撒回湘江，他是要和他的战友在一起，也是要回他的老家"。

李田海说，"湘江战役的事给我们带来了很大的震撼，我们在纪念岳父110周年诞辰的时候，还到湘江战役纪念馆去看了看"，"电视剧《绝命后卫师》讲的就是那里的故事。当时中央红军和其他部队已经过完湘江，三十四师最后过，没来得及过，被包围在那，一个师全都牺牲了"。

最后，部队弹尽粮绝，师长陈树湘伤重被俘。在被敌人押往道县保安司令部的途中，陈树湘愤然从伤口处掏出肠子绞断，慷慨就义，实现了他"为苏维埃新中国流尽最后一滴血"的誓言，年仅29岁。

吴先恩之子吴铁壁

他唯一一次用"关系"，是想调儿子上前线

郝　佳

　　吴先恩，生于 1907 年，曾参加黄麻起义，先后任红四方面军总兵站部部长、晋察冀军区后勤部副司令员兼供给部政委、志愿军后方勤务部第一副司令员、北京军区后勤部部长、北京军区副司令员等职。1955 年被授予中将军衔，荣获一级八一勋章、一级独立自由勋章、一级解放勋章。

　　吴先恩中将之子吴铁壁说，父亲在部队后勤岗位辛勤工作一辈子，长期掌管物资分配，却从未有过私心。唯一一次动用"关系"，是为把儿子调到前线。

树立"死不了就要干革命"的人生信条

1907 年 8 月 30 日，吴先恩出生在河南省信阳市新县箭厂河乡一个贫苦的农民家庭，8 岁时给地主放牛，13 岁回家劳动养家糊口。1926 年，他经由黄麻起义主要领导人吴焕先引路，积极投身农民运动，开展抗租抗捐斗争，先后任村农民协会宣传委员、乡农民协会自卫队中队长。

1927 年 11 月，20 岁的他走出家乡，带领箭厂河的敢死队奔赴七里坪，与其他乡的农民自卫队会合，参加黄麻起义。

在黄安城保卫战中，吴先恩胸部中弹受重伤。看着被敌人占领的黄安城，想起身边无数牺牲和受伤的战友，吴先恩问吴焕先："今后怎么办？"对方告诉他："死不了就要干革命。"1928年夏，吴先恩伤愈归队后，得知哥哥和弟弟都被敌人杀害了，母亲死在监狱里，妹妹不知被卖到了哪里，他的心头悲愤难平。吴焕先问吴先恩的打算，他坚定地回答："还是你那句话：死不了就要干革命！"从此，这句话成为吴先恩的革命信条，深深烙进了他的血液里。

1929年5月，吴先恩加入中国共产党，同年参加红军，先后任黄安独立团一营政治委员、独立团经理处主任，独立师经理处处长，红四方面军总经理部军需处处长，参加了鄂豫皖苏区反"围剿"和川陕苏区反"围攻"的战斗。在红四方面军撤离鄂豫皖苏区途中，吴先恩经历无数大仗、恶仗，负责保管运输的6万多块白洋和2000多两黄金等钱物，分文未失。

深入喇嘛寺谈判，巧解"征粮"难题

1934年11月，吴先恩任红四方面军总兵站部部长。红四方面军长征到川西北，那里地广人稀。这时，整个部队面临一个严峻的问题：军粮储备已经严重缺乏，本地青稞产量又极低，怎么办？

据吴先恩之子吴铁壁讲述，吴先恩考察了一圈藏区情况后，发现有一处喇嘛寺香火旺盛，里面的僧侣较为富裕，囤积了大量粮油。他想，何不试试做僧侣的工作？于是，他与红四方面军总政治部主任张琴秋、红三十三军军长王维舟组成代表团，带着礼物进喇嘛寺谈判，先按照藏族的习俗跪拜活佛，然后便宣传党的政策，并立下红军将遵守当地习俗规矩的誓言。最终，他们为部队筹集到牦牛1000头、羊3万只、青稞5万斤、布500匹、酥油20万斤等，大大解决了粮食补给问题，给部队士气注入一针"强心剂"。

吴铁壁说，父亲生前反复强调，开展后勤工作离不开群众的支持和帮助。父亲曾说，在土地革命时期的一次保卫夏收战役中，红军队伍一时供不上粮食，眼看战士们就要饿着肚子上前线了，父亲十分焦虑。他急忙找到乡苏维埃主席一起想办法，两人在村子里边走边敲锣喊："乡亲们注意啦！打白狗子的红军现在断粮了，各家做饭的时候多做一点，吃饭的时候少吃一口，省出来支援子弟兵。"于是，到了吃饭时间，村里的男女老少端着米饭、红薯、南瓜、稀饭等省出来的食物，依次倒入红军炊事员的木桶里……

"军民情深一家亲"的画面，令吴先恩与战士们热泪盈眶，感念至深。

经历万难回延安，无怨无悔坚守信仰

1936 年 10 月，吴先恩调任红九军供给部部长，随红四方面军一部西渡黄河，转战河西走廊。1937 年 3 月，经过 5 个月苦战，西路军在祁连山河西走廊遭到重创。

在西路军遭遇失败的困境下，吴先恩与团长方忠良、政委周开河反复商议，决定由吴先恩带领一部分同志到陕北延安与党中央会合，保存革命火种。

一行人在向东行进的途中，遇到了数不清的艰难险阻。他们常要与前来搜捕的马家军骑兵拼杀、周旋，有人牺牲，也有人在战斗中跑散。除此之外，他们还得与恶劣的自然环境抗争，一些战士光着脚在一两尺深的雪地里长途跋涉，脚都冻烂了。吴先恩将伤员一一安置在老乡家中，最后队伍里的人越来越少，到了汉中竟只剩他孤身一人。

经过 108 天的辗转奔波，吴先恩终于来到云阳镇。他被送往延安后，朱德总司令两次来到招待所探望他，并安慰道："真不容易！回来了就好，只要人在，革命就失败不了。"毛泽东同志也抽出一整天时间与他进行长谈。

回到部队，吴先恩被分配到三八五旅当一名普通军需员。尽管职务降了很多，但他依然尽职尽责地完成各项工作。

吴铁壁听了父亲这段往事后，有些为他抱不平，问道："职务降了那么多，真没想法？"吴先恩坦然道："如果说不被信任，感到苦恼，这想法有。如果仅指职务，真没想那么多。都是革命工作嘛！要是为了升官发财，那就不要参加革命；就是参加了，也不会革命到底。想想那么多为革命流血牺牲的战

友和乡亲，他们得到了什么？我们这些幸存者又有什么理由不满足呢？"

1938 年 3 月，经朱德介绍，吴先恩进入中国人民抗日军事政治大学二队学习。1941 年 2 月起，吴先恩任晋察冀军区第四军分区供给处处长、军区供给部部长、政治委员等职。其间，他协调各军分区和边区政府组织军民采取各种巧妙办法坚壁清野，加强急需物品外流的管控和非必需品的流入，调节和控制边区集市，想方设法疏通部队供应渠道，有力地保障了边区军民反"扫荡"斗争的胜利。

掌管物资分配，却绝不搞"近水楼台"

1952 年，吴先恩奉命到中央财政部任职。此时，抗美援朝战争正值关键时刻，他从战友处得知前线需要后勤人员，立刻申请赴朝参战，并被任命为志愿军后方勤务部第一副司令员，组织后勤部队突击抢运弹药、食品等物资，为保障抗美援朝战争胜利做出了贡献。

1955 年回国后，吴先恩任北京军区后勤部部长、北京军区副司令员等职，同年被授予中将军衔。

令吴铁壁印象最深刻的，就是父亲从不以工作之便搞"近水楼台"。吴先恩经常告诫家人，"国家的钱是烈士用生命和鲜血换来的，一分钱也不能浪费"。在三年困难时期，父亲掌握着物资分配调度大权。但他家也与普通百姓家一样，一切严格凭票供给。吴铁壁的姐姐曾因营养不良，一度全身浮肿。

吴先恩处处以身作则，没私自拿过一条毯子、一件衣服。他平时生活十分俭朴，在家中穿的衣服都是打过补丁的，沙发套是用了 20 多年的破浴衣改制的。吴铁壁表示："从小时候起，父亲就经常给我们讲'红薯地里埋银圆'的故事，教育我们干干净净做事，公私分明、勤俭节约。"

也正因家风清正，吴铁壁对如今官场的腐败乱象越发痛恨。他说，父辈抛头颅、洒热血打下的江山，让这些败家子、蛀虫糟蹋得不成样子，败坏了党的形象，心里能不恨吗？但静下心来想一想，这是我们这个时代必须直面的社会问题。他表示，现在的领导班子在反腐问题上做了大量工作和探索，取得了看得见的成果，对此，我们有必胜的信心。

祖国最需要之时，他教儿子"当个好兵"

1962年夏，传来蒋介石要反攻大陆的消息。此时，正在准备高考的吴铁壁萌生了参军的念头，并在学校的征兵动员大会上代表适龄青年表了态、报了名。吴先恩听说后当即肯定了儿子的做法："好！你做得对，在国家需要的时候，我们这样的家庭就要站出来起表率作用。"

吴铁壁回忆道，那天晚饭后，父亲和他进行了"最长的一次谈话"，这次谈话对他人生道路的选择起到了决定性作用。

父亲说，你已经过了18岁，应该选择自己的道路，干什么就要有干什么的样子，要么就不干。你报名当兵容易，要当个好兵却不容易。他紧接着教导儿子："要成为一个好兵有两条路，一是当步兵，二是上战场。"他解释道，因为步兵要求最严格，训练也最苦，最能锻炼人。另外，上了战场，只有不怕苦、不怕死的人才能成为一个合格的好兵。

吴铁壁与几个同学一起入伍，只有他到了战备值班，并拟被调到福建前线参战的二十四军七十师二一〇团，也就是后来影视剧里常提到的"老虎团"。他感慨道，这是父亲唯一一次用"权力"为子女安排工作啊。

在部队的几年生活非常艰苦，要顶着烈日骄阳练习射击、格斗，长时间的行军训练令吴铁壁的脚上打满了血泡……但想到父亲"当个好兵"的叮嘱，他都咬牙坚持下来了。在步兵连历练近7年后，吴铁壁在1969年4月光荣退伍，后被调到北京铁路局《京铁工人报》，成为一名新闻工作者。

吴铁壁自豪地说："当兵，我是'五好战士''特等射手'；搞新闻，我先后被评为北京市、全国'优秀新闻工作者'。"父亲的话一直在无形中激励着他，令他不管做什么，都要竭尽所能，做到最好。

临终前强忍病痛，写下遗书向党告别

1986 年 9 月，吴先恩病危，他对家人和医生说："我的病可能治不好了。我死后，遗体解剖，把病搞明白，为救治更多的人积累经验。"他还嘱咐子女：丧事从简，能为国家省一点是一点；不准干涉组织对他的评价；不能向组织提出任何要求；叶落归根，将骨灰撒在大别山。

1987 年 3 月 15 日，吴先恩从昏迷中清醒过来，不顾病痛的折磨，以超人的毅力，用近两个小时亲笔写下遗书——《向党告别》：

"亲爱的党，我是您从苦海中拯救出来的，并把我引进了革命队伍。60 多年来，在毛主席、在党的领导教育下，锻炼成为一个革命战士。但我对革命工作没有做出成绩，辜负了党的教育，在我将要离开党的时候，我衷心希望中央更加紧密地团结，率领全党全民同资产阶级自由化作斗争，坚持四项基本原则，使四个现代化更快地发展。

"我在北京军区党委领导下，做了多年后勤工作，但也没做出成绩，对不起党委，对不起同志们！

"在我将要离开党的时候，是多么想念党，想念我的战友啊！"

吴先恩深情地说，父亲在生命的最后一刻，仍然践行着对党的忠诚与不舍。他兑现了自己"死不了就要干革命"的承诺，更把实现祖国现代化、实现中华民族复兴的期望寄托在我们后人身上。

乔信明之子乔泰阳

"担架上的将军"没有架子，我们与父辈还差得很远

王 硕

新中国成立后，乔信明先后担任南京市军事管制委员会房产管理处处长、华东军区空军后勤部政治委员、南京军区空军后勤部政治委员。1955年9月，其被授予空军少将军衔。红军时期，乔信明被子弹打穿右脚，险些失去一条腿，后因狱中斗争受尽折磨、连续征战积劳成疾，双腿伤病加重至瘫痪长达7年，其间在担架上继续指挥作战，被称为"担架上的将军"。

乔信明之子乔泰阳接受了红船编辑部专访，在他的记忆里，父亲除了对工作竭尽全力、对子女教育严格外，他待人的细心，都体现在一言一行之中。乘车外出时，遇到走路不便的熟人，他会请上车同行；卧病在床时，他也会给来家维修的工人倒茶递烟。此外，受父亲影响，乔泰阳不爱穿名牌，而是喜欢穿旧军装。乔泰阳曾被评为某部队学习标兵和某机关优秀干部，退休后为弘扬光荣传统做了不少工作，他却说："比起父辈，我们还差得很远。"

被子弹打穿右脚，险些失去一条腿

乔信明于1909年3月出生在湖北省大冶县一个贫苦的农民家庭。他的大

姐刚出生两个月便被送人，二姐当了童养媳，哥哥学泥水匠被房梁砸死。他从小爱学习，可是他刚提出上学的愿望，就被父母打了一顿，过后母亲抱着他哭道："我们没有吃的，没有穿的，哪来钱供你上学！"

为谋生路，他16岁跟人家学木匠，开始了五年学徒生活。由于老板极其苛刻严厉，他在备受压迫的环境里长大，萌生了要革命的想法，开始参加宣传革命的活动。

1928年，19岁的乔信明参加农民自卫军，一年后加入共产主义青年团。1930年，乔信明加入红军，每一场战斗都冲在最前面，由于作战英勇，受到领导器重。1932年，乔信明被送到中央红军学校学习，因表现优秀，留校先后担任排长、队长、指导员。

1933年，他被派到闽浙赣苏区参与创办红五分校工作。在这里，乔信明认识了对他一生影响最大的人——方志敏。当时，方志敏是闽浙赣苏区负责人，也是红十军政委。乔信明在红五分校表现突出，因而得到了方志敏等领导的赏识，便越级升任团长。

成为团长的乔信明，依然冲锋在前，在一次战斗中，敌人的子弹打穿了他的脚。苏区缺医少药，乔信明伤情不断恶化，整条腿红肿不堪，在这样的情况下腿很可能要被锯掉。

当时，团以上干部截肢需上级批准，手术报告递上去后，乔信明痛苦地等待着批示。两日后，报告批下来，放在乔信明面前的批示上写着："不管花多少钱，一定要保住这条腿。药在苏区买不到，可以到白区去买，钱由省委报销。"批示的下面，是方志敏的亲笔签名。由于方志敏的关心，医院又做了多方努力，乔信明的腿最终保住了。

方志敏牺牲，乔信明牢记嘱托坚持狱中斗争

据乔泰阳讲述，1934年下半年，为宣传抗日、策应主力红军长征，红军北上抗日先遣队奉命北上，遭到十多倍敌军的围追堵截。此时，乔信明的腿

伤尚未痊愈，就担任红十军团（对外称红军北上抗日先遣队）二十师参谋长，跟随大部队出征。

1935 年 1 月，北上抗日先遣队陷入敌军的重围之中，部队被截成了两段。方志敏率领 800 多人的先头部队冲出包围圈，却发现大部队没有跟上来。方志敏不顾个人安危，返回包围圈，找到了大队人马。

然而，只剩 2000 余人的队伍被敌人 14 个团重重包围，情况万分危急。队伍在荒山僻野之中，没有吃的，只能采集野果充饥，最后野菜也采集不到了，战士们只得忍饥挨饿参加一次次战斗。

这时，部队的建制已经被打乱了，方志敏等领导把仅存的部队组成一个团，任命乔信明为团长，并召开动员会，号召大家下定决心冲破封锁线。经过几场激烈的战斗，突围最终失败了。

乔信明遵照方志敏指示带领队伍上怀玉山坚持战斗，敌人穷凶极恶，放火烧山，我军弹尽粮绝，但顽强抵抗，一直坚持到最后。1935 年 1 月下旬，方志敏、刘畴西等军团领导和乔信明等红军将士不幸被捕。

被捕后，方志敏与乔信明在顾祝同行营看守所相见。方志敏想尽办法多次传递字条给乔信明，询问部队情况，分析斗争态势，并告知他们，军团领导已做好牺牲准备，其他人虽然不一定死，但要准备坐牢，要学习列宁同志在狱中同敌人进行不屈不挠的斗争的精神。乔信明当即回复道：请放心吧，只要我们还活着，一定按你的指示去做。

后来，乔信明被判无期徒刑，关押到南昌军人监狱。1935 年 8 月，方志敏在南昌被秘密杀害。

徐特立为营救红军将士错过儿子最后一面

方志敏牺牲后，乔信明在狱中成立地下党支部，斗争了三年。直到 1937 年"七七事变"爆发后，国共合作抗日，国民党方面开始释放政治犯。但国民党顽固派认定乔信明等人是共产党骨干，便千方百计阻止他们出狱，先后四次将其押送转移，企图把他们秘密杀害。

1938 年 2 月，徐特立同志得知消息，亲自组织营救，成功将乔信明等红军将士营救出狱。

据乔泰阳讲述，徐老在组织营救红军将士的同时，自己的小儿子病危正在抢救。他没有去医院，而是赶往敌人关押点。

遗憾的是，当红军将士成功获释后，徐老赶到医院却没有见到小儿子最后一面。这件事，徐老没有告诉乔信明，后来多次会面也只字未提。

乔泰阳感慨道："徐老把一切痛苦埋在自己心里，这种人格非常伟大。毛主席讲徐老是革命第一、工作第一、他人第一。这件事集中体现了徐老的三个'第一'精神。"

双腿瘫痪 7 年仍坚持工作，被称为"担架上的将军"

走出牢笼后，乔信明加入新四军，参加多次战斗，立下汗马功劳。然而，红军时期的严重腿伤和备受折磨的狱中生活使乔信明留下了病根。到新四军以后，生活艰苦，连续征战，积劳成疾，乔信明的双腿于 1942 年瘫痪，这一瘫便是 7 年之久。

据乔泰阳回忆，父亲顽强地与伤病做斗争，只要控制住疼痛，就立刻投入工作，先后担任苏中军区二分区副司令员、苏中军区后勤部部长兼政委、华东野战军总留守处处长等职。行军打仗时，他不能走路，就在马背上、担架上工作。乔信明由于坚强的意志和果敢的作风，被人称为"担架上的将军"。

1949 年 6 月，上海解放不久，陈毅司令员安排乔信明到上海治疗双腿。经过精心的治疗，乔信明奇迹般地站了起来。虽然拄着拐杖也只能走一里路，但他由衷地感到高兴。

随后，乔信明担任南京市军事管制委员会房产管理处处长、华东军区空军后勤部政委、南京军区空军后勤部政委。1955 年，其被授予少将军衔。

父亲平易近人，总是关心周围的同志

乔泰阳出生于 1948 年。聊起自己的经历，他得意地说道："当时淮海战役正在进行，我在山东泰安的泰山南面出生，所以父母给我起名叫乔泰阳，取泰山之阳的意思。"

在乔泰阳的印象中，记得最清楚的莫过于父亲的拐杖。因为他小时候调皮惹事想跑开时，父亲便用拐杖头把自己钩回来。父亲脚上有各种刀疤，腿上、肩上的伤口，都令他难忘，由此得知在战争年代，不论如何负伤，父亲都在顽强坚持。

在他儿时的记忆中，父亲房间的灯光总是亮着的，常常一觉醒来，还能看到父亲伏案工作。

据乔泰阳讲述，父亲是个品德高尚的人，以诚待人、乐于助人，他的细心体现在一言一行之中。父亲身体不好，却总在关心周围的同志。记得那时机关住房紧张，有的干部没房住，他就腾出房间让别人住；有时还把给他烧过饭的炊事员请到家中吃饭；平日坐车，见到腿脚不便需要搭车的熟人，就会请他们上车同行；有维修工人到家里修房子，即使卧病在床，他都起来给工人倒茶递烟。"所以我父亲的威信非常高，是我们一辈子学习的榜样，也是鼓舞我们为党的事业而奋斗的力量源泉。"乔泰阳说道。

受父亲影响不穿名牌，从小受教不比吃穿

乔泰阳透露，自己不爱穿名牌衣服，而这个习惯来自父亲对自己的教导。乔信明对孩子们的言行举止、礼貌待人也有严格要求，坐要有坐相，站要有站相，吃要有吃相。"吃饭时如果站起来夹远处的菜，父亲就会皱起眉头加以纠正。"乔信明还要求孩子们不搞特殊，不许和别人比吃比穿。

不仅如此，家里还有个规矩，便是"新老大，旧老二，缝缝补补是老三"。

乔泰阳称，他在家里排行老三，衣服上常有补丁。以至于长大后的他穿惯了旧衣服，刚入伍时穿新军装还感到别扭，总是洗洗显旧了再穿。

乔信明还很关心孩子们的学习。据乔泰阳回忆，姐姐曾公布父亲 1963 年 3 月 25 日给她写的一封信，上面写道："泰阳明年夏天要考高中，现在他学习是用功的，怕他学习不得法（晓阳这方面比泰阳好些）。""泰阳明年上高中问题不大，他现在只参加打乒乓球一项运动。现在你弟弟、妹妹四人在家很懂事，自己知道安排自己学习时间，都很听话，这给爸爸、妈妈很大安慰。"然而，在写下这封信后不到半年时间，1963 年 9 月 4 日乔信明便因病逝世。

每年为父亲扫墓都要汇报自己的工作

从 1958 年开始，乔信明的身体健康状况日益下降，不得不安排病休治疗，适量参与工作。因此，他有了大把时间来回忆方志敏，在夫人于玲的协助下，撰写了一些文章记述方志敏的光辉事迹，创作了电影剧本《狱中斗争》，还创作了一部长篇纪实小说《掩不住的阳光》。

"这些事情做完以后，父亲年仅 54 岁就离开了我们。"乔泰阳叹息道。

当时，不到 15 岁的乔泰阳暗下决心，绝不辜负父辈的期望，一定接好革命的班。以后，每年去给父亲扫墓，他都要汇报学习和工作情况，表达继承光荣传统的决心。乔泰阳称，这对他来说，是一个很好的动力。

乔泰阳："比起父辈，我们还差得很远"

乔泰阳深受革命前辈的影响，一直积极向上、以诚待人，先在某集团军基层连队工作了 10 个年头，后在军区空军机关工作 22 年，历任助理员、科长、副处长、参谋长、副部长，2000 年调到空军后勤部任副部长，2007 年退休时，被上级领导评价为机关干部学习楷模。

"父亲的老领导方志敏对我的影响最深刻，我从小听着方志敏的故事长大，牢记方志敏的临终遗言：'我能舍弃一切，唯革命事业，却耿耿在怀，不能丢却。'所以，无论什么时候，只要对革命事业有利，就什么都能舍去。无论在哪个岗位，都应当尽职尽责。"

乔泰阳对记者侃侃而谈，"我退休后参加北京新四军研究会，担任9年多副会长、5年多秘书长，尽心尽力。"根据上级关于军以上干部不能连任两届的规定，乔泰阳于2018年初换届担任研究会顾问，继续努力弘扬光荣传统，受到多方好评。他说："当然，比起父辈，我们还差得很远。"

李布德子女
新时代仍需要英雄偶像

王梅梅

2017 年 12 月 19 日，北京八宝山举行了开国将军、山西省军区原政治委员李布德同志的遗体告别仪式。时隔一年多，红船编辑部辗转约访到李布德的三位子女——李建华、李远征、李海东，与他们一起畅聊李布德将军生前往事。

在谈话中，三位子女回忆了平时与父亲相处的点点滴滴，透露了几个未曾公开过的关于父亲的故事。在他们眼中，父亲李布德是一位以国家利益为重，和蔼、廉洁的有家国情怀的老军人。他为了国家利益，支持小女儿上前线参加作战；军队在北京给他分配了别墅，他说自己在山西有住房，不能多占，退给了国家；退休之后坚持每天看报，时刻关心国家局势……作为革命军人的后代，他们觉得父辈的精神应该传承。

机缘巧合走上革命道路，表现突出得到朱总司令好评

1919 年，李布德出生于四川营山，14 岁就成为儿童团的一名少先队员。当年红军"扩红"来到蓬安小桥，替大哥站岗的李布德因部队紧急集合，连家也来不及回就随部队出发了。"我被编入营山独立团，后任红四方面军第九军二十七师七十七团战士，因为读过几年私塾，不久就当了一名通信员。"据

此前采访中李布德回忆，他参加革命实属机缘巧合。

在部队中，李布德工作表现很突出。1936年，他被选送到红军总部，副参谋长李特评价他是"红军中的小秀才"，并问他："小鬼，你愿干好动还是好静的工作？"李布德回答："只要是革命工作，干什么都可以。"

不久，李布德当上了译电员，译电员虽然不直接参加战斗，但技术要求高，工作量大，而且常常吃不好饭，睡不好觉。战斗紧张时，特别是转移和战斗空隙，战斗部队战士可以睡觉休息，而译电员却是最忙的时候，他们是首长的眼睛和耳朵，也是战争机器的神经。在红军总部，李布德的突出表现和良好技术得到了总部首长特别是朱总司令的好评。

这次采访中，李远征透露，西安事变的电报就是父亲李布德译出来的。当时，他是红二方面军第一个收到西安事变中蒋介石被俘的消息的，开始他没敢相信，以为译错了，反复核对后才报告了贺老总。

抓着马尾巴爬过雪山，身上留下百余处伤疤

长征中，李布德跟着队伍夜行党岭山，途中饱受严寒、饥饿和死亡威胁，最终闯过这道鬼门关，成为一段经典的长征故事。

当时，16岁的李布德在红九军当文书。第三次过草地前，他们要翻越"万年雪山"党岭山。党岭山位于现在四川甘孜藏族自治州境内，主峰海拔5400多米，积雪终年不化，气候变化无常，时而狂风呼啸，时而暴雨如注，被人们称为"鬼门关"。

黄昏时分，部队出发了。李布德所在连队行进在大部队中间，他跟着指导员断后。刚开始走时，战士们还十分活跃，行军速度也比较快，掉队的也少。可是，越往上爬，积雪越厚，风雪越大，空气也越稀薄，人的体力消耗也随之增大。行军速度减慢，有人开始吃不消，掉队了。为了不让战士掉队，李布德帮战友背上长枪，但年小体弱的他又累又饿，要使出全身的力气才能迈出一步。正当他眼冒金星、气喘吁吁之时，跟在旁边的指导员让他赶紧抓

住马尾巴，他借着马的力量，踉踉跄跄走了一段，才缓过劲来。

经历长征后，李布德很快走上前线。在 1933 年到 1955 年这 20 多年的戎马生涯里，他参加过百团大战、平津战役、太原战役、二次赴朝作战等，每次都冲锋在前，身先士卒，受过重伤。1949 年开国大典阅兵式上，水兵方队之后是步兵一九九师，年仅 30 岁的李布德是师政委，率领步兵方队走过天安门前，接受党中央和毛主席的检阅。

李布德教育女儿：上前线不容商量

平时，李布德对孩子们慈祥和善，但有一件事超越了父爱——上前线。李海东讲述了姐姐李焱上前线作战时发生的一件事，他说："对越自卫反击战时，我四姐李焱在医院当眼科医生，轮战的时候正好抽调她上前线。当时她还有个 4 岁的孩子需要人照顾，但是除了在部队的姐夫，家里只剩老人，家庭负担很重。"很多人都建议她用父亲的关系通融一下。李布德知道后，专门找了李焱，说："咱们家是军人家庭，什么事都可以找人商量，上前线不能商量。养兵千日，用兵一时，只要国家需要，义不容辞，必须服从，没有商量！"临行前，李布德和夫人，还有李焱的公公婆婆，四位老人带着还不懂事的孙女，把女儿送上开往前线的火车，场面非常感人。

虎父无犬子，李远征兴奋地补充道："我妹妹去了之后立了三等功。她说，'爸爸有军功章，我也有了！'"在对越自卫反击战中，她一共做了 100 多台手术。那些日夜让她终生难忘，作为军人，上前线最危险，也最光荣。

自己掏钱送东西、请客，不占国家便宜

廉洁，是子女对李布德的一致评价。李布德在山西常住，他到北京给老战友送东西、请客，全是自己掏钱。军区给他在北京西山分了一套别墅，他认为自己一直在山西住，不能再多占一套。他说："北京的房子是国家照顾，

但我在太原有房子，不能要两套，不能占国家便宜。"于是李布德自己决定把房子退了，至今他在北京没有房子。他去北京看病，出院后就住在子女家里。子女也很支持他的做法，李远征说："父亲有自己的坚持，这么做是发自内心的，不是刻意做给别人看的。"

有一次李布德的朋友去看他，谈到腐败滋生、党内出现问题云云。李布德耳朵有点聋，一句话也没说。当朋友走的时候，他只说了一句话："党还是那个党，没变，是人变了。"

和工作人员亲如一家

2015年，一篇寻找老战友的帖子在重庆合川论坛受到广大网友的关注，寻找战友的就是李布德。在任中国人民解放军六十八军政委和山西省军区政委时，他的警卫员是一名合川籍战士周云良，小周转业回老家后便断了联系。一晃30多年过去了，曾经的战友各奔东西，年近百岁的李老时常想到周云良。为此，李老的另一位部下徐兰坤委托当地网站，希望通过网络找到战友，了却李老一桩心愿。令人欣喜的是，在广大网友的帮助下，周云良老人不久就被找到了。

据徐兰坤介绍，"周云良是我们老首长李布德任山西省军区政委时的警卫员，1984年周云良退伍后，就再没见过面。老首长非常想念周云良，在他97岁生日之际，希望能将周云良找来北京陪他过个生日，见见面，叙叙旧情"。

周云良也兴奋地说："这么多年，我也非常想念我的老首长李布德，当年我转业回来前期还和老首长有联系，后面因为各种原因我们逐渐失联。我一直在找他，这次在兰坤的帮助下，总算找到了。"

一个共事10多年的警卫员，让李布德如此惦念，可见，他对身边工作人员的感情多么深厚。李建华说："父亲和他身边的工作人员感情都很深，过年吃团圆饭，父亲都要把他们叫回来一起吃。有一位老警卫员在抗战时期就跟着父亲，他们感情很好，虽然只相差十来岁，却情同父子。他的孩子见到我父亲叫爷爷，见到我们兄弟姐妹叫哥哥姐姐……感情亲近得像一家人，辈分都乱了！"

国家主权，寸土必争，军人天职

近年以来，美英军舰多次闯入我国南海，局势十分复杂。李海东说，父亲生前就对这个问题非常关注。

李布德有每天看报的习惯，日常作息基本上跟上班一样。其中，《参考消息》中有很多对南海的报道，作为军人，李布德对南海局势十分敏感。南海是中国的海域，只要受到侵犯，他心里便愤愤不平。子女问及其看法，他说："那是中国的主权，寸土必争！"说话时神态严肃，尽显军人本色。

新时代仍需要精神偶像

李布德的子女中，李建华和李远征都是将军后代合唱团成员，每年他们随合唱团四处奔走，将红色歌曲唱遍大江南北。

李远征说道，合唱团成立是为了纪念将军合唱团，我以前就知道父亲参加过将军合唱团的演出，还在电视上看到过他，所以这个合唱团成立的时候，我们后代子女就义不容辞地加入了。父亲唱过的歌我们继续唱，有时候他还跟我一块儿唱。我们团里很多人都没有声乐基础，经过演练，很多听众觉得我们的演唱能够感染人，而且继承了父辈的精神。这几年跟着合唱团走了很多地方，尤其到了老区，群众举着横幅：我们的队伍回来了！还拿着鸡蛋、花生站在山上，排队送给我们。场面感人。父亲一直讲怎样才能不腐败，就是不能脱离广大群众。

李远征强调，咱们的部队是和群众联系在一起的，要时刻铭记这一点，不忘初心。父辈的家国情怀、革命精神必须传承，光有青春偶像不够，一个国家还必须有英雄偶像，新时代也需要英雄偶像。

彭清云之子彭少江
父亲的身体里流着白求恩的鲜血

张喜斌

　　彭清云（1918—1995），开国少将，解放军总参谋部纪委原副书记。彭清云之子彭少江接受了红船编辑部专访。在采访中，彭少江称，"父亲的一生可以用八个字来概括，那就是'戎马一生，独臂半世'"。

　　彭少江回忆道："从小父母就教育我们一定要独立，不要躺在他们的功劳簿上。"在父母的影响下，彭少江获得过国家科技进步二等奖和电子部科技进步一等奖。他严格按照父辈的要求，踏踏实实地做事，认认真真地做人，把自己的一生融入到整个祖国和军队的建设当中。

戎马一生，独臂半世

　　据彭少江讲述，在开国的那批将领里面有一个很特殊的群体，就是十位独臂将军。他们每一个人都在战争年代有着自己特殊的传奇故事，他的父亲彭清云就是其中一位。

　　1918年8月，彭清云出生在江西省永新县岭背白沙塘乡一个贫苦的佃农家庭。家里祖祖辈辈没有一个读过书的，都是目不识丁的受苦人。彭少江说，祖母为了父亲将来能够知书达理，咬紧牙关，省吃俭用，让父亲读了两年私塾，这为父亲后来走上革命道路有很大的启蒙作用。

1927 年秋天，毛泽东率领秋收起义的部队上井冈山，在永新建立了中国第一个农村革命根据地。

当时年仅 9 岁的彭清云受到轰轰烈烈的革命活动的影响，参加了少先队。1930 年 2 月，他加入青年团，进入湘赣省委团校学习后留在团省委担任巡视员、永新青工部长等职，从此以身许国，走上了一条跟随中国共产党创造新生活，艰苦卓绝的革命道路。

彭少江说，父亲是从井冈山走出来的红军战士，他 12 岁参加革命，15 岁参加红军，16 岁入党，经过了二万五千里长征，在抗日战争、解放战争、抗美援朝战争和社会主义建设时期，都做出了自己应有的贡献。

《独臂将军彭清云》一书的前言中，彭清云这样写："我是从井冈山走出来的红军战士，在中国共产党的培养教育下，在人民军队这所大学校里，经历了革命战争的考验，经过了一次又一次血与火的洗礼，并有幸成长为人民共和国的将军。

"我们这一代人是同党、军队和共和国的命运紧密相连的，为推翻三座大山，建设一个美好的新世界，我们浴血奋战，血洒疆场，做出了应有的贡献，这种奉献是应该的、值得的。为祖国、为人民奉献，我们无怨无悔。

"我是幸存者。我的千千万万战友们，有的战死在井冈山的崇山峻岭，有的长眠在漫漫长征中的雪山草地，有的在抗日战争、解放战争和抗美援朝的战场上流尽了最后一滴血。他们是人民的功臣、共和国的英雄，永远值得我们怀念。"

为红六军团夺得第一门大炮

1933 年底，彭清云去红军学校学习，从此成了一名光荣的红军战士，开始了新的战斗生活。红军学校的任务是学文化、学政治、学军事，时刻准备打仗。他参加的第一场战斗就是保卫湘赣苏区永新县东华岭的战斗。

在这场战斗中他第一次负伤，后转战井冈山，经过一次次战斗的洗礼，逐渐变得成熟和坚强，并光荣地加入了中国共产党。1934 年初夏，中央红军第五次反"围剿"失败，彭清云随红军学校从江西省永新县牛田村出发，到达江西省遂川县集结，开始了西征。

从 1934 年 2 月到 1935 年 11 月，短短一年半的时间里，彭清云在保卫湘赣苏区东华岭的战斗中，在湘鄂川黔根据地大庸北山激战、桃子溪战斗中，他的右手、右肩膀和腰部先后三次受伤。在桃子溪战斗中，他带领连队缴获了两门上海造美式山炮，使红六军团从此有了火炮。

这两门山炮在忠堡战役中各发射了两颗炮弹，四发三中，摧毁了白军张振汉师指挥所，炸死了敌师参谋长，炸伤了张振汉，为活捉张振汉立下汗马功劳。长征途中，其中一门火炮跟随红军到达陕北，在当时是红军唯一的宝贝，现在被保存在中国革命军事博物馆，编号 587。

彭少江讲述道，"父亲在红军时期为红六军团缴获了第一门大炮，从此改写了红六军团没有炮的历史。这门炮当时一直跟随红军走到了陕北，是唯一一门由红军带到陕北的大炮。这门炮也见证了当时红军的长征历程"。

击毙日军常冈宽治少将

1937 年 9 月，彭清云随一二〇师主力部队开赴山西抗日前线。1938 年，抗日战争进入关键而艰苦的阶段，日军驻华北方面军为策应日军进攻武汉、广州的作战，开始实施北攻五台山的作战计划，向八路军以五台山为中心的晋察冀根据地发动空前规模的进攻。

1938 年 10 月 26 日，日军常冈宽治少将带领日军步兵一个中队 200 多人，从张家口出发，去蔚县、广灵、灵丘等地视察战果，这个消息被三五九旅旅长王震知道了，他立即决定在三县交界的邵家庄伏击北上之敌。

这次伏击由彭清云担任突击队长，具体负责两个连。1938 年 10 月 28 日上午 10 时左右，常冈宽治一路人马乘坐十多辆汽车，途经邵家庄的时候，战斗打响。彭清云率领突击队迅速扑向敌人，冲到离日军汽车二三十米的一排矮墙下，利用地形向日军猛烈射击。

常冈宽治从第二辆汽车里钻出来，穿着呢子衣服，戴着金灿灿的肩章，可能是怕暴露自己，他又把衣服脱了，缩在汽车底下，指挥日军进行反击。

彭清云带着两个步兵班和一个机枪班，不停地向日军射击。这时他身边一个战士大声说："教导员，汽车底下有个穿白衣服的胖家伙，肚子很大，可能是大官。"彭清云一瞧，立即从这个战士手中接过一支德国造步枪，沉着地瞄准，扣动扳机，一枪就把那人给报销了！

后来他们才知道，此人正是日军常冈宽治少将。邵家庄伏击战取得了重大胜利，为巩固以恒山为中心的抗日根据地做出了重要贡献，受到了晋察冀军区聂荣臻司令员的通报嘉奖和中央军委的高度赞扬。

父亲的身体里流着白求恩的鲜血

彭少江讲述道，也正是在这场邵家庄伏击战中，父亲的右臂不幸中弹，而且伤势严重，由此引出了一段白求恩大夫救治彭清云的感人故事。李朝选是彭清云住进后方医院卫生所的所长，曾和白求恩一起参加了抢救彭清云的手术。

在白求恩的指挥下，一场抢救彭清云的手术紧张地开始了。由于失血过多，彭清云脸色十分苍白，必须立刻输血。在场的医护人员都争着献血，白求恩用他的英语味十足的口音说："来不及验血了，我是 O 型，是万能输血者，赶紧抽！"

大家都不忍心抽他的血，但他态度坚决地挽起了袖子，严肃的眼神毫无商量余地，其他人只得服从。于是，白求恩滚烫的热血迅速流进了昏迷中彭清云的身体里。白求恩很想保住这位英雄的手臂，小心翼翼地缝合每一根断裂的血管，但是缝合了四次，断裂了四次。这说明伤口肌肉内的血管已经完全坏死，为了保住生命，只得截肢。

没有手术器械，李朝选就找来一把缴获的日本工兵锯。白求恩接过锯子，端详了好一阵子，叹了口气，立刻进行了改造，经过严格的消毒，就用这把锯子做了截肢手术。

由于战时条件所限，再加上肌肉组织已严重坏死，最后截肢部位不得不上升至右肩部。白求恩异常镇静，凭借他高超的医术和精心的操作，手术成功了。彭清云的生命被抢救回来了，那年彭清云 20 岁。

白求恩从王震旅长那里得知，彭清云是击毙日本将军的功臣，便对他怀着极大的敬意。手术后，他在彭清云身边守护了一天两夜 40 多个小时，亲自为他心目中这位大英雄打针、换药、喂水、喂汤。

手术后的第五天，彭清云清醒过来了，李朝选对他讲述了整个治疗过程，他的热泪夺眶而出。后来，彭清云对白求恩说："白大夫，是你给了我第二次生命啊！"

不要躺在父母的功劳簿上

彭少江讲，他们这一代人受父辈的影响很大，实际上也是在父辈潜移默化的影响下成长的。"他们对我们要求很严。在我们很小的时候，父辈就告诉我们一定要有坚定的革命信念。另外，他们还教育我们一定要独立，不要躺在父母的功劳簿上。"

彭清云曾经对彭少江讲过，我们的祖国、我们的军队是在无数革命先烈的奉献下才取得今天这样的成就的，他们只是这一群人里面的幸存者。作为他们的后代，就更没有权利去享受和消费祖国和人民给他们的待遇，更不能利用他们的职务去达到自己的目的。

彭少江 14 岁就参军了，在部队里从来不提自己与彭清云的关系。不论是在野战军、研究所，还是在机关，彭清云都要求他独立地做事情，不能沾父母的光。

在父亲的严格要求下，彭少江经过自己的努力，也曾获得过国家科技进步二等奖和电子部科技进步一等奖。彭清云认为，儿子靠自己的努力去做事，为祖国、为人民去做出自己的贡献，这是对的。

　　彭少江讲，"我们会一直按照父辈的要求，踏踏实实地做事，认认真真地做人，把自己的一生融入到祖国和人民军队的建设当中。这就是父辈对我们潜移默化的影响。"

余克勤之女余豫东

父亲常说，走别人铺好的路最没出息

王 硕

余克勤，从事解放军院校工作达 17 年之久，培养了一大批军政干部。余克勤曾任冀鲁豫军区第五军分区司令员、第三军分区副司令员、第八步兵学校校长、洛阳步兵学校校长，参与了四次反"围剿"战斗和万里长征，还参加过济南战役、淮海战役，并智取敌军 70 辆卡车，组建了我军首个汽车团。1955 年，余克勤被授予少将军衔，先后荣获二级八一勋章、二级独立自由勋章、一级解放勋章及一级红星勋章。

开国少将余克勤之女余豫东接受了红船编辑部专访。她回忆道，余克勤不仅对孩子们不溺爱，还教导他们自立、互爱、不怕脏不怕累。余克勤的朋友很多，但子女从未利用过他的权力谋取过私利。余克勤告诫他们"路是自己走出来的。靠别人铺路，自己顺顺当当地去走，最没价值、最没出息"。

从放牛娃到开国将军

余克勤于 1913 年 5 月 20 日出生在河南省固始县方集乡吴上楼村一个雇农家庭。8 岁时，由于生活所迫，他的姐姐被送给人家当丫头。为保护妹妹、弟弟不被送人，余克勤主动要求到地主家放牛、当长工。他在地主家受尽了欺压和剥削。

1929 年 11 月，余克勤在去山上打柴的路上结识了一位张姓大哥，并得知中国已经有了共产党，共产党还有自己的军队，叫红军。至此，年仅 16 岁的余克勤毅然决然地加入了中国工农红军。1930 年，余克勤加入中国共产主义青年团，并在 3 年后由共青团转入中国共产党，任王树声军长的警卫员。

1935 年 12 月，22 岁的余克勤随红军左路军过雪山草地，几次险些丧命。红军到达天全、芦山时，余克勤被调到由彭杨学校改编的红军大学，任初级队二区队长。从此，开始了他革命战争期间时断时续的军事教育生涯。

抗日战争爆发后，余克勤先后担任陕北公学支队长、抗日军政大学一分校营长、冀鲁豫军区独立支队参谋长等职，在任教导第七旅代旅长期间，参加了反"扫荡"斗争，随后担任冀鲁豫边区抗大陆军中学副校长，协助时任司令员兼校长杨得志开展工作，培养了大批优秀的指挥员。

解放战争中，余克勤先后任冀鲁豫军区第五军分区司令员、第三军分区参谋长、副司令员，华北军区独立第二旅旅长等职，并参加了济南、淮海战役。新中国成立后，余克勤开始担任平原省军区湖西军分区司令员、六十八军副军长。1952 年，从南京军事学院毕业后，又先后任第三十一步兵学校校长、第八步兵学校校长、洛阳步兵学校校长及济南军区步兵学校校长，从事解放军院校工作达 17 年之久，培养了一大批军政干部。

1955 年，他被授予少将军衔，1978 年当选为中国人民政治协商会议河南省第四届委员会副主席。1988 年荣获一级红星勋章，同年 9 月 14 日在河南洛阳病逝。

参加反"围剿"战斗，三过"鬼门关"

一、坠马后，头被栽进脖子里

据余豫东讲述，余克勤在革命时期的反"围剿"战斗中曾三过"鬼门关"。

第一次"鬼门关"是在 1934 年 8 月，三十一军九十二师政治委员杨朝礼率部夜袭青龙观后第二日，余克勤带着一名通信员骑马送特急文件。行至中途，突然马失前蹄，余克勤随之摔了下来。通信员随即下马扶着余克勤询问状况，但余克勤没有回答，只是指了指自己的头部。

通信员不禁叫了一声，他发现余克勤的头有一半栽进了脖子里。通信员冷静下来，不得已用双手捧住余克勤的下颌，慢慢将头往上提，一点一点地提了出来。

多年后，余克勤每每谈及此事都感慨说："那次多亏通信员急中生智，否则我就被闷死了。"然而，这次事故也让他留下了脑震荡后遗症。

二、所喂之马被胀死，险被张国焘处决

第二次"鬼门关"发生在红四方面军主力转向西线反攻期间。一次，余克勤带着一名通信员骑马夜间去前线送信，出发前给马喂了些豌豆，不承想，在回来的路上过河时，由于马太渴便一直饮水，导致马腹中的豆子发涨，刚回司令部便被胀死了。

张国焘得知此事后，便称要毙了他，后经过他人解释，张国焘才得以平静，后又称那也得教训一下。

按照张国焘的命令，余克勤的双手被捆了起来，吊在房梁上，受到了鞭打。那以后，余克勤的手腕上留下了一道深深的绳印。

三、冲入敌阵，衣服被子弹打穿 5 个洞

第三次"鬼门关"是在 1935 年 1 月 22 日，红四方面军发起了广昭战役。在其中一次作战中，余克勤带领一个班冲入敌阵，冒着枪林弹雨打开了敌方 300 米防线。战斗结束后，他发现头上戴的斗笠已被打掉，裤裆布也被敌人子弹打穿了 5 个洞，万幸的是身体没有一处损伤。

随后，战友们称他是"福将"，还有人说他以后会当将军的。

智取敌军 70 辆卡车，后来成立我军首个汽车团

"父亲还曾智取过敌军汽车队。"余豫东称，1948 年 11 月，淮海战役爆发，余克勤任湖西分区第三司令员。一天黎明前夕，湖西军分区小队长张大勇正带着几名战士在陇海线上，突然发现前方敌军车队向他们驶来。情急之下，张大勇假冒敌军长官，在敌军头车行驶到合适位置时，跳到公路中间，厉声喝道："停车，怎么掉队了？！"头车司机以为是长官训斥自己，便按照张大勇的指示，带着后方车辆将车队开到了军分区驻地。

随后，张大勇让他们待命，并立即将情况汇报给余克勤。余克勤得知后让张大勇带着警卫班，将子弹上膛，快步走到汽车停放地点，并手持喇叭喊道："汽车上的官兵听着，你们被包围了，下车放下武器集合，缴枪不杀。"

车上的敌军这才恍然大悟，但为时已晚，只好下车。这支车队有 70 辆卡车、100 余人，车上装的都是汽油、炮弹和食品。最终，这些物资全部用于支援淮海战役。

余豫东说，军区还以这些汽车为基础，组建了我军首个汽车团，开赴前线，为淮海战役的胜利立了功。1950 年，该团又跨过鸭绿江，在抗美援朝战争中再立新功。

余豫东出生在战争年代，因"豫东大捷"获名

余豫东于 1945 年 2 月出生在河南省庄林村一老乡家。为了纪念"豫东大捷"，被起名为"余豫东"。她出生时，正值抗日战争胜利前夕，战斗异常激烈。余克勤当时担任水东军分区司令员，妻子司同兰又是军分区司令部机关党支部副书记，二人都无暇顾及孩子，不得不将未满半月的余豫东寄养在当地百姓家。

余豫东还依稀记得自己儿时在马车上随军的场景，她还亲眼见过父亲将远处站岗的敌军哨兵一枪打倒。

据余豫东回忆，父亲每天晚上下班后，都要到孩子的房间去两趟，看看他们有没有盖好被子。每年夏天暑假，他还会要求孩子们睡好午觉。此外，余克勤还常常利用周六晚上带孩子们看电影，部队组织的军民联欢会也带孩子们一起参加。每年春节，召开家庭文艺晚会，要求每人都要表演节目，余克勤会给孩子们讲战斗故事，而司同兰也会来段豫剧清唱。

余豫东还记得，一年冬天的周六晚上，在洛阳二中上初一的她很晚还没有回家，父亲便步行到 3 公里外的公共汽车站接她。只是天色已晚，怕黑的她下了车便气喘吁吁地跑回了家，与父亲错过了。40 分钟后，父亲匆匆回家看到她已经到家了，才放下心来。

对孩子们从不溺爱，还制定了三个原则

此外，她还回忆道，父亲对他们兄弟姐妹从不溺爱，为使他们从小养成好习惯，还制定了三个原则。

首先是"自理"，余克勤给他们 6 个孩子一人发了一块花布当包袱，每人的衣服都由自己保管，每周洗澡换衣服要自己取。孩子们平时看书、做作业都要有计划、有条理，每年开学离家时，都要自己整理自己的东西。

其次是"大管小、大让小"。余豫东是家里最大的，平时会让着弟弟妹妹，关心他们，也会帮他们洗衣服、检查作业。同时，弟弟妹妹也要听哥哥姐姐的话。余豫东称，这样一来，家里便形成了相亲相爱、团结向上的风气。

最后是"从小事做起"。每个人都会力所能及地为家庭做些事，从饭前摆摆桌椅、端端菜，到大人种菜时帮忙浇水施肥，或者撒菜籽、拔草等。饭后，一般都是女孩子洗碗筷，男孩子擦桌子、扫地。

让孩子在粪池边吃西瓜，教育他们"没有粪臭，哪有谷香"

此外，还有一件事令余豫东印象深刻。1956 年夏天，父亲带着他们到田

间看农民种菜。经过一个粪坑时，她马上捂住鼻子，还说臭。几个弟弟妹妹见状也学着她捂住鼻子，跑着离开了。

见到这一幕，余克勤便大喝一声："站住！"随后又命令他们回来，还指着地里干活的老农称："农民伯伯积肥浇菜、种庄稼，庄稼才能长得好。没有大粪臭，哪有五谷香？"

余克勤还特意选了离粪坑较近的瓜摊儿，给孩子们买西瓜吃。他们站在粪池边吃着西瓜，也不再嫌臭了。自那以后，他们经常利用周末到地里干活，没有一个怕脏怕累的。

余豫东：父亲曾告诫走别人铺好的路最没出息

在余豫东的记忆中，无论在部队，还是在地方，父亲都有许多老熟人，其中有不少还是在他手下成长起来的领导干部。他的子女，有的是军级干部，有的是厅级干部，但他们从未利用过父亲的影响力为自己行方便，也从未利用过自己的权力、关系帮别人谋私利。

他曾特别强调，不能让子女利用他的方便谋私利，还说："如果开了口子，很可能会误了他们一生。"

最后，余豫东还称，父亲经常对他们说："路是自己走出来的。靠别人铺路，自己顺顺当当地去走，最没价值、最没出息。"